信託法概論

南山大学教授
佐藤 勤 著

経済法令研究会

はしがき

　信託がわが国に導入されたのは，明治時代の後半でした。当時の日本は，近代産業の勃興期で，繊維，鉄道，海運を中心に，さまざまな企業が設立されていました。信託は，このような近代日本の誕生とともに生まれたといっていいと思います。その後，1900年代前半までに，「信託法」（大正11年法律第62号），「信託業法」（大正11年法律第65号），「普通銀行等ノ貯蓄銀行業務又ハ信託業務ノ兼営等ニ関スル法律」（昭和18年法律第43号）という現在の信託法制の基礎となる法律が整備されました。その後，約半世紀以上の間，実質的な改正のない状況が続いていました。

　しかしながら，日本の経済状況は，戦時統制時代から，戦後復興期や高度成長期を経て，飛躍的に成長し続けてきました。一方，信託も，その経済の成長に合わせるかのように，証券投資信託，さまざまな企業年金に関する信託，証券信託，土地信託，資産流動化信託などを生み出し，金融面から日本経済の健全な発展に寄与してきました。

　その後，21世紀に入り，日本経済が成熟期に入ると同時に，経済や社会におけるＩＴ革命，企業のグローバル化，少子高齢化など，日本の社会全体が大きな構造変革を起こし，この変革は，これまで以上に信託制度に対する多種多様なニーズや期待を生じさせてきているといえます。そこで，2004年に法務大臣から法制審議会に対して「現代社会に広く定着しつつある信託について，社会・経済情勢の変化に的確に対応する観点から，受託者の負う忠実義務等の内容を適切な条件の下で緩和し，受益者が多数に上る信託に対応した意思決定のルール等を定め，受益権の有価証券化を認めるなど，信託法の現代化を図る必要があると思われるので，その要綱を示されたい」との諮問がなされ（平成16年諮問第70号），信託法および信託

業法が1922年の制定から約80年ぶりに全面改正となりました。

　本書は，2004年10月から2008年９月まで丸４年の間，月刊誌『銀行法務21』に連載された「信託法講座」をまとめ，単行本として刊行するものです。

　同連載は，2004年に法務大臣が信託法の改正に関して諮問をしたことを受けて開始されたもので，できるだけ事例をもとに，実務に役立つようにということで行っていたものです。連載当時，私は，信託銀行の受託財産部門で法務を担当していましたので，証券投資信託や企業年金信託などの実務を主要な題材として，日常業務の中で疑問に感じたり，重要であると感じた点を中心に誌面にて説明を行っていました。そのようなことから，今後期待される多様なニーズに応えていかなければならない実務家の方々やより深く信託を研究されている研究者にとって，物足りない部分もあるかもしれませんが，少しでもお役に立てば幸いです。

　最後になりましたが，今日まで信託の発展にご尽力いただき，また私をご指導いただきました，三菱ＵＦＪ信託銀行の諸先輩をはじめとする信託業界に従事されている皆様や，研究者，弁護士等の皆様に心から感謝申し上げます。また，本書の刊行におきまして，企画，編集・発行まで多大なご尽力と全面的な支援をいただきました株式会社経済法令研究会出版事業部の西田尚史氏，信託法講座の連載期間中にお世話になった山本大氏には厚く御礼申し上げます。

　2009年４月

佐藤　勤

目　次

第1章　信託制度の沿革

1　信託制度の起源……………………………………………………………1
2　英国における二重の法体系………………………………………………4
3　信託の原型としてのユース制度…………………………………………5
4　二重ユースを経て信託へ…………………………………………………7
5　近代的な信託制度へ………………………………………………………9
6　米国へ渡った信託…………………………………………………………10
7　商事信託としての発展……………………………………………………12
　（1）　信託業の発展とその担い手　12
　（2）　信託制度の発展　13
8　わが国への信託制度の導入………………………………………………13
　（1）　信託の登場　13
　（2）　信託に関する法律の整備　15
9　日本における信託制度および信託法制の発展…………………………16
　（1）　第1期…信託会社の時代（銀行業と信託業の分業の時代）　17
　（2）　第2期…長期金融業としての信託業の時代　18
　（3）　第3期…「信託の時代」の幕開け　20

第2章　わが国における信託制度

1　信託の特色 ………………………………………………………………23
　（1）　財産を受託者へ移転する制度…排他的な管理・処分権限の付与　24
　（2）　一定の目的（信託目的）に従って行われる財産管理制度　26
2　財産管理制度としての信託の特色の理解………………………………27
　（1）　債権説　27
　（2）　実質的法主体性説（四宮説）　29
　　①　実質的法主体性の承認　30
　　②　受託者の管理者的性格の承認　33

i

③　受益権の物的権利性（物権性）の承認　34
　　　④　実質法主体性説が実務へ与えた影響　35
　3　信託の機能……………………………………………………………… 37
　　(1)　転換機能　38
　　　①　「権利者の属性の転換」機能　38
　　　②　「権利者の数の転換」機能　38
　　　③　「財産権享受の時間的転換」機能　39
　　　④　「財産権の性状の転換」機能　39
　　(2)　倒産隔離機能（bankruptcy remote）　39
　　(3)　優先的権利の創設機能　40
　4　信託の種類……………………………………………………………… 40
　　(1)　一般的に行われる信託の分類方法による信託の種類　40
　　　①　信託引受時の財産による分類　40
　　　②　受益者の数による分類　42
　　　③　受託者の裁量権による分類　43
　　(2)　その他の信託の分類方法による信託の種類　43
　　　①　信託の設定の仕方による分類　43
　　　②　公益性による分類　44
　　　③　受益者による分類　44
　　　④　受託者による分類　44
　　　⑤　受託者の管理義務による分類　44
　　　⑥　信託財産の管理権限による分類　45
　　　⑦　信託の設定原因による分類　45

第3章　信託に類似した財産管理制度〜同様の経済効果を得られる制度〜

　1　寄託・委任・代理……………………………………………………… 46
　　(1)　寄　託　47
　　(2)　委任・代理　47
　2　匿名組合契約………………………………………………………… 49

3 間接代理（問屋） …………………………………………………… 51
4 信託と信託に類似した財産管理制度との相違点 …………… 52
　(1) 財産の名義　53
　(2) 財産の管理処分権　53
　(3) 行為の効果の帰属　53
5 まとめ ………………………………………………………………… 54

第4章　信託の成立

1 信託の設定の方法 …………………………………………………… 55
　(1) 信託行為の類型　55
　(2) 信託行為　56
　　① 信託行為とは　56
　　② 信託行為の性質　56
　　③ 信託行為の要式　58
　　④ 信託行為の成立　59
2 信託の目的とその制限 ……………………………………………… 59
　(1) 意　義　59
　(2) 脱法信託の禁止　60
　(3) 訴訟信託の禁止　60
　(4) 詐害信託の取消　61
　　① 詐害信託の取消権　61
　　② 信託債権者の保護　62
　　③ 受益者に対する詐害信託取消権の行使　62
　　④ 受益権の譲渡請求権　63

第5章　信託財産

1 信託可能財産の範囲 ………………………………………………… 64
　(1) 金銭への換算可能性　65
　(2) 積極財産性　65
　(3) 処分（移転または分離）可能性　66

（4）現存・特定性　67
　2　信託財産の物上代位性……………………………………………………　67
　　（1）信託財産の管理または処分によるもの（信託法16条1号）　67
　　（2）信託財産の滅失または毀損によるもの（信託法16条1号）　68
　　（3）その他の事由によるもの（信託法16条1号）　68
　　（4）信託財産と固有財産との間の関係から生じるもの（信託法16条2号）　68
　3　信託財産の独立性（倒産隔離機能）……………………………………　68
　　（1）委託者の倒産リスクからの隔離　69
　　（2）受託者の倒産リスクからの隔離　70
　4　相殺の禁止…………………………………………………………………　70
　　（1）取引相手方からの相殺の禁止の範囲　70
　　　①　信託財産に属する債権と受託者の固有財産に属する債務との相殺　70
　　　②　信託財産に属する債権と他の信託財産に属する債務との相殺　71
　　　③　受託者の固有財産に属する債権と信託財産に属する債務との相殺　71
　　（2）受託者の承認に基づく相殺　72
　　（3）受益債権との相殺　73
　5　信託財産の公示…………………………………………………………　76
　　（1）公示制度の趣旨　76
　　（2）公示の方法　77
　　　①　登記または登録可能な財産　77
　　　②　有価証券　78
　　　③　その他の財産　78
　　（3）公示の効力　79

第6章　受託者の権利・義務

　1　受託者の意義……………………………………………………………　80
　　（1）受託者の地位とその機能　80
　　（2）受託者適格　80
　　（3）地位の兼任　81

2　受託者の義務 …………………………………………………… 82
　(1)　はじめに　82
　(2)　信託事務遂行義務　82
　(3)　忠実義務　84
　　①　忠実義務の内容　84
　　②　信託法の規定　86
　(4)　自己執行義務　87
　　①　自己執行義務の内容　87
　　②　自己執行義務の柔軟化　87
　　③　受託者の責任　87
　　④　信託事務の受任者の責任　89
　(5)　善管注意義務　90
　　①　善管注意義務の内容　90
　　②　「特定運用の信託」における善管注意義務の内容　91
　(6)　公平義務　93
　(7)　分別管理義務　94
　　①　信託法が定める分別管理義務　95
　　②　分別管理義務の特約の有効性　95
　　③　金銭の場合の例外的扱い　97
　　④　分別管理義務と公示　97
　　⑤　合同運用と共同委託　98
　(8)　計算報告義務　101
　　①　帳簿等作成・保存義務　101
　　②　積極的報告義務　102
　　③　消極的報告義務　102
3　義務違反の効果 ………………………………………………… 105
　(1)　信託違反行為の効果　105
　　①　信託目的に違反する行為の効果　106
　　②　忠実義務違反の行為の効果　107
　(2)　損害賠償義務　111

        ① 損害賠償義務の法的性質　112
        ② 責任の要件　112
        ③ 賠償責任の内容　113
        ④ 責任追及の主体　116
　　(3)　違法行為差止請求権　118
　4　受託者の受益者に対する給付責任 …………………………… 119
　　(1)　物的有限責任　119
　　(2)　元本補填・利益補足の特約　119
　5　受託者の対外的責任 ……………………………………………… 120
　　(1)　受託者の権限内の行為に基づく責任　120
　　(2)　受託者の権限外の行為に基づく責任　122
        ① 基本的な考え方　122
        ② 信託法における受託者の権限外の行為の効力　122
　　(3)　不法行為責任　124
　　(4)　責任財産限定特約　125
        ① 責任財産限定特約とは　125
        ② 責任財産限定特約の法的構成　125
        ③ 責任財産限定特約の締結方法　126
        ④ 責任財産限定特約における留意点　127
　6　受託者の費用および信託報酬 …………………………………… 128
　　(1)　受託者の費用等償還請求権　128
        ① 趣　旨　128
        ② 信託財産からの償還　129
        ③ 受益者からの償還　132
        ④ 受託者の信託財産引渡拒絶権・信託の終了権　132
　　(2)　信託報酬　133
        ① 信託報酬請求権の意義　133
        ② 信託報酬額　133
        ③ 権利行使の方法　134
　7　受託者の変更 ……………………………………………………… 134

(1)　受託者の任務の終了　134
　　①　受託者の辞任　134
　　②　受託者の解任　135
　(2)　受託者のその他の任務終了　136
　(3)　受託者の任務の承継　137
　(4)　前受託者の任務終了から新受託者就任までの間の信託財産の
　　　管理　139
　　①　前受託者の通知義務　139
　　②　前受託者の信託事務遂行義務　140
　　③　前受託者の信託財産保管義務　140
　　④　前受託者等の行為の差止め請求権　141
　(5)　新受託者の選任　141
　(6)　新受託者が選任されるまでの信託財産の管理　143
8　受託者が２人以上の信託の特例……………………………………143
　(1)　共同受託　143
　(2)　共同受託の形態　144
　　①　本来的な共同受託　144
　　②　職務分担の定めのある共同受託　145
　　③　複数受託（分割受託）　146
　(3)　共同受託における所有形態　147
　(4)　共同受託の信託事務の処理の決定方法　148
　　①　信託事務の処理の決定方法　148
　　②　信託事務の処理の決定方法の例外　149
　(5)　他の受託者への権限の委任　150
　(6)　共同受託の受益者に対する責任　150
　(7)　受託者の第三者に対する責任　152
　(8)　職務分担型共同受託の特例　152
　　①　職務分担型共同受託における受託者の責任　152
　　②　職務分担の範囲と受託者の責任に関する実務上の問題点　154

第7章　受益者の権利・義務

1 　受益者の意義……………………………………………………156
  (1) 受益者の地位　156
    ①　意　義　156
    ②　受益者適格　156
    ③　確定性　157
  (2) 受益権　157
  (3) 残余財産受益者と帰属権利者　158
2 　受益者の権利……………………………………………………159
  (1) 受益債権　159
    ①　物的有限責任　159
    ②　信託債権との優先関係　159
  (2) 受益債権以外の権利　160
  (3) 受益権の行使　160
    ①　受益権の制限　160
    ②　受益者複数の場合の受益権の行使　162
  (4) 受益権取得請求権　163
3 　受益権の取得・消滅……………………………………………164
  (1) 受益権の発生　164
  (2) 受益権の取得　165
    ①　信託行為の定めによる受益権の取得　166
    ②　受益者指定権等行使による受益権の取得　167
    ③　受益権の取得の特例　169
  (3) 受益権の消滅　172
    ①　受託者と受益者の兼任　172
    ②　信託財産による受益権の取得　174
    ③　受益権の放棄　175
    ④　時効による消滅　177
4 　受益権の譲渡……………………………………………………181

（1）受益権の譲渡性　181
　　① 譲渡の方法——指名債権譲渡との類似性　181
　　② 受益権譲渡後の費用等償還請求権　182
　　③ 受益権の分割およびその一部譲渡　183
　　④ 受益権譲渡の対抗要件　185
　（2）受益権の質入れ　187
　　① 受益権に対する質権の法的位置付け　187
　　② 受益権に対する質権の設定方法　187
　　③ 受益権に対する質権の効力　188

第8章　信託管理人・信託監督人・受益者代理人

1　信託管理人 ･･ 190
　（1）設置の要件　191
　（2）選任・任務の終了　191
　　① 選　任　191
　　② 任務の終了　192
　（3）法律上の地位　193
2　信託監督人 ･･ 193
　（1）設置の要件　193
　（2）選任・任務の終了　193
　　① 選　任　193
　　② 任務の終了　194
　（3）法律上の地位　194
3　受益者代理人 ･･･ 195
　（1）設置の要件　195
　（2）選任・任務の終了　196
　　① 選　任　196
　　② 任務の終了　197
　（3）法律上の地位　197

第9章　委託者の権利

1. **委託者の意義** …………………………………………………………… 198
2. **委託者適格** ……………………………………………………………… 199
3. **委託者の権利** …………………………………………………………… 199
   - (1) 委託者の有する権利　199
   - (2) 信託行為に定めることができる委託者の権利　200
   - (3) 特殊な信託の特例　203
     - ① 受益証券発行信託の特例　203
     - ② 遺言代用信託の特例　203
4. **委託者の地位の移転** …………………………………………………… 204
   - (1) 特定承継の場合　204
   - (2) 包括承継の場合　205
   - (3) 特殊な信託の特例　205
     - ① 遺言信託の特例　205
     - ② 貸付信託法，投資信託及び投資法人に関する法律，および資産の流動化に関する法律における特例　206

第10章　信託の変更，併合および分割

1. **信託の変更** ……………………………………………………………… 207
   - (1) 信託の変更の必要性　207
   - (2) 信託の変更のルール　208
     - ① 原　則　208
     - ② 例　外　208
     - ③ 信託行為における別段の定めの有効性　208
     - ④ 信託の変更を命ずる裁判　210
   - (3) 重要な信託の変更（受益権取得請求権）　211
   - (4) 特別法による信託の変更　212
     - ① 信託会社および信託兼営金融機関の特例　212
     - ② 信託兼営金融機関における定型的信託契約の変更　213

③　公益信託における信託の変更　213
　　　④　投資信託約款の変更　214
　　　⑤　貸付信託約款の変更　215
　　　⑥　特定目的信託契約の変更　215
　　　⑦　加入者保護信託の変更　215
　２　信託の併合・分割………………………………………………… 216
　　(1)　信託の併合　216
　　　①　意　義　216
　　　②　手　続　216
　　　③　債権者保護手続　218
　　　④　効　果　219
　　　⑤　実務対応およびその留意点　219
　　　⑥　投資信託の併合　219
　　(2)　信託の分割　220
　　　①　意　義　220
　　　②　手　続　222
　　　③　債権者保護手続　223
　　　④　効　果　224
　　　⑤　実務対応およびその留意点　224

第11章　信託の終了

　１　信託の終了………………………………………………………… 225
　　(1)　意　義　225
　　(2)　信託法の定める事由の発生による終了　226
　　　①　信託の目的の達成　226
　　　②　受託者と受益者の兼任　226
　　　③　受託者の不存在　226
　　　④　費用等の償還等の不履行　227
　　　⑤　信託の併合　227
　　　⑥　裁判所の命令　227

⑦　信託の破産　228
　　⑧　委託者の破産手続開始等による双方未履行債務契約としての
　　　信託契約の解除　228
　　⑨　信託行為において定めた事由の発生　229
　(3)　委託者と受益者の合意による終了　230
　(4)　裁判所への申立てによる終了　231
　　①　特別の事情による信託の終了を命ずる判決　231
　　②　公益の確保のための信託の終了を命ずる判決　231
2　信託の清算……………………………………………………………232
　(1)　意　義　232
　(2)　清算の事務　232
　(3)　残余の信託財産の帰属　232
　　①　残余の信託財産の帰属の順位　232
　　②　残余財産受益者および帰属権利者が不存在の場合　233
　　③　費用等償還請求権等と他の信託債権との順位　233
　　④　費用等償還請求権等と残余財産受益者および帰属権利者に対する
　　　給付に係る債務との順位　234
　　⑤　残余の信託財産の帰属時期　235
　(4)　清算受託者の職務の終了　235
　(5)　清算時における信託財産の破産　236
　(6)　信託財産の交付の特則　236
3　信託財産の破産……………………………………………………………237
　(1)　意　義　237
　(2)　破産手続の概略　237
　　①　破産原因　237
　　②　破産手続の申立権者　237
　　③　破産財団の範囲　238
　　④　信託債権を有する者および受益者の地位　238
　　⑤　受託者の有する債権　238
　　⑥　否認権　239

⑦ 破産管財人の権限　239

第12章　受益証券発行信託

1　受益証券発行信託とは………………………………………………240
2　受益証券の発行………………………………………………………241
3　受益権原簿……………………………………………………………242
　(1)　記載事項　242
　(2)　受益権原簿の記載事項の記載または記録の手続（無記名式受益証券を除く）　242
　　① 受益者の請求によらない場合　242
　　② 受益者の請求による場合　242
　　③ 基準日　243
　(3)　受益権原簿の備置きおよび閲覧　244
　(4)　受益者に対する通知　245
4　受益証券の譲渡………………………………………………………245
5　受益証券の質入れ……………………………………………………247
6　振替受益権……………………………………………………………247
7　受益者および委託者の権利の特例…………………………………248
　(1)　受託者の義務の軽減の禁止　248
　(2)　受益者の権利行使の制限　248
　(3)　委託者の権利　250

第13章　限定責任信託

1　意　義…………………………………………………………………252
2　概　要…………………………………………………………………253
　(1)　信託行為に定める事項　253
　(2)　登記義務　254
　(3)　顕名主義　254
　(4)　限定責任信託の効果　255
　　① 原　則　255

② 例外——不法行為責任に係る債務に関する効果　255
     (5) 限定責任信託への信託の変更，または限定責任信託の定めの
          廃止　256
     (6) 信託債権者の保護に関する諸規定　256
          ① 帳簿等の作成等，報告および保存の義務等に関する特例　256
          ② 受託者の第三者に対する責任　257
          ③ 受益者に対する信託財産に係る給付の制限等　257
     (7) 清　算　258
  3　事業信託………………………………………………………………259
     (1) 事業信託の意義　259
     (2) 事業信託の活用例　259
     (3) 事業信託の基本的な仕組み　260

第14章　信託業を規制する法律

  1　信託業の規制の歴史……………………………………………………262
     (1) 信託業法の位置付けと2004年12月信託業法改正の背景　262
     (2) 2004年12月信託業法改正のポイントと基本的な視点　263
     (3) 信託法改正に伴う信託業法改正のポイントと基本的な視点　264
     (4) 金融商品取引法制定に伴う信託業法改正　265
  2　信託業法の概要…………………………………………………………266
     (1) 受託可能財産　266
     (2) 信託業の担い手　267
          ① 参入基準　267
          ② 組織形態　268
     (3) 業務範囲（兼業規制）　269
     (4) 行為・監督規制　270
          ① 財産的規制　270
          ② 説明義務および不当勧誘の禁止等　270
          ③ 監督規制　272
          ④ 主要株主規制　273

(5)　受託者責任　273
　　①　忠実義務・善管注意義務・分別管理義務　273
　　②　信託業務の委託（自己執行義務）　274
　　③　指図権者の義務　275
　　④　情報開示　275
　(6)　信託サービスの利用者の窓口の拡大　276
3　金融機関の信託業務の兼営等に関する法律の概要……………… 277

第15章　金融商品取引法における信託業規制

1　はじめに………………………………………………………………… 278
2　信託の受益権の有価証券指定の効果……………………………… 279
3　開示規制………………………………………………………………… 279
　(1)　募集の概念　279
　　①　新たに発行される有価証券の取得の申込みの勧誘に類する行為　280
　　②　信託の受益権の発行者および発行の時期　281
　(2)　開示に関する規制　283
　　①　信託の受益権における開示規制の原則　283
　　②　有価証券投資事業権利等に関する開示規制の例外　284
4　金融商品取引法における信託業規制……………………………… 285
　(1)　信託の引受け（信託契約の締結）に関する規制　285
　　①　信託会社等の信託の引受け（信託契約の締結）　285
　　②　信託契約の締結の代理または媒介　286
　(2)　信託商品組成時における投資の勧誘に関する規制――有価証券の引受け　290
　　①　受託者のみが信託の受益権の発行者である信託　291
　　②　委託者のみが信託の受益権の発行者である信託　292
　　③　委託者および受託者が信託の受益権の発行者である信託　292
　　④　委託者が発行者である場合における受託者による信託の受益権の引受け　292
　(3)　受託者による信託の受益権の売買またはその代理もしくは媒介　293

第16章　信託関連商品を規制する法律

1　投資信託……………………………………………………………294
  (1)　はじめに　294
  (2)　投資信託の歴史　294
    ①　戦前の投資信託　294
    ②　「証券投資信託法」の制定　295
    ③　「証券投資信託及び証券投資法人に関する法律」の制定　295
    ④　「投資信託及び投資法人に関する法律」の制定　295
    ⑤　「金融商品取引法」の制定　295
  (3)　投資信託の法的性格　296
    ①　投資信託の形態　296
    ②　投資信託の仕組み　297
  (4)　金融商品取引法と投資信託及び投資法人に関する法律の法的意義　300
2　貸付信託法……………………………………………………………302
  (1)　貸付信託法の歴史　302
  (2)　貸付信託法の仕組みとその法的意義　303
3　年金信託関連法………………………………………………………304
  (1)　はじめに　304
  (2)　企業年金の歴史　304
  (3)　年金信託の特徴　305
  (4)　年金信託を規制する法律の概要　306
  (5)　各種年金信託の仕組み　307
    ①　適格退職年金信託の仕組み　307
    ②　厚生年金基金信託の仕組み　308
    ③　確定給付企業年金信託の仕組み　309
    ④　確定拠出年金信託の仕組み　311
4　資産の流動化に関する法律…………………………………………312
  (1)　資産の流動化の歴史　312

(2)　資産の流動化に関する信託の仕組み　314
　(3)　資産流動化法の法的意義　314

事項索引　317

--- 凡　例 ---

1．法令等

信託法	信託法（平成18年法律第108号）
旧信託法	上記「信託法」施行前の信託法（大正11年法律第62号）
整備法	信託法の施行に伴う関係法律の整備等に関する法律（平成18年法律第109号）
信託業法	上記「整備法」に基づき改正された信託業法（平成16年法律第154号，改正平成18年法律第109号）
信託業法施行規則	信託業法施行規則（平成16年内閣府令第107号）
旧信託業法	上記「整備法」施行前の信託業法（平成16年法律第154号）
兼営法	金融機関の信託業務の兼営等に関する法律
兼営法施行規則	金融機関の信託業務の兼営等に関する法律施行規則
旧兼営法	普通銀行等ノ貯蓄銀行業務又ハ信託業務ノ兼営等ニ関スル法律
振替法	社債，株式等の振替に関する法律
資産流動化法	資産の流動化に関する法律
投信法	投資信託及び投資法人に関する法律
投信法施行令	投資信託及び投資法人に関する法律施行規則
定義府令	金融商品取引法第二条に規定する定義に関する内閣府令
旧定義府令	平成20年内閣府令第29号による改正前の定義府令
証券取引法等の一部を改正する法律	証取法等改正法

　（かっこ）内，及び脚注で引用する場合に限り，下記の略記による。
金商法	金融商品取引法

金商令	金融商品取引法施行令
証取法	証券取引法

2．文献等

新井・信託法	新井誠『信託法〔第3版〕』（有斐閣・2008年）
幾代・民法総則	幾代通『民法総則〔第2版〕（現代法律学全集5）』（青林書院新社・1984年）
江頭・株式会社法	江頭憲治郎『株式会社法〔第2版〕』（有斐閣・2008年）
四宮・信託法	四宮和夫『信託法〔新版〕』（有斐閣・1989年）
田中・信託法	田中實『信託法入門』（有斐閣・1992年）
寺本・信託法	寺本昌広『逐条解説 新しい信託法』（商事法務・2007年）
能見・信託法	能見善久『現代信託法』（有斐閣・2004年）
三菱・法務と実務Ⅳ	三菱信託銀行信託研究会『信託の法務と実務〔第4版〕』（金融財政事情研究会・2003年）
三菱・法務と実務Ⅴ	三菱信託銀行信託研究会『信託の法務と実務〔第5版〕』（金融財政事情研究会・2008年）
山田・信託立法過程	山田昭『信託立法過程の研究』（頸草書房・1981年）

3．その他

監督指針	信託会社等に関する総合的な監督指針
中間報告書	金融審議会金融部分科会第二部会「信託業のあり方に関する中間報告書」（2003年）
法　案	改正信託法案
補足説明	法務省民事局参事官室「信託法改正要綱試案補足説明」別冊ＮＢＬ104号
要綱試案	法制審議会信託法部会「信託法改正要綱試案」（2005年7月）
要　綱	法制審議会「信託法改正要綱」（2006年1月）
パブコメ回答	金融庁「『金融商品取引法制に関する政令案・内閣府令案等』に対するパブリックコメントの結果等について」における「コメントの概要及びコメントに対する金融庁の考え方」

第1章

信託制度の沿革

　信託は，「信託は英米法で育成された制度であり，大陸法系に属するわが私法のなかでは，水の上に浮かぶ油のように異質な存在である」[1]とあるように，信託法は英国で生まれ，その後米国に渡り発展を遂げた制度で，大陸法系に属するわが国の法制度において，特異な性格を有するものとされている。このような信託を理解するには，やはりその歴史を理解することが重要であるので，最初に，信託がどのように生まれ，どのように発展を遂げてきたのかを紹介する。

1 信託制度の起源

　一般に，近代信託制度の原型として考えられているのは，英国におけるユース（use）制度である。ユースといっても，「使用」という意味ではなく，ラテン語のad opus（～のため）のなまったものである。このユースの起源には，ローマ法起源説，イギリス固有法説，ザールマン共同起源説の3つの説がある[2]。

　ローマ法起源説は，信託の起源をローマ法上の信託遺贈（fideicommissum）制度に求める立場である。この信託遺贈制度とは，紀元前169年，護民官クウィントゥス・ヴォコニウスにより提案されたヴォ

---

1) 四宮和夫『信託法』はしがき（有斐閣・1958年）。
2) 新井・信託法3頁。

第1章　信託制度の沿革

コニウスの法（Lex Voconia）のいわば潜脱の手段として成立した仕組みである。ヴォコニウスの法は，女性による多大な富の所有を防止することを目的として，女性の相続権および遺贈を受ける権利を剥奪したものである。しかし現実には，自己の遺産を妻や娘らのために残したいという社会的ニーズが存在していた。そこで，遺言により自己の財産を男性の第三者にいったん遺贈した後，この受遺者から遺言者の妻や娘らに当該財産の再譲渡を行わせるという迂回策，すなわち信託遺贈が生み出された。ここでの受遺者は法律上，完全な財産権をいったんは取得する。しかし受遺者（受託者）は，自己の利益のために当該遺産を取得したのではなく，あくまで，本来の権利帰属権者である遺言者の妻や娘ら（受益者）への架け橋として機能しているにすぎない。ローマ法起源説は，財産権の形式上の権利者が第三者のために資産を管理する点に現在の信託制度との共通点を見い出し，この信託遺贈を信託の起源と考える説である。

　イギリス固有法説とは，信託の起源を英国の古い慣習法に求める立場である。この説によれば，信託とは，11世紀から13世紀の英国において，ユース（use）[3]とよばれる形態で慣習法として成立した法制度である。この制度は当初，出征中に兵士の土地を妻子・兄弟のために管理するような一時的な目的で利用されていた。やがて，コモン・ロー上の諸々の制限・負担，とりわけ遺言処分禁止の原則や死手法（mortmain acts）[4]を回避する目的で，土地を教会に寄進するために使われるようになった。コモン・ロー裁判所はユースを保護しなかったが，エクイティ裁判所はユースの有効性を承認していた。ユースの利用はその後，法律によって禁止[5]され，一時下火となったが，二重ユース（use upon use）として復活し，これが近代的な信託へと発展したとするのが，イギリス固有法説である。

3）ユースは，土地保有者AがそのlegaI estate（コモン・ロー上の不動産権）を他の者Bに譲渡し，それをAの指名する者Cの利益のために（to the use of C）保有するよう命じることによって設定された。Bをfeoffee to uses（ユース付封譲受人），Cをcestui que use（ユース受益者）という。ユースに関する代表的な文献には，次のものがある。水島広雄『信託法史論』44頁以下（学陽書房・1964年），森泉章編著『イギリス信託法原理の研究』29頁以下（学陽書房・1992年），井上彰「イギリス封建制度の崩壊とユースの発展(1)」法学新報85巻7～9合併号38，181頁以下（1979年）。

ザールマン共同起源説とは，ゲルマン法上の遺言執行制度であるザールマン（Salmann）制度が英国のユースと融合し，これと一体化することによって現在の信託制度が誕生したと考える立場である。ザールマンとは，フランク時代（5世紀末から9世紀末）の終わりから中世にかけて存在した，種々の機能をもつ財産の信託的譲渡を意味している。ザールマン（この信託的譲渡の譲受人＝受託者の呼称である）は，被相続人が相続人なしに死亡した場合，遺産は国王に帰属するという法のルールを前提に，この回避策として利用されていた。すなわちザールマンは，委託者の死亡後12か月以内に，委託者が指定した受益者に対し，取得した財産権の再譲渡を行うことを条件として，委託者から財産権の移転を受けた，いわば信託的な相続人の地位に立っていたわけであり，遺言執行者として機能していた。このザールマンの制度がその後，ユースに発展していったとするのが，ザールマン共同起源説である。

　これらいずれの説も，信託の資産を譲渡した者（委託者）と資産の譲渡を受けた者（受託者）との間には特別な権利・義務関係はなく，封建的な負担を回避するために，形式的に資産が譲渡されたものであった。すなわち，現在の信託の基本的関係である，当初資産を有する者（委託者）が，ある者（受益者）の利益のために，その資産を形式的に第三者へ譲渡するという関係の基礎が芽生えていたのである。その後の発展において，この基本的関係の枠組みが確立していくこととなる。

4）　聖・俗のcorporation（法人）に対して不動産権を移転することは，その不動産権が，あたかも死人の手に帰したように相続等が行われない状態に陥るため，mortmain（死手）とよばれた。封建制下のイングランドでは，教会や法人に土地の譲渡がなされると，相続や婚姻などの機会に保有者が領主に支払うべきfeudal incidents（封建付随条件）が回避され，これによってとくに国王が多大の損失を被ることとなるため，数次にわたって，このような死手たる教会などの法人への土地の譲渡を国王の許可なくして行うことを禁じ，違反した場合には，国王にその土地が没収される旨を規定する法が制定された。1215年のMagna Cartaがその最初である。1392年の法律はあらゆる法人についてこの禁止を拡張したが，Charitable Uses Act 1735（公益ユース法）以降，この措置が緩和され，英国では今日，Charities Act 1960（慈善団体法）によって完全に廃止されている。米国では，このような法律は継受されなかった（田中英夫ほか編『英米法辞典』568頁（東京大学出版会・1991年））。

5）　Statute of Uses 1535.

2　英国における二重の法体系

　英国において信託制度が成立した背景には，イギリス法が，わが国民法の母法であるドイツやフランスにはみられない特殊性をもっていたからである。

　イギリス法は，多くの裁判の判決（判例）によって，長い時間をかけて形成された。中世の封建時代，イングランドはすでに1つの王国になっていたが，やがて1066年にエドワード王が死亡した時，王位継承争いが起こり，北フランスからイングランドに侵入したノルマン人が勝利を得て政権を握った。この「ノルマンの征服（Norman Conquest）」とよばれる歴史的事件によって，ノルマン王朝は国王を中心とする統一国家をイングランドに確立した。そして，司法制度もまた，こうした絶対的王権に基づく統治機構の整備の一環として，中央集権的な一元的なシステムへと整えられていった。すなわち，王会（curia regis）[6]から分化，発達した国王の諸裁判所（コモン・ロー裁判所）が，王権をその権威の源泉とし，「王国の一般的慣習（generalcustom of the realm）」に基づいて王国内の統一的な法秩序を確立していくという裁判システムが整備された。この裁判システムから生み出された判決の集積が，いわゆるコモン・ロー（common law）である。

　ところが，封建的組織の固定性や身分階級制のため，コモン・ロー上では適切な解決が得られない紛争を，司法権の本来的，終局的源泉である国王に特別の救済を求めること（請願）が行われるようになった。こうした請願のうち，「本来的にコモン・ロー上では救済できない性質の請求ではあるが，実質的観点からみると，その救済不能性が正義に反し衡平を欠く」というタイプのものについては，国王から大法官（Lord Chancellor）[7]

---

[6] 封建法上，家臣は主君の宮廷に出仕し，主君に助言し，助力する義務を負ったが，この義務を基礎に国王がその家臣を召集した合議体を指す（田中ほか編・前掲書223頁）。

[7] 中世において，英国王の書記的存在であったChancery（大法官府）の長として，統治全体について最重要の助言者であった（田中ほか編・前掲書136頁）。

へその処理が次第に委ねられるようになった。

14世紀頃になると、請願に基づく大法官による個別的な特別救済措置が、コモン・ローでの裁判で妥当な解決が得られない場合の特別な救済手段として一般に認められた。この制度がその後、一般的な独自の裁判システム、大法官裁判所（Court of Chancery）として次第に認知され、1616年には、ジェームス1世（James I）の勅令によって、この裁判所の存続の基礎が確認され、コモン・ロー裁判所とならび存する独立的地位（エクイティ裁判所）を確立することとなった。そして、この裁判所の判決の集積から、エクイティ（equity）とよばれる第二の裁判システムが形成されていった。

イギリスの信託制度は、この第二の裁判システムによりその基礎法理が与えられた。信託（あるいはユース）として、封建的負担を回避するため、形式的に譲渡された資産をその譲受人（受託者）が横領する事件などを中心に、その資産の回復、受託者の責任、その他の関係を明確にし、その履行を強制するなど、エクイティ裁判所がコモン・ロー裁判所に代わって、その資産の譲渡人（委託者・受益者）に救済を与えていた。すなわち、これらの形式的な譲渡であっても、第一次的にはコモン・ローが適用される譲渡であるため、資産の受託者が悪意でその資産を流用しても、コモン・ロー上の救済を受けることができない。そこで、これらの資産の委託者・受益者は、良心の守護者である大法官に訴えて、正義・衡平の原則に基づく救済を希望した。この救済の集積から、信託法理がエクイティの分野に確立していった。

3 信託の原型としてのユース制度

今日の英国における信託の原型であるユース（use）制度は、信託的財産譲渡の受益者に対するエクイティによる法的救済システムの確立を通じて発展した仕組みである。

ユースは、土地保有者A（委託者）がそのコモン・ロー上の不動産権（信託財産）を他の者B（受託者）に譲渡し、それをA（委託者）の指名する者C（受益者）の利益のために（to the use of C）保有するよう命じ

ることによって設定された。Bをユース付封譲受人（feoffee to uses）[8]，Cをユース受益者（cestui que use）といっていた。このようなユースの利用は，13世紀頃にはほぼ一般に普及していたといわれている[9]。

この当時のユース制度の代表的な利用例には，次のようなものがある。

たとえば，十字軍（1096年～1270年）や百年戦争（1337年～1453年）等の海外出征時に，それに参加した将兵（委託者）がその家族（受益者）のために土地（信託財産）を管理することを目的として，自分が信頼する友人等の第三者（受託者）に，その土地を譲渡（信託）するものがあった。そこでは，受託者は，委託者の出征中，その信託財産を適正に管理してその収益を受益者に給付し，さらに委託者が無事生還した場合には，信託財産である土地を委託者に返還することとなる。また，13世紀前半頃，聖フランシスコ教団の僧侶が英国に渡って布教に努めた際，聖フランシスコ教団への財産の寄進の手段としても利用されていた。教団は，いわゆる「貧困の誓い（Oath of Poverty）」を教義としてもっており，教団としては財産を所有することが直接にできなかった。このため信者たちは，教団へ財産を寄進するにあたり，教団のために財産を管理・利用することを目的として指示し，その財産を地域の町村等に譲渡していた。

やがて14世紀に入ると，ユースは聖俗を問わず，広く利用されるようになっていった。とりわけ，当時の種々の封建的負担や課税回避の手段のために利用されるようになった。たとえば，当時は土地保有の相続は男子に限定されていたことから，土地保有者が死亡して相続が行われた場合，領主は相続人が成年者ならば，相続税として一定の献金を要求することができ，相続人が未成年者ならば，後見制度（wardship）に基づいて土地から収益を要求することが認められていた。また，相続人に女性しかいない場合，土地を相続させることはできないし，その場合，領主はその者に求婚する権利を有していた。これらの負担の回避策として，土地保有者が死期を察知した場合，これらの領主の特権を避けるため，信頼できる友人に

---

[8] ユースの付いた封土権を譲り受けた人。その者は，他人のために（そこからの利益はユース受益者に帰属した），その土地（封土権）を保有する義務を負う。
[9] 田中ほか編・前掲書886頁。

土地（信託財産）を譲渡（信託）し，それから相続人（相続人が未成年者の場合，その相続人が成人した時）に再譲渡するという回避策をとっていた。

15世紀中頃のバラ戦争（1455年〜1485年）の時代にも，ユースの利用が広まった。この戦争は，王位継承の政治紛争で，国内が２つの派に分かれ，約30年もの長期に及んだため，勝敗の帰趨の変化が何度もあった。敗軍に参加した者は，そのたびごとに反逆罪として財産没収の制裁のおそれがあったことから，出陣に際しては，ユースを盛んに活用することにより，個々の財産の保全を図ろうとした。

これらの事例からわかるように，ユースの基礎は信頼ないし信認関係であり，その任務を引き受けて受託者となった者は，その信頼に応え，誠実に行動しなければならないとされていた。しかしその受託者は，形式的にはコモン・ロー上の権利を取得しているから，なかにはこの信頼に背き，信託された財産の横領を企てたり，または受託者の債権者が差押えをしたような場合，そのユースの目的を実現することは非常に困難であった。

そこで委託者や受益者は，コモン・ローを適用した結果の不合理性を正義・公平の原則から是正するという性質をもつエクイティへと目を向け，ユースの内容の実現を求めて，大法官（のちのエクイティ裁判所）へ訴えを提起したわけである。エクイティ裁判所はもとより，受託者のもつコモン・ロー上の権利を否認することはできないが，受託者に対し道義的な義務を認めることで，ユースの目的の実現を保障していた。ここで，エクイティがコモン・ローに代わって，受託者に対しユース上の義務履行を命じることを通じて受益者の保護を図り，委託者の意思に沿ったユースの目的を法的に実現する仕組みが創造されたのである。

4　二重ユースを経て信託へ

かくして，15世紀初頭から，エクイティによるユース受益者の法的救済に関する慣行が次第に確立されていくこととなった。これがいわゆる「ユースの承認」である。

ところがユースは，社会的ニーズを背景に自然発生的に確立した制度で

あったため，早くも14世紀には，たとえば財産名義の他者への移転というユースの特質を悪用して，封建的負担や課税に対する潜脱というような，ユースの濫用という問題が生じてきた[10]。このような動向は結局，封建領主にとって土地の没収その他の封建的負担を課する機会を失うことにもなり，大きな脅威となっていった。

16世紀になると，ヘンリー8世は，ユースの増大による王の収入の減少に歯止めをかけるため，議会の反対を押し切り，ユース禁止法（Statute of Uses, 1535）を制定した。それから1世紀余りにわたって，ユースは行われなくなった。

しかし，このユース禁止法の効果は永続的なものではなかった。当然ながら，ユースに対する社会のニーズ自体が圧殺されてしまったわけではないから，ユース禁止法の制限解釈の結果，ユースを二重に行うことにより，2回目のユースにはこの法律の適用を免れるという仕組みがやがて考案された。すなわち，まず委託者Aが，受益者Cのためのユース（第1ユース）として受託者Bに資産を譲渡するとともに，受益者Cもまた，真の受益者Dのためのユース（第2ユース）として，その受益権を第2ユースの受託者として保有するという仕組みを考案した。

もっともこの制限解釈は，法理論的にはかならずしも説得力のあるものではなく，実際，コモン・ロー裁判所のみならず，エクイティ裁判所もまた，当初はこの二重のユース（use upon use）に対して，その有効性を理論的に否認する立場を示していた。王権の衰えとともにやがて旧来の封建的負担の大部分が廃止されたため，封建的負担の回避に対する封建領主の収入の維持というユース禁止の意味が薄れると，社会のニーズが全面的に押し出され，ユースを再び承認するという方向へ向かっていった。

そして17世紀前半（1634年）には，ついにエクイティ裁判所も二重のユースを承認し，第2ユースの受益者のエクイティ上の救済を承認したのである[11]。これ以降，二重のユースという面倒な手続をとらないで直ち

---

10) 16世紀までには，英国のほぼ3分の1がユースの利用で他人のために所有されていたといわれている。
11) Sambach v. Dalston, tothill 188, 21Eng.Rep. 164（1634）.

に本来型のシンプルなユースを設定することが認められるようになっていった。こうして復活したユースがますます社会に定着していくにつれて，「ユース」という伝統的な用語も使われなくなり，信頼を表す「トラスト（trust）」とよばれるようになった[12]。

5 近代的な信託制度へ

　封建制度が崩壊するなか，17世紀頃から，ユースはこのように近代的信託として再登場した。そして，近代的なニーズに対応するため，それまでに出されていた信託関係の多数の判例に現われた信託をめぐる法的要件・手続・目的効果・関係者間の権利・義務などが，「近代の衡平法の父」とよばれた大法官ノッティンガム（Load Chancellor Nottingham, 1621年～1682年）によって整理された。これにより信託関係の法理が確立し，信託は近代的体系へと進化していった。

　ユースが進化した信託（トラスト）には，次のような特徴があった。

　第一に，ユースは，封建的負担を逃れるために，財産の喪失・減少を防ぐという言い換えれば消極的・防御的な保全目的で利用されていたが，封建的体制が次第に緩み，王権が弱体化するにつれて，まったく別の目的にも利用されるようになった。たとえば，積極的な目的を有するものとして，妻の固有の財産を設定して夫の支配を排除する趣旨の信託（marriage settlement）や，家族の財産を永続的に保持するために，あらかじめ家族の特定メンバーが次々と受益者となるように指定（将来生まれるべき子を指定するものさえある）した信託があげられる。

　第二に，信託の対象となる財産が，土地その他の不動産から金銭，有価証券などに広がっていったことである。その背景には，土地を中心とする封建社会から，商人の興隆に伴う商品経済への移行，そしてその延長としての資本主義経済の発達といった社会や経済活動の変化がある。

　第三に，信託に有償の概念が伴うようになったことである。ユースの受

---

[12] エクイティ裁判所が初めて二重のユースを承認した判決で，「trust」という言葉が初めて公の文書に登場した。

託者には，一般的に各地方の名望家や名士が選ばれ，彼らとしてもそれによって社会的な評価がさらに高まることから，喜んで無償で受託者となることを引き受けていた。こうして，信託は無償のものという伝統的原理が生じたわけである。ところが，資本主義経済の発達により商品経済が発展したことから，取引は利潤を追求することを目的とするようになった。このため，財産の管理手法も次第に高度化・複雑化し，専門的知識・経験が必要とされるようになってきた。そうなると，受託者も単に地域の名望家や名士といったことだけで，無償で財産の管理にあたるのは困難になり，専門家を代理人として雇って財産の管理をさせる場合も現れた。こうして，財産を管理するには専門的知識・経験が必要で，費用と手間がかかるものだということが認識されるようになり，信託そのものに報酬をとるという有償の概念が導入されるようになった。

このような過程を経て，無償を原則とするユースから，有償性を帯びる近代的信託へと変わっていった。この報酬に対する考え方は，わが国の信託法にも引き継がれている[13]。

6　米国へ渡った信託

英国では，20世紀初頭に，中世以来の複雑な財産法，とくに不動産法について，立法を通じた根本的な改革が行われた。その1つである1925年財産法（Law of Property Act 1925）によってユース禁止法は廃止され，信託制度は，これと同時に制定された1925年受託者法（Trustee Act 1925）を頂点とした多くの法律を通じ，体系的に整備されていった。その後，1925年受託者法は，2000年11月に制定された2000年受託者法（Trustee Act 2000）[14]により，大幅にアップデートされ[15]，英国の信託制度はさ

---

[13] 営業とする信託以外，いわゆる民事信託は無償を原則としている（信託法54条1項）。
[14] 2000年受託者法に関する文献としては，樋口範雄「イギリスの2000年受託者法に関するノート」ＮＢＬ739号11頁（2002年）がある。
[15] 1925年受託者法はその後，1961年受託者投資法（Trustee Investments Act）と1964年の永久拘束および永久積立法（Perpetuities and Accumulations Act）によって若干の補正が加えられたが，大幅な改正が行われたのは2000年受託者法が最初であった。

らに近代化されていった。

　英国で発展した信託法理はその後，英国の海外進出とともに，英国の法制度の1つとしてその植民地へも移入されていった。とくにインドでは，英国の判例法理を整理した成文の信託法（The Indian Trusts Act）が1882年に制定された。この信託法は，日本の信託法が範とした法の1つでもある[16]。

　他方，米国においては，15世紀に新大陸として発見された当初は，英国を中心としたヨーロッパ人が多数移住し，信託法などの法制度を含め，英国系の制度が多数導入されていった。しかし，米国独自の生活様式や社会構成が次第にできたことに加え，独立戦争（1775年〜1781年）後は，反動的な反英感情もあり，英国から導入された多くの制度が破棄・変更されていった。英国から継承された法制度をすべて破棄するほどの徹底した州もあったが，19世紀後半には，多少の変更を加えながら，英国の制度が次第に復活していった。

　信託制度も，英国から継承されたものから変容を遂げていった。たとえば英国では，信託成立にあたって委託者の意思を重んじる反面，信託成立後の法律関係は，委託者をはずして受益者中心の形になるのに対して，米国では，信託成立後もなお委託者に重要な権限が認められている。また，社会資本の充実度合いや社会階級制度の違いから，公益信託においては，英国では，救貧ないし宗教目的のものが主流であったのに対し，米国ではむしろ，学校・病院などの公共的施設の設置・改善を目指すものが主流となっていた。なかでも最も異なっていたものは，米国においては，信託が商業的色彩の強い目的に利用される事例が多かったことである。これは信託が，米国でのフロンティア開拓や新規産業の育成のための資金を社会から広く募る手段として利用されていたからである。

　このような社会状況のなか，1872年にカリフォルニアで総合的な民事法典（Civil Code）が編纂された時に，その一部として，日本の信託法が範とした法の1つである[17]信託関係の規定が設けられた。

---

16)　四宮・信託法2頁。
17)　四宮・信託法2頁。

7 商事信託としての発展

(1) 信託業の発展とその担い手

　米国独自の信託制度が発展していくなか，1820年から1840年までの20年間には，31の会社が信託業の経営を認められていった。さらに1853年には，世界で最初の信託専門会社（the United States Trust Company）が設立された。その後，南北戦争（1861年～1866年）において，戦費調達のために連邦政府が国法銀行（National Bank）制度[18]を設けるなど，金融業が発達するにつれ，信託会社も銀行業務を兼営するようになった。1860年には，米国の信託会社は63を数え，その多くは各州法により銀行業務も兼営するようになり，19世紀末には，信託業務は金融機関にとって重要な位置付けを占めるようになっていた。

　信託業の初期の発展はこのように，州法銀行や信託会社が指導的な役割を果たしていた。その後，1913年には，連邦準備法[19]に基づく連邦準備制度理事会の規則（1915年公布）によって，国法銀行も信託業を兼営することが認められるようになった。

　このように，米国の信託の発展の歴史は，19世紀までは信託会社によって作られていったが，信託が次第に証券等の投資の手段として重要な位置付けを占めるようになったため，銀行等の金融機関が主要な金融業務の1つとして信託業を兼営するようになった。しかし，1982年以降は，急激に成長した年金資金や投資信託の運用を行わせるために，優秀なファンドマネージャーを安定的に雇用するという大きな課題を解決するために，銀行

---

[18] 米国の銀行には，連邦の銀行法に基づいて設立・経営される銀行（国法銀行）と，州の銀行法に基づいて設立・経営される銀行（州法銀行）とがある。南北戦争の間，11の南部の農本主義者の州が連邦議会から離脱したため，強力な銀行制度を確立するための立法が可能となった。この立法が国法通貨法（National Currency Act of 1863. のちの国法銀行法（National Bank Act of 1864））であり，少額の最低資本を要件として，州法銀行に連邦の免許を与えるという法律であった。

[19] Federal Reserve Act of 1913.

業務を行わない信託会社が再び多く設立されるようになった。

(2) 信託制度の発展

ところで，めざましい発展を遂げた米国の信託に関する法規制は，現在ではどのようになっているのであろうか。

英国から導入された信託に関する法制度は各州に委ねられ，今日においても統一した法体系とはなっていないが，信託法の統一を求める努力は1900年代前半から行われている。その１つとして，リステイトメント（Restatement）の編纂がある。これは，米国法律協会（American Law Institute）が，アメリカ法の各分野について，判例法の現状と，判例法が分かれている点についてはその合理性を重視しつつ取捨選択し，あるべき法を条文の形式でまとめたものである。法律としての効力はないが，解説書や判例中にもよく引用されている。信託に関するリステイトメントは，1987年以降，三回目の改定作業が行われている[20]。また，各州の法律の統一を図るために，統一州法委員会全国会議（National Conference of Commissioners on Uniform State Laws）がモデルとして採択した統一信託法典（Uniform Trust Code of 2000）は，多くの州で採択されている[21]。また，リステイトメントや統一信託法は，わが国の信託法にも大きな影響を与えている。

8　わが国への信託制度の導入

(1) 信託の登場

英国や米国で発展した信託制度がどのようにわが国へ導入されていったのかを説明する。

わが国の信託制度は，基本的には，米国において発展した近代的な信託

---

20) 第１版は1923年から1944年にかけて作成され，第２版は1952年から作成された。
21) 米国各州の法の統一を図るために，各州の法律のモデルとして作成された法律案（uniform state law）である。信託法の分野に関しては，2000年統一信託法典の2003年改定版が公表されている。2000年統一信託法は現在，21の州で採択されている。

第1章　信託制度の沿革

制度を承継したものである。

　英米の信託制度を日本で初めて紹介したのは，1891年，洋行帰りの土子金四郎が国家学会で講演した「信託会社ノ業務」といわれている。当時は，激動の明治維新を経て，ようやくドイツ法を中心とする大陸法が定着しつつある時代であった。このような時代背景のなか，大陸法体系の法制度に英米法を源とする信託を導入しようという試みであったために混乱もあったが，その後の順調な経済発展に支えられ，信託制度も順調に広まった。信託制度が導入された当初は，西洋の制度として先進的なものとして人々に認識されていたが，その実態は理解されていなかったため，不動産仲介，高利貸し，投資等，種々雑多な営業活動がすべて信託の名の下で行われていた。その結果，1921年には，実に514社もの信託業者と487社の信託会社が乱立するに至った。

　そのなかで，法律上，信託業務が登場するのは，1900年に制定された日本興業銀行法が初めてであった。同法9条4号には，その業務の1つとして「地方債証券，社債権及株券ニ関スル信託ノ業務」があげられており，これは，企業の社債発行，株式発行等を容易にし，かつ会社整理に役立てることを目的として規定されたものである[22]。具体的には，現在の業務でいうと，企業の発行する証券の受託業務，あるいは代理事務にあたる業務にすぎなかった。このような事情から考えると，日本興業銀行法の信託に関する規定は，「信託」の用語が法令上初めて登場したことの意義があるにすぎない。むしろその歴史的意義は，後年，同じ特殊銀行である台湾銀行に信託業務が認められ，同行がこれを活用して「信託預金[23]」を案出し，既存の金融秩序を攪乱させたため，後に制定された信託業法に，銀行業務を含む他業兼営禁止の条項を設けさせる素地を形成するに至ったことである[24]。本来的意味での信託業務が開始されるようになったのは，

---

[22]　地方債，社債，株券等の元帳管理，証書の発行・書替え，元利金の支払い等，証書発行者に代わって有価証券管理事務を行うことと担保附社債信託類似の業務が想定されていた（山田・信託立法過程1頁）。
[23]　信託預金とは，資金運用を銀行に任せ，銀行がその利益配当の最低率を保証するものであり，きわめて銀行預金に類似した商品であった。
[24]　山田・信託立法過程2頁，171頁。

次に述べる担保附社債信託法（明治38年法律第52号）が制定されてからである。

(2) 信託に関する法律の整備

信託制度に関する最初の法律が制定されたのは，明治時代の後半であった。その頃の日本は近代産業資本の勃興期で，繊維，鉄道，海運を中心に，さまざまな企業が設立されていた。当時，世界における資本市場の中枢がロンドンであり，そこでの担保附社債の発行が信託の方法によらないことはきわめてまれであったことから[25]，これらの企業が，海外で社債を発行し多額の資金を調達するための制度として，1905年に英国から信託を利用して担保を付す担保附社債の制度が導入された。この制度に関する法律が，わが国最初の信託制度の担保附社債信託法である。司法官僚はこのとき，信託の観念を全体的に明確化し，司法上の疑義を取り除く必要性を痛感していたため，外資導入の必要上，局部的に採用された信託法理につき，さらに適用の拡充を希求していた。この願望が，のちの信託法の制定をもたらす原動力を形成したと考えられている[26]。また，この担保附社債信託法は，同法6条において，「信託会社[27]ハ銀行業務ヲ除クノ外他ノ事業ヲ兼ヌルコトヲ得ス」と規定して，担保附社債信託業を営む会社を，担保附社債の信託業のみを営む信託会社か，または銀行の兼営業務として行うかのいずれかに限定していた[28]。

このように，日本の信託は，英国や米国の信託制度と異なり，社会の変遷の影響を受けて生まれたものではなく，企業活動と結びついた制度として政策的に外部から導入され，もっぱら信託会社や銀行等の企業が受託者になることを前提にした制度として導入されたところに特徴がある。その後も，これら信託会社や銀行を中心とした受託者主導により発展していった。

---

25) 山田・信託立法過程5頁。
26) 山田・信託立法過程5頁，268頁。
27) ここでは担保附社債信託を営む会社のことをいう（担保附社債信託法1条）。信託業法の定義する信託会社とは異なる。
28) 1922年に信託業法が制定された際，同条に但書が追加され，信託業法に基づく銀行業を兼営しない信託会社も営むことができるようになった。

1922年には，大正初期の経済発展の順調な流れに支えられる形で，悪質な信託業者や信託会社の取締り，信託業務の概念の整理，健全な信託業界の保護・育成等を目的として信託法（大正11年法律第62号。以下，「旧信託法」という）と信託業法（大正11年法律第63号）が制定された[29]。信託業を財産管理運用機関として育成するという政府の意図[30]にもかかわらず，その頃の信託財産の８割は金銭信託として受け入れられていたが，信託会社の経営は概ね安定していた[31]。

ところが，戦争経済が進むに伴い，貯蓄増強，国債消化推進の必要性から，全般的に各種金融機関の合併・合同が促進され，その一環として，経営状態が弱体化していた信託会社を銀行と合併させ，経営基盤を安定させる必要から，1943年に「普通銀行等ノ貯蓄銀行業務又ハ信託業務ノ兼営等ニ関スル法律」（昭和18年法律第43号。なお，この法律は，その後，幾度か名称が変更され，現在は「金融機関の信託業務の兼営等に関する法律」となった。以下，「兼営法」という）[32]が制定され，これにより信託に関する基本的枠組みが整備され，現在に至っている[33]。

9 日本における信託制度および信託法制の発展

明治から大正の初期に欧米の近代的な制度の１つとして導入された信託制度が，わが国独自の信託制度へ進化していくに際し，次の３つの段階を経ることとなる。

---

29) 信託業については，引受財産の制限（旧信託業法４条），兼営業務の制限（同法５条），資金運用の制限（同法11条），営業の免許制（同法１条）等，厳しい規制が加えられた。
30) 山田・信託立法過程248頁。
31) 1925年には，専業信託会社が25社であった。
32) 本法の名称は，1981年の銀行法の全文改正に伴って「普通銀行ノ信託業務ノ兼営ニ関スル法律」に変更され，1992年の改正時に「金融機関ノ信託業務ノ兼営等ニ関スル法律」へと再度変更されている。その後，2006年の改正時に「金融機関の信託業務の兼営等に関する法律」と変更され，現在に至っている。
33) 同法が制定され，合併が可能となった結果，1943年５月現在に21社あった信託会社のうち，終戦時までに14社が銀行に合併され，７社が専業信託として残った。

(1) 第1期…信託会社の時代（銀行業と信託業の分業の時代）

　第1期は，信託法および信託業法が制定された1920年代から1940年代の時期である。信託業法は，信託会社を免許制にし，当時500社以上存在していた信託会社から，信用力や資本力のある45社に対してのみ，免許を与えた。なお，この時代の立法担当者は，信託会社を公共的性格の強いものと捉え，個人の財産管理・保全を中心に本来の信託業務に専念させようとの構想をもっており[34]，したがって，信託業と銀行業の間の利益相反の問題が重視され，信託業と銀行業の兼営は認められていなかった[35]。

　この時期は，近代法制としての信託がスタートしたものの，当時のわが国では財産といえば金銭が大半であり，金融は間接金融が主体であるため，信託業務も金銭の信託を受け，これを合同し，貸付金として運用するものに限られ，英米で発展した個別の財産管理としての信託とは異なった日本独自の信託制度が発展していった。その結果，信託は機能的に預金業務と類似せざるを得なかったため，信託業務と銀行業務との分野調整が立法当時から問題となり，金銭信託については受託条件（信託期間，受託単位）が制限されていた。

　戦時経済の時代に入ると，長期資金の吸収が緊急の課題となり，貯蓄銀行や信託会社のうち営業基盤の弱いものを普通銀行に統合することを目的として，1943年に兼営法が制定された。これにより，当時あった信託会社の多くは都市銀行や地方銀行に吸収合併され，第二次世界大戦終了時には信託会社は7社[36]にまで減少していた。

　その後も，戦後の激しいインフレにより貯蓄意欲が減退したため，信託会社の経営は極度の不振に陥り，1948年には残っていた信託会社も銀行に転換し，兼営法に基づいて信託業務を兼営することとなった[37]。この段

---

34) 信託業法制定時の政府の信託業（信託会社）のあるべき姿については，山田・信託立法過程248頁を参照。また，信託会社の性格付けの変遷については，同269頁以下を参照。
35) 信託業法5条1項は信託会社による銀行業の兼営を，銀行法5条は銀行による信託業務の兼営をそれぞれ禁止していた。銀行業の兼営禁止の背景については，山田・信託立法過程169頁以下を参照。
36) 三菱，三井，住友，安田，第一，川崎，日本投資の計7社。

階で信託業務を行う信託会社は存在しなくなり，信託銀行だけが信託業を営むこととなったのである。

(2) 第2期…長期金融業としての信託業の時代

第2期は，1950年代から1970年代の時期である。この時期は，信託が長期金融商品として一般大衆に広く認知された時代である。

第二次世界大戦終了直後の信託銀行の主たる業務は，3～6か月で運用する単独運用指定金銭信託（指定単）であった。ところが，地方銀行等と市場が競合し，また低金利政策に反したものであったため，大蔵省から事実上禁止に近い規制がなされた[38]。この指定単規制と引換えに認められた商品が貸付信託であった。

貸付信託構想は，従来の信託銀行の顧客であった資産家ばかりではなく，一般大衆から小口資金を幅広く集め，それを1つのユニットとして，基幹産業に長期に貸し付ける業務を信託の仕組みを利用して行うもので，信託業法制定当初からあった合同運用指定金銭信託を定型化し，受益権を無記名証券化し，投資家（委託者兼受益者）が容易かつ安全に投資できるよう工夫した商品であった。このように，貸付信託は，1952年6月に公布・施行された貸付信託法（昭和27年法律第195号）に基づく商品で，同一の約款に基づく多数の委託者から金銭の信託を受け，合同で運用する集団信託[39]であり，わが国独自の信託であった。

この貸付信託は，経済的機能としては預金（消費寄託契約）に類似している。もともと信託自体に長期金融機能があるわけではないが，当時の銀

---

37) 戦後残っていた専業信託会社7社のうち，1社は証券会社に転向して信託業を廃業し，残る6社が1948年の金融機関再建整備法に基づいて普通銀行に転身し，これが旧兼営法によって信託業務を兼営することとなった。三菱，三井，住友，安田，川崎，第一の各信託会社は，それぞれ，朝日，東京，富士，中央，日本，第一の各信託銀行となった。なお，朝日，東京，富士，中央の各信託銀行は，1952年に三菱，三井，住友，安田の名称に変更された。
38) 規制前には，金銭信託の約7割が指定単であり，それには契約期間の制限がなく，臨時金利調整法の規制を免れ，かつ元本補塡契約が可能であったから，信託業者は，高率配当・元本保証を掲げて，大口，短期資金を指定単として吸収した。これが銀行を刺激し，金利体系を乱すこととなり，元本補塡契約の自粛，収益配当率の制限，最低信託金額の制限（500万円以上），収益の計算および処分方法の制限，公金受託の制限，中途解約の制限という規制がかけられるようになった。

行・信託分離の「金銭信託を主とする信託制度を預金と別に設けてこれに金融制度の存在意義を認めるとするならば，長期金融機能以外にあり得ない」[40]という考えから，長短分離政策の一環として，この商品が信託の主要商品として広く大衆へ広められていくこととなった。この時期は，信託の金融機能という一面にスポットがあたり，信託業務が広く一般市民に広がっていった時代である。

1951年に商品化された証券投資信託，1962年に商品化された適格退職年金信託，そして1966年に商品化された厚生年金基金信託など，金融機能とともに，財産管理機能を併せもつ信託商品が登場したのもこの時代である。

また，現在の証券化の先駆けともいえる信託商品も登場した。1955年に，国鉄が車両製造会社の製造した車両を賃借使用して逐次買い取る方式（民有車両制度）を採用することになった。国鉄が賃借している間，当該車両は国鉄が使用・占有しているため，車両製造会社は当該車両を担保として資金を調達することが困難であり，自己の信用に基づく資金調達を図らなければならなかった。しかし，車両製造会社（委託者）が，当該車両の管理および処分を目的とした信託をすれば，受託者が当該車両（信託財産）を国鉄（私鉄）に賃貸し，一方で車両製造会社は，その受益権を投資家に売却することにより，資金調達を行うことが可能となることから，1956年に，当時の信託銀行4社（三井，三菱，住友，安田）が，動産の信託（「車両信託」）としてこの信託の取扱いを開始した。

兼営法の制定により，信託業と銀行業との兼営が一度は認められたが，銀行が信託業を兼営することには多くの問題を含んでいるとの理由[41]か

---

39) 集団信託とは，大衆から信託目的を同じくする財産を集めて1つの集団として運用し，かようにして得られたものを受託元本に応じて按分的に配分する信託形態を意味する（四宮・信託法49頁）。集団信託の特質としては，①実質的委託者は一般大衆であること，②金銭を信託とする信託であること，③実質的に自益信託であること，④管理方法が事実的に合同運用であること，⑤受益権が非個性化され，きわめて預金債権に類似した性質を有すること等の特色がある（四宮・信託法50頁）。
　なお，多数を受益者とするという点では集団信託に類似しているが，受益者の範囲が限定されていたり（企業年金信託，持株信託等），他益信託であったり（適格退職年金信託，規約型企業年金信託），集団信託ほどに非個性化の認められない信託があり，これらを準集団信託とよんでいる。

40) 第6回銀行局金融年報昭和32年版193頁（1957年）。

ら，大蔵省は再度方針を転換し，信託業と銀行業とを分離するという考え方を採用した。しかし，直ちに法制上の措置を講じ，この両者を分けることは適当ではないという判断から，大蔵省は，無理のない程度で行政措置として可能な範囲で，分業化体制の整備を図る方針を採用した。

この方針に沿って，信託専業の意欲と能力をもつもの（いわゆる専業信託）[42]に対しては貸付信託の取扱いを認め（1952年），あるいは信託専門店舗を認める（1955年）などの育成策の措置をとった。この結果，経済の安定に伴う長期貯蓄の増加傾向と相俟って，専業信託各社の信託資金は飛躍的に増加し，預金をも合わせた全資金量に占める信託資金のウェイトも，1951年当時は30％内外にすぎなかったものが，1955年頃には70％前後に達しており，漸次，信託分業化の基盤が熟成されていった。

一方，兼営信託11行[43]については，資金量に占める信託資金のウェイトも低く，しかも受入信託資金のうち，農協関係，信用組合等に依存するものがかなりあり，運用面においても相当部分がコールを通じて自行の銀行勘定に運用されており，質・量ともに正常な信託業務とはいい難い状況であった。このため大蔵省は，兼業信託について，信託業務兼営の認可を返上させる代わりに，店舗の新設を増加させて銀行業務の育成を図るという方針を採用した。

(3) 第3期…「信託の時代」の幕開け

第3期は1980年代から今日である。この時代に入ると，信託の財産管理

---

41) 兼営を可とする当時の意見には，①信託業務の性質から銀行兼営がよい，②専業信託は営業として成り立たない，③兼営4行の信託分離は事実上不可能である，④分別管理の要請と信託分離とは別個の問題である，⑤信託に長期金融機能を認めるのは誤りだ，というものがあった。他方，分業を不可とする当時の意見には，①わが国信託の特殊性，②分業による能率発揮，③正しい信託制度の育成，④信託制度の沿革からみても兼営形態は異常なものである，⑤信託主業は営業として充分に成り立つ，というものがあった。なお，これらの詳細については銀行局・前掲金融年報193頁を参照。
42) 三菱信託銀行，三井信託銀行，住友信託銀行，安田信託銀行，日本信託銀行の5信託銀行は，信託主業化を志向し，第一信託銀行は，普通銀行化を志向した。
43) 大和銀行，三和銀行，神戸銀行，東海銀行，北陸銀行，福井銀行，十六銀行，中国銀行，滋賀銀行，第四銀行，秋田銀行。このうち北陸銀行から秋田銀行までの地方銀行7行は，新規受託を停止し，信託勘定の整理を行った。また，三和銀行から東海銀行の3行は，東洋信託銀行と中央信託銀行を設立し，その業務を移管した。

機能に着目した新しい商品が登場，発展した。

1980年12月に法人税基本通達の一部改正[44]が行われ，単独運用の金銭の信託についても，法人が信託した金銭で取得された有価証券の帳簿価額と当該法人が手元で保有する同一銘柄の有価証券の帳簿価額とを分離して経理すること（簿価分離）が認められ，かつ複数の信託契約の間でも簿価分離が認められたことから，1980年代初頭に証券信託が商品化された。これは，比較的大口の金銭を，主として有価証券に運用する目的をもって設定される単独運用の金銭の信託で，運用を投資顧問会社に委ねる信託（いわゆる特金）と，信託銀行に委ねる信託（ファンドトラスト）がある。この証券信託は，主として法人の大口の資金運用のための道具として活発に利用された。

1984年には土地信託が商品化された。この信託は，信託法・信託業法制定当時から法的には可能[45]でありながら，事実上規制されていたため，実現が要請されながら日の目をみず，ようやく1983年夏，民間活力導入の議論のなかで一躍脚光を浴び，商品化された信託である。土地信託は，地権者（委託者兼受益者）が土地を信託銀行に信託し，信託銀行が受託者として建物建設等の開発，そのための資金調達およびテナントの管理等を行い，受益者にその事業収益を信託配当として交付する信託である。土地信託は，受託者が信託財産をもとに事業を執行するところにその特色がある。

さらには，企業金融の一形態として，企業の保有する資産（土地，金銭債権等）を担保として，投資家から資金を調達する手段に信託を利用することが増加してきた。すなわち，証券化（セキュリタイゼーション）の手法として信託を利用するものである。これは，企業が保有する不動産，リース債権，クレジット債権，売掛債権，貸付債権等を信託銀行に信託し，その受益権を投資家に売却することにより，その企業が資金を調達するものである。その後，その信託された資産から生み出される賃貸料，金利，償還金等は，受益者である投資家に支払われるというものである。

この時代の信託は，金融機能，財産管理機能，倒産隔離機能[46]，キャッ

---

[44] 法人税基本通達2－3－16。
[45] 不動産は，旧信託法1条が定義する信託において受託可能な「財産権」の1つであり，また旧信託業法4条（旧兼営法1条）の定める受託可能な財産である。

シュ・マネジメント機能[47]等，信託がもつ多くの機能を活用した商品となっているところにその特色がある。

　信託業務の担い手も，1992年の金融制度改革[48]により大幅に広がった。1950年代以降にとられていた専門金融機関主義が改められ，都市銀行や証券会社等も，信託銀行子会社を作ることによって信託業務に参入することが可能となり，地域金融機関については，本体でも一部の信託業務を行うことが認められた。2002年2月からは，都市銀行等による信託業務への本体参入も認められた。さらに2004年の信託業法の改正においては，2003年7月28日の「信託業のあり方に関する中間報告書」（金融審議会金融分科会第二部会）の提言を受け，信託兼営金融機関のみが行っている信託業へ金融機関以外の者の参入が可能なように信託業法の全文が改正され，現在では58社[49]が信託業を営んでいる。

　今後は，平成18年に成立した新たな信託法（平成18年法律第108号）により，ますます信託の利用範囲は広がり，一般市民の身近な存在になるものと考えられる。また，信託をさらに発展をさせるのは信託業の担い手の創意工夫であり，創造性であることは，これまでみてきた信託の発展の歴史から明らかである。

---

[46] 資産を元の所有者（委託者）や実際の資産管理者（受託者）の破産等の脅威から隔離する機能。

[47] 資産が生み出す収益（資金）を信託契約の定めに従い，複数階層の受益権者に配分する機能。

[48] 1992年6月に成立し，1993年4月に施行された金融制度改革関連法により，信託業への他業態の参入が法制化された。

[49] 信託兼営金融機関44行，運用型信託会社7社，管理型信託会社7社（2008年5月2日現在）。

第 2 章

わが国における信託制度

1 信託の特色

　わが国の信託法は，その2条において「特定の者が一定の目的（専らその者の利益を図る目的を除く。…）に従い財産の管理又は処分及びその他の当該目的の達成のために必要な行為をすべきもの」と定義している。つまり信託とは，ある者（T）が，一定の目的（受託者以外の利益の目的を除く）に従い，財産を有する者（S）からある財産（P）を分離させ，財産の管理または処分およびその他の当該目的の達成のために必要な行為をすべきことである。ある者（T）を「受託者」，財産を有する者（S）を「委託者」，委託者の財産から分離され，受託者に帰属された財産（P）を「信託財産」，一定の目的を「信託目的」，そしてこれらの受託者の行為によって信託財産から生じた利益の帰属者を「受益者」という。そして，このような信託は，委託者と受託者との契約，委託者の遺言，または一定の方式による意思表示により行われる。さらに，信託を成立させるこれらの法律行為を「信託行為」という。すなわち，信託行為の形態には契約，遺言，およびいわゆる一定の要式を備えた意思表示の3種類がある。

　信託の定義として重要なことは，①受託者に財産の管理または処分を行わせる制度であること，すなわち財産管理の制度であること，②財産を受託者に移転する制度（委託者の財産から分離することを含む（自己信託））

であること，すなわち，受託者は移転された財産の管理または処分に関する権限を排他的に有する制度であること，③その管理または処分等は一定の目的（信託目的）に従って行われる制度であることである。また，この3つが信託の要件でもあり，特色でもある。

具体的な事例をあげて説明する（【図表1】）。

A株式会社（委託者）が，自らが所有する財産（たとえば株式：信託財産）を利用して，一定の目的（たとえば奨学金の給付：信託目的）を実現したいと考えている。その実現にあたっては，財産の管理に関する専門的なノウハウが必要となることから，B信託銀行のノウハウを借りることとした。そして，A株式会社とB信託銀行は信託契約を締結し，A株式会社の財産をB信託銀行へ引き渡すとともに，その名義をB信託銀行と変更した。B信託銀行は以後，この財産を管理・運用して，その結果の利益を受益者であるC奨学生に給付する。

信託とはこのように，B信託銀行（受託者）がA株式会社（委託者）単独では実現困難な目的（信託目的）をA株式会社になりかわって実現する制度である。そのため，A株式会社とB信託銀行は信託契約（信託行為）を締結し，B信託銀行へ財産が引き渡され，B信託銀行が以後，その財産の名義人として排他的に管理することとなる。

それでは，財産管理制度の1つである信託制度の特色として，先の要件の②と③について詳しく説明する。

(1) 財産を受託者へ移転する制度…排他的な管理・処分権限の付与

信託の特色の1つに，財産を有する者（委託者）が第三者（受託者）へ財産の譲渡，担保権の設定その他の財産の処分を行うことがある[1]。ここでいう「財産の譲渡，担保権の設定その他の財産の処分」には，既存の権利の移転のほか，いわゆる設定的移転も含まれ，その一例に「担保権の設定」がある。そして，これらの移転においては，委託者から受託者に財産をただ引き渡すのみではなく，法的な権利（名義）を移転することが必

---

1) 信託法3条1号・2号。ただし，一定の要式による意思表示の場合は除く（同条3号）。

【図表1】信託の仕組み

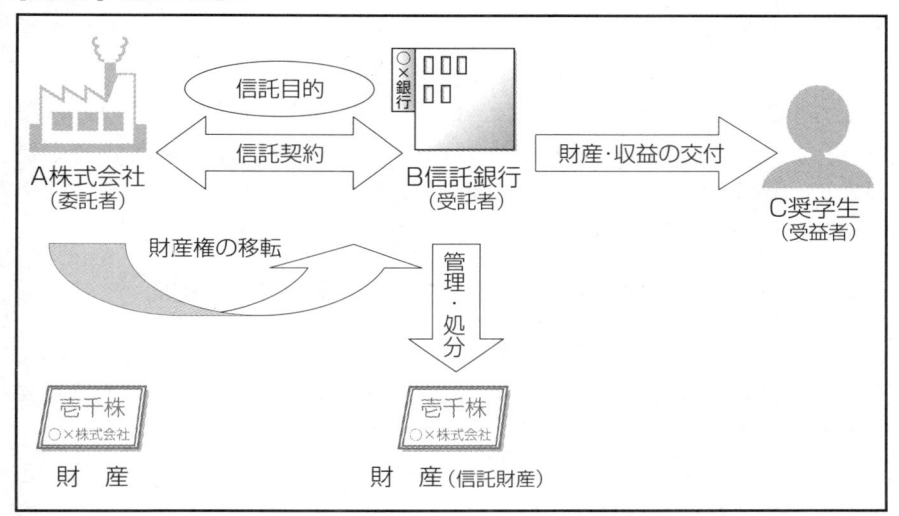

要である。

　受託者が財産の管理または処分をするためには，その財産に関するこれらの権限を取得する必要がある。受託者が第三者（委託者）の財産に関するこれらの権限を取得する方法には，その財産の名義人となる方法と，第三者からその権限の授権を受ける方法とがあるが，信託の場合，前者の方法を採用している。したがって，その財産権を単に引き渡すだけではなく，法的な権利（所有権）の移転も必要となる。

　たとえば，株式がA株式会社からB信託銀行に信託されれば，その株式の所有権はA株式会社からB信託銀行に変更される。具体的には，A株式会社が保有する株券をB信託銀行へ交付するか[2]，または振替株式の場合は，A株式会社が自己の口座の残高を減じ，B信託銀行の口座の残高を増加させる振替えの手続を経ることによって行われる[3]。これによって，B信託銀行は財産（信託財産）の法的な権利者となる。ただし，この事実を第三者に対抗するには，財産の種類に従った登記，登録等の第三者対抗

2）　会社法128条1項。
3）　振替法140条。

要件を備える必要がある。この事例において、株式の券面が存在する場合、B信託銀行が株券の交付を受けること、振替株式の場合、振替手続によりB信託銀行の口座の残高を増やすことが必要となる[4]。

また、管理または処分の対象は、財産、つまり財産的価値がなければならない。ただし、具体的な名称でよばれるほどに成熟した権利である必要はない。民法所定の所有権、その他の各種物権や債権はもとより、特許権等の知的財産権や鉱業権・漁業権等も信託の対象となる。

(2) 一定の目的（信託目的）に従って行われる財産管理制度

信託の特色の1つに、委託者から移転を受けた財産（信託財産）を、受託者が信託目的に従い管理または処分および信託目的の達成のために必要な行為をすることがある。

受託者がなすべき財産の管理または処分および当該目的達成のために必要な行為の具体的な内容は、信託行為（信託を設定する当事者の行為）の定めによる。信託銀行が引き受ける信託の場合、委託者と受託者間で締結される信託契約書に、その具体的な内容が規定される。

もしその内容が明らかでないときには、財産の管理については一応、民法上の管理行為（民法103条）と同様に考えて行うこととなる。民法上の管理行為としては、物の修理、債権の時効中断、株券の名義書換、期限の到来した債権（債券）の取立てのように、財産の現状を維持するための行為（保存行為）、物の賃貸、金銭の預金のように、財産の性質に変化を生じさせない範囲の利用により収益を図る行為（利用行為）、無利息債権を利息付きの債権に変更する契約、担保付きの不動産からその担保権を除去する取引、家屋の電灯設備を増設するように、財産の性質に変化を生じさせない範囲での使用価値や交換価値を増加する行為（改良行為）がある。これらはいずれも、目的たる物や権利の性質を変じない範囲内での行為に限られる。これは、次の処分行為に対置された行為を意味するものである。

財産の処分（処分行為）とは、財産の現状を変更したり、またはそれを

---

[4] 会社法130条1項・2項。振替法143条。

消滅させるような一切の行為をいう。契約の締結による有価証券の売却のような法律行為によるか，家屋の取壊し等の事実行為によるのかは問わない。

管理行為と処分行為の大きな違いは，対象となる財産権の性質を変じるかどうかである。たとえば，期限の到来した債務の弁済や，腐敗しやすい物の処分など，財産全体からみて，現状維持と認められる処分行為をも含むというのが一般の解釈である[5]。このように，厳密な意味においては両者は対置する概念ではない。

受託者がなすべき管理または処分および信託目的の達成のために必要な行為というのは，それらのいずれでもよく，とにかくその信託行為（信託契約）の定めに従って行われるべきものである。したがって，その具体的内容の確定は実務上きわめて重要となるので，信託契約書を作成する際には十分検討されるべき事項である。また，信託会社を規制する信託業法（平成16年法律第154号。以下，ことわりのない限りこの法律を「信託業法」という）は，信託会社が信託を引き受けるときに，同法に定める事項を説明し，かつその事項を明らかにした書面を交付することを受託者に義務付けている。この事項には，「信託の目的」（信託業法26条1項3号），およびその細目としての「信託財産の管理又は処分の方法に関する事項」（同項6号）を始めとした管理または処分の具体的な内容がある（同法25条，26条1項）[6]。

2　財産管理制度としての信託の特色の理解[7]

(1)　債権説（【図表2】）

信託は，財産の法的な権限（所有権）を受託者に与え，受託者はその財

---

[5]　幾代・民法総則339頁。
[6]　信託業法25条および26条は，兼営法2条1項により，信託銀行等金融機関が行う信託業務にも準用されている。
[7]　ここでは，信託の特質を説明する代表的な説（債権説，実質的法主体性説）をあげた。その他の説を含め，信託の基本構造に関する学説の対立については，新井・信託法39頁以下参照。

【図表 2】 債権説の枠組み

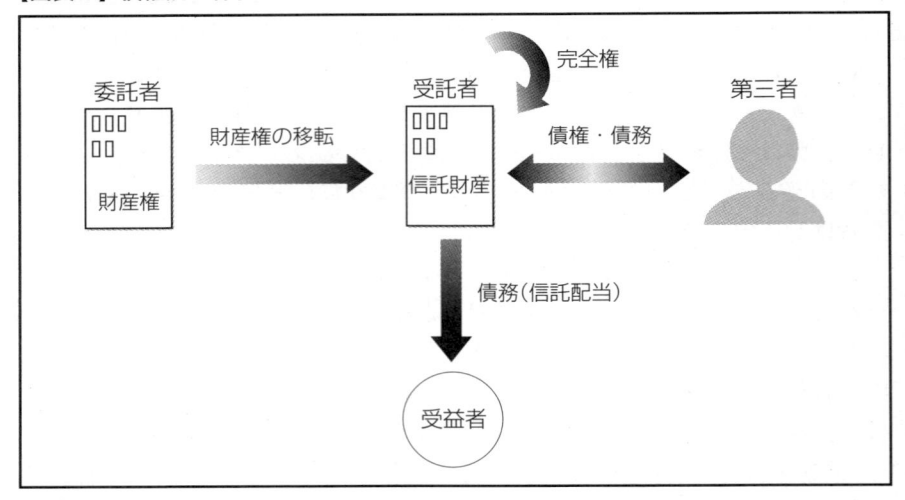

産を信託目的に従って管理もしくは処分を行い，または信託目的の達成のために必要な行為を行い，その結果としてその財産から生じた利益を受益者に帰属させる義務を負う制度である。委託者はすなわち，信託した財産（信託財産）について法的な権限を喪失し，以後，信託財産について管理または処分などの必要な行為をすることはできなくなる。受託者は他方で，信託財産の権利者として，その信託財産を自由に管理または処分などをすることができるようになる。ただし受託者は，その信託財産を管理または処分などをするにあたり，一定の目的に従うことが義務付けられている。

　信託は以上のように，受託者が委託者から財産の譲渡，担保権の設定などを受け，管理または処分などの必要な行為をする権限のみならず，その名義までを含めた財産の完全権[8]を有するという面では「物権的効力」[9]を有し，受託者が一定の目的に従いその財産を管理または処分などの必要

---

[8] ここでは，受託者に名義の帰属している財産権それ自体を意味する。したがって，受託者に完全権が帰属するというのは，所有権・債権・質権の名義が受託者に帰属している場合なら，その所有権・債権・質権の単なる管理権・担保権でなしに，所有権・債権・質権が全面的に受託者に帰属していることを指す（四宮・信託法60頁）。

な行為をする義務を有するという面では「債権的効力」[10]を有するといえる。この理解に従えば，一個の信託契約の締結（信託行為）において，物権的処分（委託者の財産が受託者へ移転すること）と債権的処分（受託者を信託目的に拘束すること）を実現するという点に，信託の特色の1つを見出すことができる。

　信託をこのような2つの構成要素からなる制度であると捉える考え方は，古くから通説であった。そこでは，信託は信託財産を一定の目的のもとに受託者に管理させる債権関係であり，受益権は受託者に対する債権であるという法律構成をとっており，それゆえこの考え方を「債権説」といっている。

　この債権説に対して，より信託の本質にかなうような理解ができないかということで，民法上の物権・債権の区別にこだわらず，信託の2つの部分を総合的に考える理論が主張されていた。次にこの説について説明する。

(2) **実質的法主体性説（四宮説）**

　この説は，四宮教授によって展開された説である。

　四宮教授の唱える説は，信託を受託者への信頼を基礎とした関係と捉え，受託者へ管理を委ねる財産（信託財産）の名義（と管理権）を与えるところの「個人的要素」と，信託目的によって統一性と独立性を与えられた信託財産が，すべての関係当事者から（名義人たる受託者からさえも）独立した存在をもち，この信託財産を中心として「客観的・超個人的要素」という2つの要素を含む制度と理解し，債権説が，前者の「個人的要素」に圧倒的な重みを与え，後者の「客観的・超個人的要素」はその例外として捉えているのに対し，むしろ後者の信託財産が関係当事者から独立した存在であることの重要性に重きを置いている。

　そして，従来の通説とは異なり，わが国の民法上の物権・債権との区別

---

9) 特定の物を直接に支配することを内容とする権利を物権という。信託の場合，受託者が信託財産の名義人となり，何人に対しても（対世的に），その物の管理または処分を行う権限を主張することができるから，物権的効力を有する制度と考えられている。

10) 単に，一方が他方に対して一定の行為を請求することを内容とする権利を債権という。信託の場合，受益者が受託者に対して信託目的に従った行為を要求できる権利を有することから，債権的効力を有する制度と考えられている。

にこだわらず，信託制度の信託の歴史的発展から信託の特色を説明しようとするものである。すなわち，信託は，もともと当事者が新しい経済目的（たとえば財産管理（かつてのユース制度））を達成しようとするのにふさわしい法的手段がちょうど見当たらない場合に，その目的以上の法的効果を生ずる既存の法制度（たとえば所有権の移転）を利用する行為である。このため，実際に行った行為（所有権の移転）の効果と本来の目的との間には大きな隔たりがあるが，財産管理を委託する者（委託者）は，その財産管理者（受託者）の人格を信じ，あえてその本来の目的以上の機能を財産管理者（受託者）に与える。当初はこの信頼関係のみに依存していた制度であったが，この制度が次第に法的に整理され，それに対応して，財産管理者（受託者）が取得した完全権は「名義」と「管理権」，またはただ「管理権」のみに縮減されるに至った。このことから，受託者の完全権は，管理権または名義と管理権に縮減されたものとして信託を説明するものである。

四宮説は，このような基本的な立場から信託の特色を説明している[11]。

① 実質的法主体性の承認（【図表3】）

この説は，信託財産に実質的法主体を認めているところにその特色がある。

信託財産が法形式上受託者に帰属する（信託財産の名義が受託者となる）ために，受益者をその信託財産の権利主体とすることはできない。他方，信託財産から生ずる収益はすべて受益者に帰属するという信託法の認める法的効果のために，受託者の完全権[12]も否定すべきである（受託者は信託財産の名義と管理権のみを有する）とすれば，「信託財産は，結局，実質的にはそれ自体独立した主体とならざるをえない」[13]とする。

---

11) 新井教授によれば，この説の主張の特色ないし中核は，①「信託財産の実質的法主体性の承認（信託財産の独立性の強調）」，②「受託者の管理者的性格の承認（受託者の所有者性の否認）」，③「受益権の物的権利性の承認（受益権の単なる債権性の否認）」の3点にあるとしている（新井・信託法45頁）。
12) ここでは，受託者に名義の帰属している財産権それ自体を意味する。したがって，受託者に完全権が帰属するというのは，所有権・債権・質権の名義が受託者に帰属している場合なら，その所有権・債権・質権の単なる管理権・担保権でなしに，所有権・債権・質権が全面的に受託者に帰属していることを指す（四宮・信託法60頁）。
13) 四宮・信託法63頁。

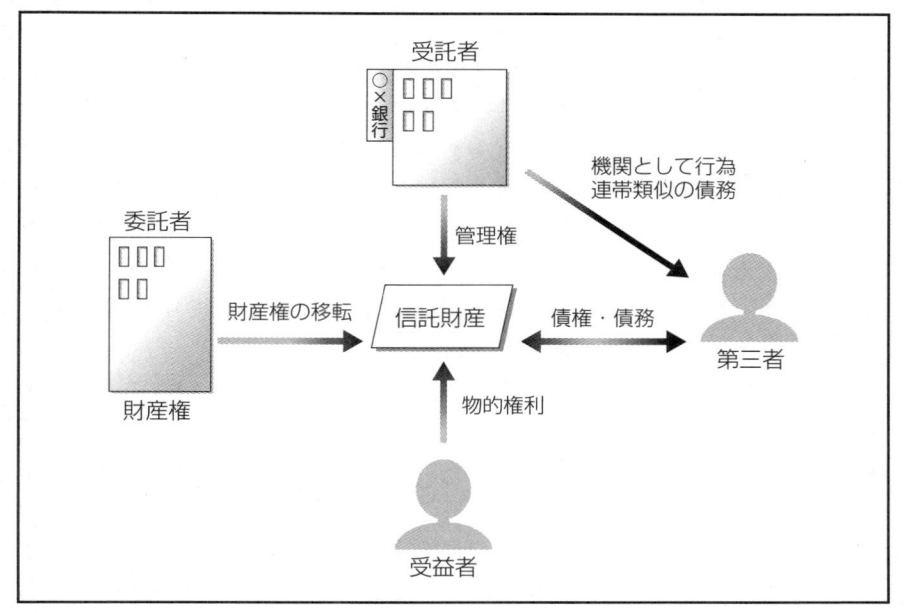

2 財産管理制度としての信託の特色の理解

【図表3】実質的法主体性説の枠組み

　このような限定された意味での信託財産の実質的法主体を認める根拠として、次のことをあげている[14]。

　第一に、信託財産は、すべての関係当事者から独立した信託目的による拘束を受けることによって、内部的統一と独立性とを与えられていることである。すなわち、委託者・受益者・受託者から独立した信託目的が信託財産を唯一拘束するものであり、それを達成するために、信託法は、信託目的に従った管理または処分の効果として、物上代位（信託法16条）を認めるとともに、委託者・受益者の完全権を排除しながら、信託財産の帰属権者である受託者の固有財産からの独立を保障しているのである（同法17条，18条，20条，22条，23条，25条等）。

　第二に、信託財産は、委託者・受益者・受託者・第三者の各々と法律関

---

14) 四宮・信託法70頁。

係に立っていることである。すなわち，添付（信託法17条，18条），混同の排除（同法20条），受託者の費用・損失の求償（同法48条ないし55条），受託者の賠償責任（同法40条）に関する規定は，実質上，信託財産と受託者の法律関係を認めるものということができる。また，受益者との関係では，受託者の給付義務（信託法21条2項1号）が，信託財産のみを引当財産とした物的有限責任として定められており，実質的には，信託財産自身が受益者に対して債務と責任を負担しているものとみることができる。さらに第三者との関係では，受託者はあたかも信託財産の「機関」ないし「代表」として機能しているにすぎず，実質的には信託財産が当事者となっていると考えるべきであるとする。

　第三に，信託が受託者への信頼を基礎として成り立っていること，および信託財産が受託者名義となっているという制約はあるが，受託者が信託財産の「機関」ないし「代表」であり，信託目的を遂行する受託者の行為が信託財産の行為であると考えられることである。すなわち，第三者との関係においては，信託財産から当然に生ずる諸負担や信託事務を処理するための費用などについては，信託法上，受託者が第三者に対する債務者となるが（信託法21条1項，76条1項），その債務については信託財産が引当てとなることが規定されているし（同法2条9項），受託者が変更されても，あたかも信託財産に債務が帰属するかのように，信託財産の限度において，その債務が新受託者に承継されることを認めている（同法75条，76条2項）。また，受託者が先の債務を自己の固有財産から弁済したときは，信託財産に対して求償することが認められている（信託法48条）。したがって，ここでの受託者の債務とは，信託財産の信用力の不足を補うために政策上受託者に負わされた「負担部分のない連帯債務に類似した債務」[15]にすぎず，実質的な債務は，あくまで信託財産それ自体が負担す

---

15) 四宮教授は，この意味を次のように説明している（四宮・信託法75頁）。「第三者に対する債務を支払った受託者は，信託財産または受益者から求償を受けることができるけれども，信託財産に求償してもなお不足で，しかも受益者に求償できない場合（例えば，旧信託法36条2項但書・同条3項の場合）には，受託者個人が負担せねばならないから，完全に負担がないとはいえない（受託者としては，信託財産の価格を考慮して債務を負担すべきであり，それを怠った以上負担を負うのはやむをえない）のである」。

ると考えるべきであるとする。
　しかし，この債務は受託者個人も第三者に対して連帯して責任を負うことや，信託事務の処理に際して受託者の犯した違法行為に対して信託財産はなんらの責任を負わないことなど，この説が主張する法主体には，受託者への信頼を基礎として成立する仕組みであることから生ずるひずみがあることを認めている。この説が想定する実質的法主体は，民法総則上の法人と異なり，信託財産自体に法人格（権利能力）を認めるわけではない。実質的法主体とはすなわち，民法総則の規定するような通常の法人と比較して，不完全かつ制限的な法的主体性をもつにとどまるのであり，信託という特殊な法制度に由来する法の現実をできる限り忠実に法的概念へと反映させることを念頭に置いて考案された説である。
　②　受託者の管理者的性格の承認
　債権説は，信託財産に関する受託者の完全権を認めつつ，受託者は，受託行為の原因行為によって信託財産の管理・処分をなすべき義務を負わされているものとする。しかし，実質的法主体性説は，信託財産に対して実質的法主体性を認めることから，信託財産に関する完全権が受託者に帰属するという債権説の論理構成はとれないこととなる。このため，債権説では，受託者の信託財産に有する権利は「名義」[16]と「管理権」[17]であるとしている。ここでいう「管理権」は受託者の職務権限の例示であり，信託目的が要求し，または信託行為（信託契約）によって定められた任務を果たすために必要となる「財産的事務の処理をなす権利で，包括的財産または財産を構成する個々の財産権・物に関する，事実行為・法律行為・訴訟行為，さらには新しい権利の行使，義務の設定あるいは既存の権利の行使・処分，義務の履行をふくむ広範な概念」[18]である「広範な管理権」であるとしている。
　この管理権には，次の３つの特徴がある。
　第一に，広義の管理権であるという点では，受託者の管理権は代理権と

---

[16]　信託財産の名義を受託者とする点が，他の財産管理制度と大きくことなるところである。
[17]　信託法２条１項でいう信託財産の「管理又は処分及びその他の当該目的の達成のために必要な行為」をなす権限をいう。
[18]　四宮・信託法207頁。

同じ性質を有するが，代理権が人に対する関係において捉えられた管理権であるのに対し，受託者の管理権は特定の財産（信託財産）に対する物的管理権である。すなわち，受託者の行為の効果は信託財産に帰属し，受益者には直接に及ばない。

第二に，受託者の管理権は，受益者や委託者の管理権と競合しない排他的な管理権である。したがって，特定運用の信託の場合，委託者またはその代理人（たとえば投資顧問会社）に受託者への指図権が与えられるが，その指図権者の指図は信託財産に対して直接的に効力（物的効力）を有するものではなく（受託者の管理権を通じて間接的に効力を有する：債権的効力），またその指図が義務違反や法令違反の場合には，受託者はその指図に従う必要はない。

第三に，受託者の管理権は原則として，権限でもあり義務でもある。債権説では，受託者は信託財産の完全権を有することから，受託者の管理権の制限を越えた行為であっても有効であるが，実質的法主体性説では，権限踰越の行為として無効となる[19]。

③　受益権の物的権利性（物権性）の承認

債権説は，受益権を受託者の受益者に対する債務として認識するのに対し，実質的法主体性説は，債権説と同様に，受益権を信託財産に対する給付請求権たる債権であると認識するとともに，信託財産（信託財産の構成物）に対して，物的相関関係をもつ物的権利でもあるとする[20]。

信託財産に対する物的権利とは，受益者の給付請求権が，信託財産を限度とする物的有限責任という制限を有すること（信託法21条2項1号），不可抗力による信託財産の滅失・毀損の危険は受益者負担となること，信託財産の変動がそのまま受益権の内容を規定することとなること（物上代

---

19) 民法113条の無権代理と同様の考え方。受託者個人が無権代理における代理人と同様の責任を負う（民法117条）。
20) 四宮・信託法77頁，315頁。物権は，一定の物を直接に支配し得る権利，ないし，一定の物について直接に利益を享受し得る権利だとされる。債権はこれに対し，物との関係では特定の人を介して間接に物を支配する権利であり，さらに一般化・抽象化すれば，特定の人に対してその行為を請求し得る権利だとされる。だから物権は，人と物との関係ないし対物権であるに対し，債権は，人と人との関係ないし対人権だともいわれる（舟橋諄一『物権法』6頁（有斐閣・1960年））。

位性。同法16条）など，信託財産の物理的変動が原則的に，そのまま受益権の変動へつながることから，受益者が信託財産の権利を実質的に有していることを意味する[21]。しかもこの権利は，公示の原則（信託法14条）により，委託者・受益者・受託者以外の第三者にも対抗することができるとされており，この点からも，債権的というよりは物権的性格を帯びている。

ただしこの物的権利とは，あくまで完全権を外部から制限する制限物権のようなものではなく，信託財産に内在する目的的制限を通じて，信託財産の価値を支配し得る権利ということができる。

④ 実質法主体性説が実務へ与えた影響

実質的法主体性説は，単に理論的な主張にとどまらず，信託銀行の実務にも影響を与えている。たとえば，1962年に年金信託制度が発足する際，次のような議論が起こったとき，この実質的法主体性説が採用されたことがあげられる。

年金信託においては，企業や加入者が受託者である信託銀行へ年金資金を信託（拠出）し，信託銀行（年金信託の受託者）は，その資金の一部を自己を受託者とする貸付信託，合同運用指定金銭信託（年金投資基金信託），動産信託（車両信託），証券投資信託等に運用している。この場合，年金信託の受託者である信託銀行が，投資対象となる信託の受益者であるとともに受託者となるいわゆる二重受託の形態が生ずる。この二重受託が認められるかどうかが，信託法上問題となった。

年金信託（第一次的信託）の運用対象として予定される自己を受託者とする信託（第二次的信託）には，第一次的信託の受託者である信託銀行は，第二次的信託の受益者になるが委託者にはならず，委託者はほかにいるという場合（証券投資信託・動産信託（車両信託等））と，第二次的信託の委託者と受益者とを同一人が兼ねる場合（貸付信託，年金投資基金信託）とがある（年金投資基金信託を第二次的信託とした二重受託については【図表４】を参照）。

これらの場合には，第二次的信託の信託当事者たる委託者と受託者，ま

---

21) 物的権利といっても，信託財産を直接的に支配するものではない。

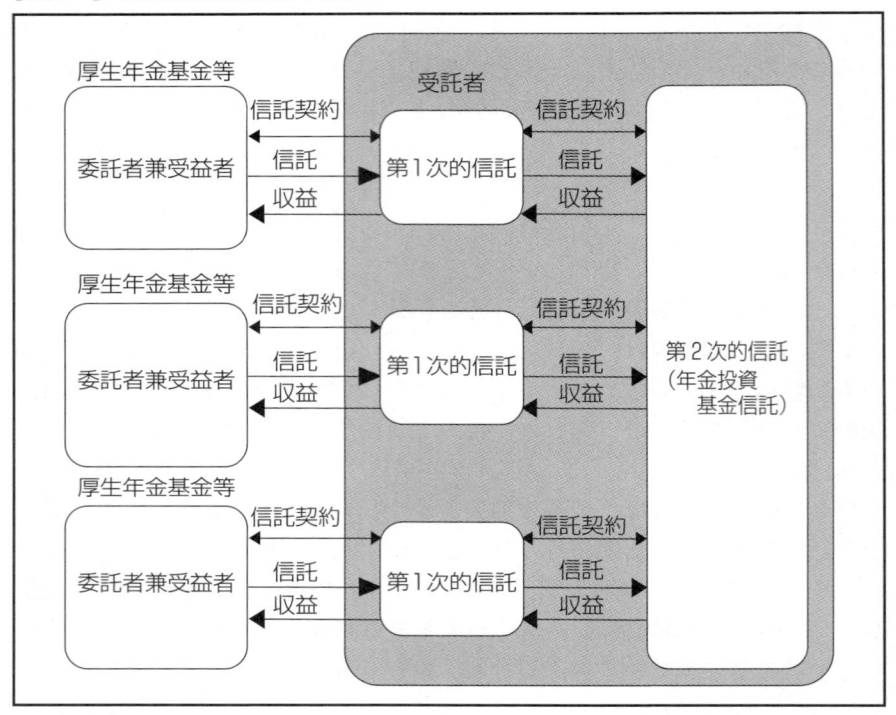

【図表 4 】 年金投資基金信託の仕組み

```
厚生年金基金等                          受託者
┌─────────────┐    信託契約    ┌─────────┐    信託契約    ┌─────────────┐
│             │──────────────→│         │←──────────────│             │
│ 委託者兼受益者 │    信託       │第1次的信託│    信託       │             │
│             │──────────────→│         │──────────────→│             │
│             │    収益       │         │    収益       │             │
│             │←──────────────│         │←──────────────│             │
└─────────────┘               └─────────┘               │             │
                                                        │             │
厚生年金基金等                                            │             │
┌─────────────┐    信託契約    ┌─────────┐    信託契約    │  第2次的信託  │
│             │──────────────→│         │←──────────────│  (年金投資   │
│ 委託者兼受益者 │    信託       │第1次的信託│    信託       │   基金信託)  │
│             │──────────────→│         │──────────────→│             │
│             │    収益       │         │    収益       │             │
│             │←──────────────│         │←──────────────│             │
└─────────────┘               └─────────┘               │             │
                                                        │             │
厚生年金基金等                                            │             │
┌─────────────┐    信託契約    ┌─────────┐    信託契約    │             │
│             │──────────────→│         │←──────────────│             │
│ 委託者兼受益者 │    信託       │第1次的信託│    信託       │             │
│             │──────────────→│         │──────────────→│             │
│             │    収益       │         │    収益       │             │
│             │←──────────────│         │←──────────────│             │
└─────────────┘               └─────────┘               └─────────────┘
```

たは受益者と受託者との地位の兼任を生ずるので，旧信託法 1 条（信託の定義，信託法 2 条 1 項）または同法 9 条（受託者の利益享受の制限，信託法163条 3 号）の規定に反する疑いがある。すなわち，旧信託法 1 条は，「財産権ノ移転其ノ他ノ処分ヲ為シ他人ヲシテ一定ノ目的ニ従ヒ財産ノ管理又ハ処分ヲ為サシムルヲ謂フ」と信託を定義していることから，財産権の移転が行われない二重受託は同条に違反するものではないか，また，受託者が第二次的信託の受益権を有することとなることから，同法 9 条に違反するのではないかという疑いがある。

また，以上の二重受託については，第一次的信託の信託財産としての貸付信託等の第二次的信託の受益権を取得することになるが，その取得に際して，旧信託法22条（信託財産と受託者固有財産との区別，信託法31条 1

項2号)または民法108条(自己契約,双方代理)の規定との関連が問題となる。

これらの問題に対しては,信託財産自体に法主体を認め,受託者をその管理権者と解する実質的法主体性説においては,貸付信託等の第二次的信託の委託者・受益者と受託者は同一の信託銀行であるが,前者は,第一次的信託,すなわち企業年金信託の信託財産の管理者(受託者)としての信託銀行であり,後者は,第二次的信託の信託財産の管理者(受託者)としての信託銀行であり,両者は実質的にその法主体性を異にすると考えることができる。このように考えると,両者の法主体性が異なることから,旧信託法9条に違反することなく,前者から後者へと財産権の移転があり,同法1条の信託の要件に適するという解釈が可能になる。また,信託銀行が第一次的信託の信託財産として第二次的信託の信託財産を取得するのは,第一次的信託の受託者として取得するのであり,「固有財産ト為ス」ためではないので,旧信託法22条にも違反しないと解することができる[22]。

実質的法主体性説はこのように,現在の実務に広く取り入れられており,信託財産の管理または処分に関する第三者との契約関係の説明や契約関係書類の作成実務に大きな影響を与えている。しかしながら,現行法制上,権利の客体であるはずの財産に法主体性を認めることがはたして合理的か,実際の法的紛争が生じたとき,有効に機能するか,疑問は免れないものと考える。

3　信託の機能

信託の特色でも説明したように,信託は,他人(受託者)に財産の管理,処分その他の信託の目的の達成のために必要な行為を行わせることを目的として,その財産権を受託者に移転し,信託財産の所有権等の形式的権利の帰属権(所有権および財産管理権は受託者に帰属する)と実質的権利の

---

[22] 法務省民事局回答昭和37年3月31日,辻敬一ほか「企業年金信託・保険制度の諸問題」金融法務事情302号18頁(1962年),四宮和夫「退職年金信託における二重受託の問題について」信託49号18頁(1961年)。

帰属権（その財産から生じる利益等の経済的利益は受益者に帰属する）とを分離する制度である。このような特色から，信託は次のような機能を果たすこととなる[23]。

(1) 転換機能

このような特色を有する信託は，財産権または財産権者についての状況を，その実質を保ったまま，財産権者の種々の目的追求に応じた形に転換することを可能にする。これがいわゆる転換機能といわれる機能で，具体的には次の4つの類型がある。

① 「権利者の属性の転換」機能

これは，財産権者の財産管理力・経済的信用力・自然人性を転換する機能である。財産の運用の専門家ではない個人が，自己の資産の利殖・管理を財産の運用の専門家である信託銀行に委託することを目的として信託する場合（たとえば貸付信託）がこの例である。また，不動産等の財産権を保有する個人が，その財産権を基礎にして事業を営もうとする場合に，信用力の高い信託銀行を受託者として信託を設定することにより，相続等の権利変動の影響を受けることなく事業の継続を保つことができるとともに，その高い信用力を利用して資金を外部から調達することも可能となる（たとえば土地信託）。

② 「権利者の数の転換」機能

これは，財産権の権利帰属が複数である場合，または法人格のない団体である場合に，これを単一主体としたり，調整者を創り出したり，あるいは逆に，単一の権利者を複数にする機能である。発行者が総社債権者または債権者（受益者）のために設定する担保権を信託[24]し，受託者がそれ

---

[23] 信託の機能の分類方法については多くの学者が多様な説を唱えているが，ここでは四宮説（四宮・信託法14頁）をもとに説明を行う。また，金融審議会金融分科会第二部会「信託業のあり方に関する中間報告書」（2003年7月28日）は，信託の機能について，①財産管理機能，②転換機能，③倒産隔離機能の3つをあげている（同報告書3頁）。信託の機能に関する文献としてこのほか，能見善久「信託の現代的機能と信託法理」ジュリスト1164号13頁（1999年），新井・信託法77頁がある。

[24] 担保権を信託することができるかについては，信託財産の項で説明を行う（64頁）。

を保存し，かつ実行する信託（たとえば担保付社債信託，セキュリティ・トラスト）がこの例である。また，権利関係の簡明化や効率化のため，複数の地権者からなる小口の土地を一括して信託し，大規模な事業（再開発）を営むことも可能となる（たとえば土地信託）。

③　「財産権享受の時間的転換」機能

これは，将来における自己・近親者・被用者（従業員）の生活に備えるなどの目的で，財産権の利益享受の時点を延期させる機能である。子や友人の遺児の教育資金や結婚資金として，または自己や配偶者の養老資金として財産を信託する場合（たとえば遺言信託）や，従業員の老後のために事業主等が資金を信託銀行に信託する場合（たとえば年金信託）がこの例である。

④　「財産権の性状の転換」機能

これは，既存の財産権がもっている性状を別のものに転換したり，または財産権を債務を含む包括財産へと転換させる機能である。たとえば，企業が有するテナントビルを信託銀行に信託（土地，建物，賃貸借契約，入居保証金などが一括して信託される）し，その受益権を投資家に譲渡することにより資金を調達する場合がこの例である。この場合，その資産が不動産であれば，信託された以後，その譲渡の方法は不動産に関する譲渡方法ではなく，受益権の譲渡方法によることとなる。その受益権が法律により有価証券化されていれば，有価証券法理によってその譲渡が行われることとなり，流通性が飛躍的に向上する（たとえば特定目的信託の受益証券（資産流動化法233条以下）や受益証券発行信託（信託法185条以下））。また，複数の異なった性状の資産（たとえば金銭，不動産，債権）を一括して信託し，その受益権に担保権を設定すれば，信託を通じて財産権を広く担保化することができる。

(2) 倒産隔離機能（bankruptcy remote）

信託された財産は，委託者からその権利が受託者へ移転されていることから，委託者が破産した場合には，当然にその破産財団に組み込まれることはなく，また，その名義が受託者となっていても，受託者が破産した場

合にその破産財団に組み込まれない（信託法25条1項）。この機能を「倒産隔離機能」という。

(3) **優先的権利の創設機能**

これは，信託の受益者の中に，優先劣後の関係を自由に創設することができる機能である。

信託は，受益者にどのような権利を与えるかは，信託行為（信託契約）によって自由に定めることができる。資産の流動化に関する信託では，投資家のニーズに合わせて，1つの信託から，たとえば優先的に一定の金額まで利益の分配を受ける受益権（優先受益権）や，他の受益権への利益の分配が終わった後においてもなお分配する利益がある場合にのみ利益の分配が行われる受益権（劣後受益権）等，複数の利益配当の権利を有する受益権を創設できる。また，年金信託のように，個々の受給権者（勤続年数などの要素により決定される）ごとに異なった権利内容の受益権の創設が可能である。

4 信託の種類

信託は，財産管理としては汎用性のある自由な制度で，法律で禁止されていない限り，あらゆる財産について，またあらゆる目的のために信託を行うことができる。したがって，信託の種類に関する分類方法はきわめて多様で，その分類も定まったものはない。ここでは，一般的に行われている分類をもとに信託の種類を説明する。

(1) **一般的に行われる信託の分類方法による信託の種類（【図表5】）**

① 信託引受時の財産による分類

まず，信託が行われるときに委託者から受託者に移転される財産の種類に応じた分類方法がある。金銭の場合が「金銭の信託」，その他の財産の場合が「物の信託」という。

「金銭の信託」のうち，信託終了時に受益者に対して信託財産が交付さ

4 信託の種類

【図表5】信託の分類

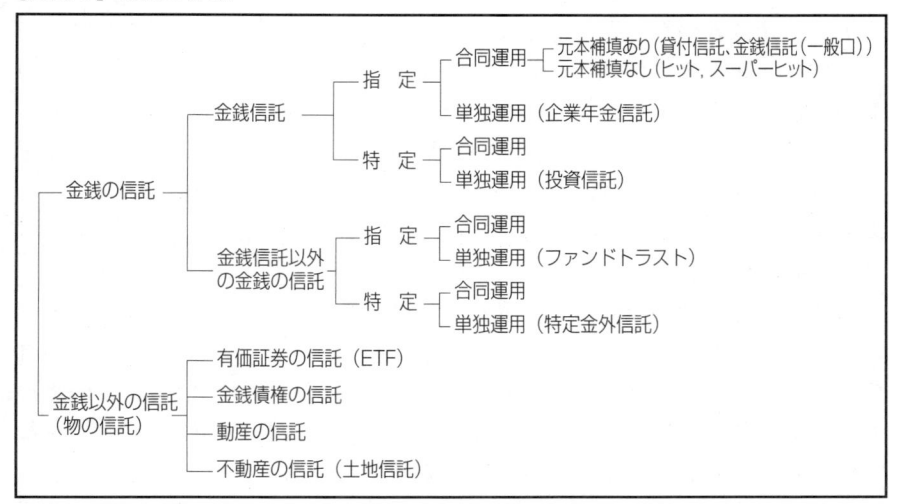

```
                           ┌─ 指 定 ─┬─ 合同運用 ─┬─ 元本補填あり(貸付信託,金銭信託(一般口))
                           │        │            └─ 元本補填なし(ヒット,スーパーヒット)
              ┌─ 金銭信託 ─┤        └─ 単独運用(企業年金信託)
              │            └─ 特 定 ─┬─ 合同運用
金銭の信託 ─┤                       └─ 単独運用(投資信託)
              │                      ┌─ 指 定 ─┬─ 合同運用
              └─ 金銭信託以外 ──────┤        └─ 単独運用(ファンドトラスト)
                 の金銭の信託         └─ 特 定 ─┬─ 合同運用
                                               └─ 単独運用(特定金外信託)

              ┌─ 有価証券の信託(ETF)
金銭以外の信託─┼─ 金銭債権の信託
(物の信託)   ├─ 動産の信託
              └─ 不動産の信託(土地信託)
```

れる際，金銭に換価して行われる信託を「金銭信託」，現状のまま交付される信託を「金銭信託以外の金銭の信託」という。

たとえば投資信託は，投資家が金銭を信託し，その金銭をもとに受託者が有価証券を購入し，その投資信託の終了時には，金銭で元本が投資家に交付される信託であるから，「金銭信託」に属する。

不動産，知的財産権，または有価証券を受託者に移転して，それを受託者が管理するする信託は，「物の信託」に属する。ＥＴＦ[25]のうち株価指数連動型のＥＴＦは投資信託でも，株式を信託してその受益権を投資家が取得する信託であるから，「物の信託」に属する[26]。

---

25) ＥＴＦとは，上場投資信託受益証券(「Exchange Traded Funds」の略称)である。株価指数，商品価格，商品指数などの指数に連動するように設定された，東京・大阪証券取引所に上場されている投資信託である。従来の投資信託は，投資家から金銭の信託を受けて設定されるが，ＥＴＦは，設定時に特定の指数に応じた資産のポートフォリオが信託され，これが信託財産となる。
26) 投資信託は「金銭信託」でなければならない(投信法8条1項)。ただし，投信法施行令12条の要件を満たす場合は，有価証券または商品を信託する投資信託(「物の信託」)，や受益者が信託を解約した際に，信託財産を換金せずそのまま受けとれる投資信託(「金銭信託以外の金銭の信託」)が認められる(同令12条)。

② 受益者の数による分類

次に，受益者の数による分類がある。たとえば，信託銀行が取り扱っている貸付信託や金銭信託（一般口）のように，同一の約款に基づき多数の委託者から金銭を集め，1つの資金として合同で運用し，その結果得られた利益を委託者から集めた資金の持分に応じて按分して配分する信託を「集団信託（合同運用信託）」という。これに対して，個別の委託者ごとに締結され，各々の信託財産ごとに分別して管理される信託を「個別信託（単独運用信託）」という。

信託は本来個別的なもので，受託者は個々の受益者ごとに信託財産を分別して管理する義務を負っているが，金銭については，信託財産ごとの計算を明らかにしておけば合同で管理することが認められている。このため，多数の委託者から少額の資金を集めることにより，少額の資金ではできない高利回りでリスクの分散された運用が可能となる。

なお，（委託者指図型）投資信託は，委託会社という1人の委託者と信託銀行との間で締結された信託契約（「個別信託（単独運用信託）」）に基づく受益権を小口に分割して不特定多数の投資家に販売するもので[27]，集団信託と同じ効果をもっていることから「準集団信託」とよんでいる。

具体的には，委託会社がまず，不特定多数の一般投資家から受益証券の予約販売の形式で申込金を受領し，その集まった金銭で，自己を委託者，一般投資家を受益者[28]とする信託を設定し，設定と同時にその受益権を予定の口数に分割する。受益証券を購入した一般投資家に対しては，購入した金額に相当する口数の受益証券を作成して交付する。これは，実質的な委託者兼受益者である一般投資家は法的には信託の設定に関与せずに，一般投資家から資金の運用を任された委託会社が法的には信託の委託者となり，受託者へ信託を行うというものである。このことから，委託会

---

27) 投信法2条1項。
28) 投資信託の約款には，信託設定の際の当初受益者は委託会社で，委託会社が取得した受益権を一般投資家に販売する形式をとるものと，信託が設定されて受益権が発生すると委託者の指定する者に帰属する他益信託という形式をとるというものがある。最近では後者の形態が多い（境野実「証券投資信託約款の考察」商事法務研究209号258頁（1961年），三菱・法務と実務472頁）。

社と一般投資家の関係もまた,実質的には委託会社を受託者,一般投資家を委託者兼受益者とする信託,すなわち「集団信託」であるともいえる[29]。

③ 受託者の裁量権による分類

最後に,受託者の裁量権の範囲による分類方法がある。受託者が信託財産を運用する場合に,その運用方法(対象)を委託者がどの程度指示するかによって,「指定運用」「特定運用」に分類される。

信託契約などで信託財産である金銭の運用対象を財産の種類で定めたものを,「運用方法が指定された」,または「指定運用」の信託という。また,信託契約などで信託財産である金銭の運用対象を特定の財産に限定しているもの,または委託者もしくはその代理人などがその都度具体的に指図するものを,「運用方法が特定された」,または「特定運用」の信託という。

投資信託は,投資信託を設定する委託会社が運用を事細かに受託者である信託銀行へ指図することから,「特定運用」の信託に属する。

(2) その他の信託の分類方法による信託の種類

また,信託の実務でよく行われる信託の分類方法には,これら以外には次のようなものがある。

① 信託の設定の仕方による分類

信託という法律関係(「信託関係」)を成立させることを「信託の設定」という。また,信託を設定する当事者の行為は,信託法上「信託行為」とよばれる。

信託行為の形態には,(i)「契約」方式,(ii)「遺言」方式,および(iii)「一定の方式による意思表示」方式の三種類がある。(i)は委託者と受託者との間の信託契約の締結を通じて信託を設定する形態で,これを「契約信託」という。(ii)は委託者が単独行為である遺言を通じて信託を設定する形態で,これを「遺言信託」という。(iii)は「自己信託」という。信託行為の類型については,追って詳述する。

---

[29] 投資信託の法的構造については,大阪谷公雄「証券投資信託の法的構造について」阪大法学29号1頁(1958年),田中・信託法178頁を参照。

② 公益性による分類

「公益信託」とは，すなわち「学術，技芸，慈善，祭祀，宗教其ノ他公益ヲ目的トスル」（公益信託ニ関スル法律1条）ものであり，その他の信託が「私益信託」である。

公益信託には税制上の優遇措置もあるが，公益信託ニ関スル法律においては，その設定には主務官庁の許可を要し（公益信託ニ関スル法律2条1項），設定後も，裁判所ではなく主務官庁の監督を受ける（同法3条）など[30]，私益信託とは異なる取扱いを受ける。

③ 受益者による分類

委託者自らが受益者となる信託を「自益信託」といい，委託者以外の者が受益者となる信託を「他益信託」という。信託法上の扱いは，前者も後者も同じである。

④ 受託者による分類

受託者が営業として信託を引き受ける場合を「営業信託」または「商事信託」という。それ以外のものを「非営業信託」または「民事信託」という。

信託の引受けが営業としてなされる場合には，引受行為は商行為とされ（商法502条13号），権利義務の帰属主体となってそれをする者は商人となる（商法4条）。また，信託の引受けを行う営業を信託業といい（信託業法2条1項），信託業を営むには，信託業法による免許または登録を受け，同法の規定に従わなければならない（同法3条，7条1項）。金融機関が信託業を営むには，兼営法による認可を受け，同法の規定に従わなければならない（兼営法1条1項）。

⑤ 受託者の管理義務による分類

信託が設定されても，受託者が積極的に信託財産を管理または処分すべき権利・義務を負わない信託を「受働（動）信託」といい，受託者が積極的に信託財産を管理または処分すべき信託を「能働（動）信託」という。

---

[30] 公益信託は，信託目的が達成不能となったとき，あるいは信託財産がなくなったときに終了する。信託法164条以下の解除の規定は私益信託に関するものであり，公益信託には適用されない（三菱・法務と実務702頁）。

受働信託の例としては，投資信託があげられる。

受働信託のなかでも，受益者が管理または処分を行い，受託者が当該行為を容認する義務を負うに留まる信託は「名義信託」とよばれ，信託法上は無効とされる。

⑥　信託財産の管理権限による分類

信託の主たる目的が信託財産の管理に限定されている信託を「管理信託」といい，信託財産の売却等の処分である信託を「処分信託」という。

信託業法では，単なる管理のほか，委託者または委託者の指定した者のみの指図に基づき処分する信託については「管理型信託」として，登録によって信託業（「管理型信託業」）を営めるとしている（信託業法7条1項）。

⑦　信託の設定原因による分類

契約や遺言といった法律行為により設定される信託を「設定信託」といい，法律の規定や解釈により成立する信託を「法定信託」という。

わが国では，信託終了後から最終計算の承認までの間に信託が存続するものとみなしている場合（信託法176条）しか法律の規定により信託の成立を認めるものはなく，また，解釈によって信託の成立を認めることも稀である[31]。

---

31) 公共工事の前払保証制度のもとでの前払金支払いにつき，それによって信託が成立したとする判決がある（最高裁平成14年1月17日判決（金融・商事判例1141号20頁））。本判決の評釈として，道垣内弘人・法学教室263号198頁（2002年），岩藤美智子・金融法務事情1659号13頁（2002年），雨宮孝子・判例時報1794号199頁（2002年），中村也寸志・ジュリスト1229号61頁（2002年），佐久間毅・ジュリスト1246号73頁（2003年）。

第 3 章

信託に類似した財産管理制度
～同様の経済効果を得られる制度～

　これまでは主として，財産管理制度としての信託の特色に焦点をあてながらわが国の信託を説明してきた。本章では，信託以外の財産管理に関する代表的な法制度と信託とを比較・対照することを通じて，信託のさらなる理解を深める。

1　寄託・委任・代理

　信託以外の制度によっても，他人の財産を管理することができる。
　たとえば，信託銀行などの金融機関（以下，「受任金融機関」という）が，外国や国内の機関投資家（以下，「機関投資家」という）の有価証券の管理を寄託・委任・代理などの民法上の制度を利用して受任することがある。
　機関投資家が有価証券の投資を行う場合，有価証券の保管，有価証券の償還金，利息や配当金の取立て，議決権・有償増資などの有価証券の権利の行使，名義書換えや登録等の有価証券の権利の保全，有価証券を購入・売却する際の有価証券や資金の決済，税法（租税条約），金融商品取引法や外国為替および外国貿易法（昭和24年法律第228号）等の報告・届出，その他これらに付随する事務を行う必要がある。
　このような，①有価証券の保管（保護預かり），②償還金・利息・配当金などの代金取立て，③株式議決権の代理行使，④名義書換え・登録の事

務代行，⑤証券・資金の決済代行，⑥各種報告・届出・申請等の事務代行を機関投資家に提供する財産管理サービスが，いわゆる常任代理人業務[1]である。

このサービスの法的性格は寄託契約（①）[2]と委任契約（②ないし⑥）の混合契約であると解されている。受任金融機関は，この委任契約によって機関投資家から代理権が授与され，代理人として有価証券の償還金，利息または配当金の取立て，株式の議決権の行使や名義書換え，社債等の登録等を行う。

それでは個々の業務について，信託による管理との相違点を中心に簡単に説明する。

(1) 寄　託（①）

受任金融機関は，機関投資家の管理する有価証券の引渡しを受けて，機関投資家のために保管する。信託の場合，管理を委託された財産（有価証券）の名義は管理者である受託者の名義となるが，寄託の場合，有価証券の名義は受任金融機関とはならない。また，信託の場合，管理を委託する者（委託者）とその利益を受ける者（受益者）とを別にすることが可能であるが，寄託の場合，管理を委託する者とその利益を受ける者，すなわちその目的物の返還を受ける者は，原則として同一である。

(2) 委任・代理（②ないし⑥）

受任金融機関が機関投資家に代わって，有価証券の支払人である金融機関に対して有価証券の償還金，利息・配当金等の金銭債権の取立てを依頼したり，株式の議決権を行使するのが代理の一例である。

---

[1] 常任代理人業務については，東京銀行証券部「国際証券業務―外債発行と常任代理人業務の仕組みと実務―」金融法務事情1045号156頁以下（1984年），日本トラスティ・サービス信託銀行編著『ＴＨＥ　資産管理専門銀行　その実務のすべて〔第2版〕』98頁以下（金融財政事情研究会・2006年）。

[2] 現在では，国債（振替法が適用される振替国債（振替法88条以下）），振替株式（振替法128条以下），振替社債（同法66条以下）などの多くの有価証券がペーパーレスとなっているため，保護預かり業務（寄託契約）といえるかは疑問がある。

この場合，機関投資家は受任金融機関に対し，有価証券上の権利を行使することを委託する（委任契約）。それに伴い，これらの権利を行使する権限が受任金融機関に授権される（代理権の授与）。そして，受任金融機関は，機関投資家のために権利行使を行うことを意思表示して有価証券上の権利を行使し，その結果として資金が機関投資家の口座に入金され，また株主総会での有効な決議が成立する。

　以上のように，代理は，ある者（代理人）が本人のために行うことについて意思表示をし，または意思表示を受けることによって，その行為の法律効果が本人に直接帰属する（民法99条1項）。そして，代理による法律行為の効果のみならず，これに付随して発生するすべての効果[3]が代理権の範囲内において委託した本人に直接帰属する。したがって，法律行為の意思表示者と法律行為の効果の帰属する者とが異なることとなる。管理の対象となる財産（権）の名義については，代理関係が成立しても本人のもとに留まるのが原則である。

　また，委任は，ある者（受任者）が一定の事務処理をなすことを第三者（受任者）に委託するものである（民法643条）[4]。この事例においては，有価証券の管理を機関投資家が受任金融機関に委託することとなるが，委任される事務の対象となる財産，すなわち有価証券については，受任者への名義の移転はなく，委任者に留まるのが原則である[5]。

　委任においては，受任者は，委任者のために自己の名をもって取得した権利を，委任者に移転すべき義務がある（民法646条）。受任者が委任者の

---

[3] 代理人が売買契約を締結した場合の瑕疵担保責任，代理人が詐欺されて締結した契約の取消権，無効であった場合の不当利得返還請求権等。

[4] 委任契約がなされる目的の典型は，代理権を授与することであるといわれる。民法は，任意代理のことを「委任による代理」と表現しているほどである（民法104条，111条）。委任と代理の関係は次のとおりである。
　代理とは，代理人と相手方との間の法律行為の効果を直接本人に帰属させる制度である。すなわち，本人への対外的な効果帰属に関する制度である。これに対し，代理人と本人との内部関係が委任である。

[5] 事務の委任を目的として信託を行うことがある。この場合，財産の名義は当然，受託者へ移転される。信託銀行が資産管理専門銀行への管理業務のアウトソーシングにおいて採用している「再信託」がこの一例である。日本トラスティ・サービス信託銀行編著『The 資産管理専門銀行—その実務のすべて〔第2版〕』5頁，三菱・法務と実務466頁，能見・信託法118頁。

代理人として委任事務を処理する場合には，委任者に直接帰属するから問題はないが（民法99条1項），受任者が自己の名において事務を処理したときは，その権利は受任者に一応帰属する。したがって，受任者はこの権利を委任者に移転することが必要となる（民法646条2項）。後者の場合は信託と同様の結果となる。

2 匿名組合契約

不動産や貸付債権等の資産の流動化の仕組みの1つとして，匿名組合を利用した仕組みが信託と並び使われている。これは，商法に規定する組合の一形態で，資金を出資する組合員とその出資を受けた資金を利用して事業を行う営業者とで構成される。

この匿名組合契約は近年，多くの金融商品の仕組みに利用されている。その一例としては，不動産投資を行う場合の仕組みに利用される匿名組合契約がある（【図表1】参照）。まず投資家（匿名組合員）が，合同会社等の営業者Yと匿名組合契約を締結し，資金を出資する。その営業者Yは，出資金をもって，不動産会社等が自己の保有不動産（P_1，P_2，P_3）を信託銀行へ信託（不動産管理信託[6]）した受益権を購入する[7]。営業者Yは，その受益権から得られる信託配当金を匿名組合員に分配する。匿名組合契約は，すなわち営業者（商人）がある営業のために他の者（匿名組合員）から財産の出資を受け，その財産をもとにして行った営業から生ず

---

[6] 不動産の管理を目的としたものである。受託者は単なる保守管理ではなく，不動産の名義人，管理権者として包括的な任務を負う。たとえば事務所ビルの信託であれば，受託者はテナントの募集・条件交渉・賃料取立て，工作物の瑕疵における第三者への賠償，管理・補修等に際しての業者の選任，収支計算等の任務（義務）を負うことになる（三菱・法務と実務559頁）。

[7] 営業者が投資として直接不動産を購入せず，不動産を信託した受益権を購入するのは以下の理由からである。現物不動産より流通課税（不動産取得税，登録免許税）が軽減されること，匿名組合出資者に対する不動産の収益の分配が，不動産特定共同事業法の規制する「不動産取引そのものから生ずる収益などの分配」に該当する可能性が高く，不動産の現物ではなく「信託受益権から生じる配当」の場合，不動産特定共同事業法が適用されないこと，複数の不動産を購入する場合，宅地建物取引業法上の業者免許が必要となるが，信託受益権への投資とすれば信託銀行は宅地建物取引業法上の許可を要せず届け出によって宅建業を営むことができること（宅地建物取引業法77条）。

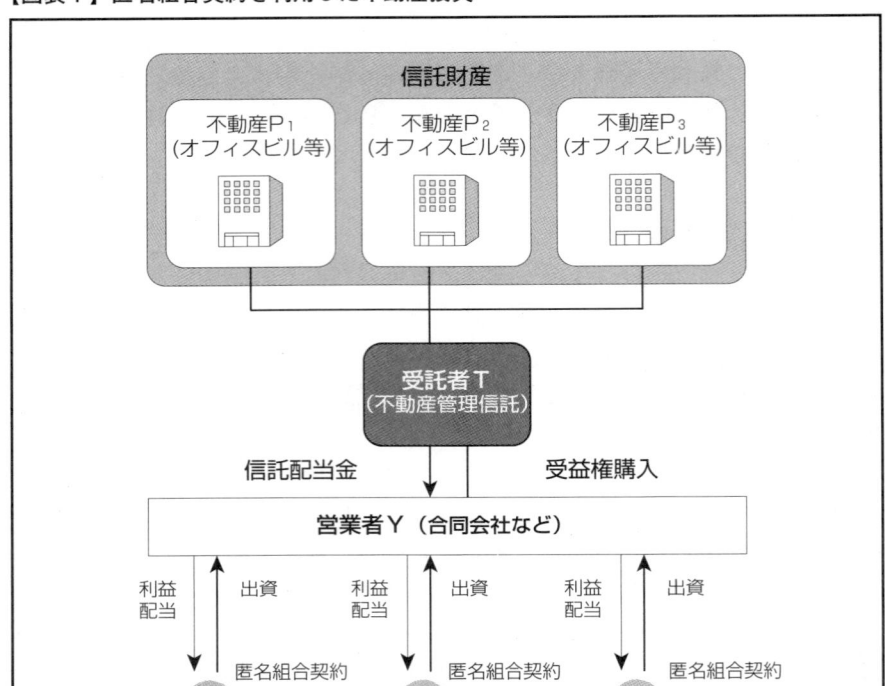

第3章　信託に類似した財産管理制度〜同様の経済効果を得られる制度〜

【図表1】匿名組合契約を利用した不動産投資

```
信託財産
┌─────────────────────────────────┐
│ 不動産P₁      不動産P₂      不動産P₃ │
│ (オフィスビル等) (オフィスビル等) (オフィスビル等)│
└─────────────────────────────────┘
              ↓
         受託者T
      (不動産管理信託)
   信託配当金 ↓    ↑ 受益権購入
   ┌─────────────────────────┐
   │   営業者Y（合同会社など）      │
   └─────────────────────────┘
   利益      出資   利益      出資   利益      出資
   配当 ↓    ↑     配当 ↓    ↑     配当 ↓    ↑
       匿名組合契約      匿名組合契約      匿名組合契約
     投資家A           投資家B           投資家C
```

る利益を匿名組合員へ分配する制度である（商法535条）。

匿名組合員は，金銭その他の財産を営業のために出資し，その出資した財産は組合財産を形成するのではなく，営業者の財産となる。そして営業者は，この出資された財産を含めた自己の財産をもって営業行為を行い，それから生じた利益を匿名組合員に分配する（商法535条）。損失が生じた場合，特約等がない限り，営業者はその損失を補填する義務を負わない。ただし，匿名組合員は出資が計算上減少し，それを補填した後でないと利益配当を受けることはできない（商法538条）。

匿名組合契約においては，投資を行う者（匿名組合員）が営業者に財産[8]を出資することとなるが，信託と同様に，その財産は匿名組合員から営業者へ移転することとなる（商法536条1項）。また，匿名組合の事業の運営は営業者単独によって行われ，匿名組合員はその営業の運営自体に関与することはできない。すなわち，匿名組合員は業務を執行したり，営業者を代理する権限はないが，持分会社の有限責任社員と同様の監視権は認められている（商法539条，会社法592条）。そして，営業行為は営業者の名前で行われることから，第三者に対しては営業者のみが権利義務を有することになる。したがって，匿名組合員は営業者の行為に関し，第三者に対して権利義務を有しない（商法536条4項）。

3 間接代理（問屋）

間接代理（商法の問屋）とは，他人Aの計算において，自己Bの名で第三者Cとの間で法律行為（たとえば，商品の売買契約の締結）がなされる場合をいう。すなわち，AB間では，Bが第三者Cとの間で行った法律行為の結果としてBに帰属した権利はこれをAに移転し，Bが負担した債務はAがこれを負担してBをして免責を得せしめることになっているから，AB間に関する限りにおいては代理関係に酷似する。ただし，Bの負担した債務は債権者であるCの同意なしにはAへ移転しないし，権利の場合には当然にAへ移転するとはいえ，その権利移転の経路は間接的である。したがって，法律上はAとCとが一個の法律行為の直接の当事者として相対することは当然にはないという点，すなわち法律行為の帰属という点においては，代理と明瞭に区別され，信託に近い制度といえる。

わが国では，この間接代理を信託と解する見解はほとんどみられないが，わが国と同じ大陸法の国であるドイツでは，間接代理の一部についても信託のなかに取り込もうとする見解もある。なお，自己の名において，他人の計算で（他人のために）物品の販売または買入れをなすことを業とする

---

8) 金銭以外の財産を出資することはできる（商法536条2項）。

商人を問屋という（商法551条）。

　間接代理（問屋）の代表例に，証券会社（問屋）が顧客の株式の売買注文を取引所に取り次ぐというものがある。この場合，証券会社は自己の名において顧客の売買注文を取引所に対して取り次ぎ，その行為により生ずる効果は一次的に証券会社に生じ，最終的には顧客に帰属することとなる。

　問屋が取次ぎの行為として第三者と締結する売買契約は，問屋が自己の名において契約を締結するものであるから，契約の相手方である第三者に対し，売主または買主としての権利を有し義務を負う者は，当然に問屋である（商法552条1項）。問屋と売買契約の相手方，すなわち第三者との関係は，通常の売買における売主・買主間の関係と同一となる。

　一方，顧客と売買契約の第三者とは，原則として直接の法律関係に立たないから，顧客は問屋から権利の譲渡を受けない限り，自ら第三者に対して売買契約に基づく権利を直接行使することはできない。また，第三者は，問屋との特約がない限り，売買契約上の義務を問屋に対して履行しなければならないので，直接顧客に対して履行しても当然には免責されない。

4　信託と信託に類似した財産管理制度との相違点

　信託法2条は，信託を「次条各号に掲げる方法のいずれかにより，特定の者が一定の目的（専らその者の利益を図る目的を除く。…）に従い財産の管理又は処分及びその他の当該目的の達成のために必要な行為をすべきもの」と定義している。すなわち，ある者（委託者）が，法律行為（信託行為）によってある者（受託者）に財産（信託財産）を帰属させつつ，同時に，その財産を一定の目的（信託目的）に従って，自己または他人（受益者）のために管理・処分等を行わせることである。

　寄託，委任・代理，匿名組合契約，および間接代理もまた，信託と同様，何らかの理由で自己の財産を自ら管理することができない者が，他人を信頼して自己の財産管理を委ねるための制度である。しかし，これらの制度は信託といくつかの点で相違している。以下においては，(1)財産の名義，(2)財産の管理処分権，(3)行為の効果の帰属の三点を取り上げ，その相違点

を検討する。

(1) 財産の名義

信託の場合，受託者が財産の名義人となり，その財産の排他的権限を取得する。寄託，委任・代理においては，管理の対象となる財産の名義は，管理を依頼する本人に留まることが原則である。ただし匿名組合の場合は，出資された財産は営業者の財産となり，この点においては信託と類似している。また問屋（間接代理）の場合も，問屋が管理の対象となる財産の完全な権利者となる。

(2) 財産の管理処分権

信託は，受託者が目的となる財産の管理・処分権をもつことになり，事務処理者としての対外的地位と目的物となる財産の権利義務を委託者のために行使する義務を負担するという対内的地位を含むものである。この点において，委任・代理および間接代理は，特定事項の事務処理者の対外的な地位の一形態にすぎず，本人もまた，依然として当該事項に関する権限を保有しており，自ら管理・処分等を行うことができる点で信託と大きく異なる。

匿名組合契約の場合，出資された財産の管理・処分権は当然のこととして営業者に与えられる。匿名組合員には，営業者の営業について監視権は認められるが，直接関与することはできない（商法539条，536条3項）。信託の場合は，委託者は信託の変更の合意または受託者に対する意思表示権（信託法149条1項，3項1号）を行使できる等，財産権の管理・処分権の行使に大きく関与できる。匿名組合制度はこのように，財産の管理・処分権が完全に移転するという点では信託と類似した制度であるが，その後の管理・処分権への関与の程度が大きく異なる。

(3) 行為の効果の帰属

信託の場合，受託者の行為によって取得した財産は信託財産として受託者の財産となるが，代理人の行為によって取得された財産は代理人のもの

とならず，直接本人に帰属することとなる。ただし，委任，間接代理および匿名組合契約によって取得した財産は，管理を依頼する本人のものにはならず，管理の依頼を受けた者のものとなり，本人はその者から引渡しを受ける権利を取得するにすぎない。この点は信託と類似している。

5 まとめ

　信託の基本的な特質は，信託法2条で示されているように，管理の対象となる財産の名義が財産管理者である受託者に移転するということである。しかし，信託と同じように財産管理者に財産の名義が移転する「匿名組合」や「間接代理」とも信託は異なる。すなわち，信託は継続的な財産管理の制度であるが，「間接代理」は財産の取得または処分を目的とした一時的な財産管理制度であり，その通過点として財産管理者が財産を取得するものである。また，「匿名組合（出資権）」と信託（受益権）は，委託された財産からの利益の分配という同様の効果をもたらすが，「匿名組合」は出資の側面が強く，財産を移転した後はその管理行為（営業行為）に対して直接関与することはできないので，「匿名組合」は「財産管理制度」という側面では特殊な形態といえる。

　以上のように，「財産」は財産管理者（受託者）に移転するが，その財産管理者の管理行為は，一定の目的の達成という制約のある財産管理制度が「信託の特色」であるといえる。

第 4 章

信 託 の 成 立

1 信託の設定の方法

(1) 信託行為の類型（【図表1】）

　信託は，財産を有する者（委託者）が，自分以外の第三者の利益のために，その財産を管理または処分およびその他の当該目的（信託の目的）の達成のために必要な行為を特定の者（受託者）にさせるために，委託者からその財産を分離し，受託者に帰属させることにより成立する（信託法2条1項）。この財産の移転の仕方は多くの場合，委託者と受託者との契約という形態（「契約信託」）をとるが，委託者の単独行為である遺言とそれに対する受託者の承諾という形態（「遺言信託」）をとる場合もある。また，契約や遺言という形態以外で信託を設定する行為としては，財産の保有者が自己の保有する財産を他人のために管理または処分する旨を宣言する方法によって信託を設定すること，いわゆる「自己信託」がある（信託法3条）。
　重要な点は，信託は，信託の目的を達成するために，委託者から受託者へ財産を移転または分離をすることによって成立し，受益者の承諾または合意は信託の成立になんら影響を与えないということである。言い換えると，委託者と受託者の間で信託を行う合意など，信託法が定める信託設定の行為があれば，原則として，受益者は信託の利益（受益権）を取得する。

【図表１】 信託行為の類型

信託の類型	信託行為	具体的な行為類型	条文（信託法）
契約信託	契　約	委託者と受託者の合意 （信託契約）	3条1号
遺言信託	遺　言	委託者の遺言 （委託者の単独行為）	3条2号
自己信託	一定の要式によって行う意思表示	公正証書，電磁的記録 （委託者の単独行為）	3条3号

ただし受益者は，その利益を受けることを断ることもできる。

(2) 信託行為

①　信託行為とは

信託を設定する行為を信託行為とよんでいる。信託法2条2項は，「信託契約」，「遺言」，「公正証書等による意思表示」の3つを信託行為として掲げている。信託行為は，民法でいう法律行為の一種であり，当事者の意思表示によって信託を設定する行為である。

信託行為には，このように(i)委託者と受託者の契約（信託契約），(ii)委託者の単独行為である遺言，(iii)委託者（兼受託者）の単独行為である「公正証書等による意思表示」がある。一般的には信託は当事者間の契約によって設定される場合が多いので，信託行為と信託契約は同義と考えてよい。

②　信託行為の性質

信託行為が契約である場合，信託行為の性質について2つの見解がある。すなわち，委託者と受託者間の合意のみによって信託が成立すると考える「諾成契約説」と，信託設定の合意のみではいまだ法的拘束力はなく，信託財産の受託者への権利移転および名義移転があって初めて信託が成立すると考える「要物契約説」がある。なお，現在の信託法は，信託契約は意思表示のみによって成立し，かつその効力が生じると規定し，信託契約は諾成契約であることを明らかにしている（信託法4条1項）。以下では，かつての議論を参考までに説明する。

わが国の通説的見解は，諾成契約説の立場をとっていた。これによれば，信託関係の成立は，「信託契約の成立時期」と「信託契約の効力発生時期」との二段階に分けて論じられる。すなわち，まず委託者と受託者間の信託の合意によって信託契約は有効に成立し，委託者および受託者は，この時点から信託関係の発生に向けたなんらかの法的義務（債権的義務）を負うこととなる。しかし，信託関係が具体的に発生するのは，委託者が信託契約の趣旨に従って信託財産となるべき財産権の移転その他の処分を行った時点である。

　要物契約説は，信託は財産管理制度の1つであることから，信託の目的物の引渡しをしたところで信託の成立と効力を認め，受託者に管理義務を負わせることが適切であるとする説であった。

　四宮教授は次のように唱えている。信託行為の成立に委託者と受託者との合意（「原因行為」）のほか，目的物の引渡し（「処分行為」）を必要とするかは，もし信託行為を信託関係を発生させる法律行為と解するならば，信託行為の成立には目的物の引渡しが必要である。これに対し，信託行為を，究極的には信託関係の発生に向けられたなんらかの法的効力を有する行為という意味に解するならば，目的物の引渡しがなくとも信託行為は成立する。したがって，信託行為は，信託関係発生（受託者の管理義務・返還義務の発生）のためには常に目的物の引渡しを必要とするが，信託関係の発生を問題とする趣旨でなければ，原則として目的物の引渡しを必要としない。

　現在の信託法のもとでは，信託は諾成契約であるとされているが，この場合に信託契約の締結によってどのような効果が生じるかは議論があろう。たとえば，信託契約の締結後，なんらかの理由で委託者が信託の設定をするための財産の移転をすることができなくなったとき，純粋な諾成契約であるとすれば，委託者は受託者に対して債務不履行責任を負うことになるが，本来的な信託は，委託者が設定した「信託の目的」を達成するために設定されるものであることから，このような場合，委託者に対して信託の設定義務を負わせることが適切であるのかは疑問がある。現在の信託法が信託契約を締結したときに，信託の効力が発生すると定めていることから，

第 4 章　信託の成立

信託財産の引渡しを受けるまでは，信託財産の存在を前提とする信託事務を遂行義務などは当然発生していないが，それ以外の，たとえば忠実義務などは発生していると考えるべきであろう。ただし，信託は委託者が設定した「信託の目的」を達成するための法制度であることを考慮すると，信託契約の締結後，信託財産の引渡し前においては，移転すべき財産を移転することができなくなった場合など，信託の設定する目的がなくなった場合には，委託者に信託の設定義務を負わせる効果まで生じているものとは考えられない。このようにして，信託制度の趣旨を考慮しながら，信託契約締結から財産の移転までの間に生じる個々の権利義務の適用を考えるべきであろう。

③　信託行為の要式

信託法は，自己信託の場合を除き，とくに信託行為の形式や書式を定めていない。したがって，法律行為について一般的に認められる，いわゆる方式自由の原則に従うこととなる。口頭でも書面でも信託を設定できる。ただし，商事信託のいくつかにおいては，所定の事項を記載した書面の交付義務や契約書に記載すべき事項等が定められている。

まず，信託銀行や信託会社が信託を引き受ける場合には，所定の事項を記載した書面を交付しなければならない（信託業法26条1項，同法施行規則33条，兼営法2条1項，同法施行規則15条）。ただし，(i)プロの投資家である適格機関投資家が委託者である場合で事前の承諾があるとき，(ii)金銭の信託契約ですでに同一の内容の信託契約を締結し，かつすでに書面を交付したことがある場合において，当該委託者が交付を必要としない旨の意思表示をしたとき，および(iii)貸付信託や資産の流動化に関する法律（平成10年法律第105号）による特定目的信託の受益証券を交付したときは，この書面交付義務が免除される（信託業法26条1項但書，同法施行規則32条，兼営法2条1項，同法施行規則14条）。

また，信託銀行や信託会社は，以上のような書面交付義務に加え，信託業務を第三者に委託する場合における委託先や利害関係人との取引の実施の有無とその概要を信託契約書に直接規定することが義務付けられている（信託業法22条1項，兼営法2条1項）。

受益権が証券化される信託や税法上の恩典等が与えられる信託については，それぞれの法律の定めるところにより，契約内容について監督官庁への届出やその承認を要する場合がある（投信法4条1項，資産流動化法225条2項，貸付信託法3条1項）。

④　信託行為の成立

当事者が信託関係を設定するには，信託を設定するという当事者の意思表示がなければならない。「信託」の語を使用する必要はなく，信託設定の趣旨がうかがえるものであればよい。

たとえば，信託行為が契約である場合には，その契約が有効に成立していること，また遺言である場合には，その遺言が法律の要件を備えていることのほか，(i)管理の対象となる財産（信託財産），(ii)信託財産の管理の目的（信託目的），(iii)信託の利益を受ける者（受益者）の3つの要素が確定していることが必要である。これらは，信託の三大確定性といわれている。信託は，受託者が一定の目的（信託目的）に従い，第三者（受益者）のために財産（信託財産）の管理を行う制度だからである。

2　信託の目的とその制限

(1)　意　義

信託を設定する行為にはかならず，委託者の意図した目的があり，その目的に向けて受託者が財産管理を行うことになる（信託法2条1項）。すなわち，信託法2条1項の信託の定義において定められているとおり，「特定の者」は信託の受託者として「財産の管理又は処分及びその他の必要な行為」する権限を取得するが，その財産（信託財産）の管理・処分権限は「一定の目的に従い」行使されなければならない。信託の目的は，このように委託者からみれば，信託の設定によって達成しようとする基本目的を指し示すものであるとともに，受託者からみれば，信託財産の管理・処分についての指針・基準となるもので，信託にとって最も重要な要素である。したがって，この信託の目的が達成不能な場合，または達成不能と

なった場合，信託は終了する（信託法163条1号）。

　信託の目的は，このように受託者が信託財産の管理を行うための指針や基準となるものであるから，信託の関係者が共通して理解でき，また受託者がその趣旨に沿って信託財産の管理やその義務を遂行し得る程度に明確であることが必要である。

　信託は，その目的が不法や不能でない限り，どのような目的のためにも設定することが可能である。しかし，民法上の基本原則である公序良俗（民法90条）に違反するものや強行法規（同法91条）に違反するものは許されない。このほか，信託法は3つの特別な規定を置いて不法な信託の目的を禁止している。以下では，この特別の規定について説明する。

(2) **脱法信託の禁止**

　脱法信託とは，ある財産権を享有することが法令により禁止されている者を信託の受益者とすることにより，事実上その財産権を享有するのと同一の利益を得させる信託のことをいう。およそ法の禁止をくぐるような行為が脱法行為として許されないのは法律行為上の一般原則であるが，それと同様に，脱法信託の禁止が定められている（信託法9条）。

　脱法信託の禁止に反する信託の設定は無効となる。いったん有効に成立した信託についても，これに反する事由が発生したときは，信託目的が達成不可能になったものとして信託は終了する（信託法163条1号）。

(3) **訴訟信託の禁止**

　訴訟信託とは，受託者に訴訟行為をさせることを主たる目的として設定される信託のことをいう。訴訟信託の禁止の理由としては，これを認めると濫訴のおそれがあること，また弁護士でない者が法律事務を取り扱うことを禁止する弁護士法72条，73条の規定や，弁護士でない者が訴訟代理人となることを禁止する民事訴訟法54条1項の規定を回避させる結果となること，および何人たりとも他人間の法的紛争へ介入し，不当な利益を追求することは容認すべきでないことなどが考えられる。ただし，信託の主目的が信託財産の管理または処分に置かれていて，その信託事務処理上，付

随的に訴訟行為をするにすぎないような場合は差し支えないと解釈されている（信託法10条）。

セキュリティ・トラスト[1]）が設定された場合において，受託者が訴訟行為を行うことを主たる目的としているとして訴訟信託の禁止に触れるとされると，そもそもセキュリティ・トラストを認めるとした目的の1つが失われてしまうという指摘もある。この疑義を避けるため，セキュリティ・トラストの場合には，担保権者である受託者は，信託事務として担保権の実行の申立てをし，担保権の売却代金の配当または弁済金の公布を受ける権限を有する旨の規定を設けている（信託法55条）。

(4) 詐害信託の取消

① 詐害信託の取消権

詐害信託とは，債務者が債権者を害することを知りながら設定される信託のことをいい，この信託はその債権者の取消権の対象になる。

信託法11条では，債務者が信託制度を利用することにより債権者を害することを禁止するため，民法の詐害行為取消権の規定（民法424条1項）が債権者詐害信託にも適用されることを確認し，かつ信託に適用される場合の特則を定めている。

詐害信託は，民法でいう詐害行為の一種であるが，信託法ではとくに，相手方（受託者）が善意でも債権者からの取消が可能とされている。信託設定の場合において，受託者は当該財産に関して固有の利益を有しない者であることから，その受託者の主観的要件を問題にする必要がないからである。他方，受益者は信託の利益を享受するものであることから，民法424条1項の「その行為によって利益を受けた者」または「転得者」と同様に，受益者の利益を保護する必要があるので，民法と同じく，受益者が受益者となったことを知ったときに，当該受益者が委託者の債権者を害する事実があることを知っていたときに限り，当該債権者は，その被保全債

---

1) 債務者を委託者，担保権者を受託者，債権者を受益者として担保権を設定すること。なお，わが国信託法における担保権の信託に関しては，樋口孝夫「セキュリティー・トラスティー制度の日本導入に当たっての指針（下）」ＮＢＬ788号69頁（2004年）を参照。

権の範囲内で信託の取消を裁判所に請求することができる（信託法11条1項）。

なお，受益者が複数存在する場合には，それらの受益者全員がこれらの要件を満たすときに限り，詐害信託の取消が可能である（信託法11条1項但書）。

② 信託債権者の保護

オリジネーターが信託を利用した資産の流動化スキームを利用して資金調達を図る方法には，(i)オリジネーターが受託者に対し流動化の対象となる財産を信託し，それによって取得した受益権を投資家に販売することにより資金調達を図るというスキームと，(ii)オリジネーターが受託者に対して流動化の対象となる財産を信託し，オリジネーターが受益権を取得した後，受託者はその信託財産を担保に投資家から信託財産のみを引当財産とするローン（ノンリコースローン）で資金を調達し，その資金をもとにオリジネーターの受益権の一部を償還することにより資金調達を図るというスキーム（いわゆるＡＢＬ）の2つがある。

(i)と(ii)の経済的効果は同じであるが，(i)の場合，資金を供給する投資家は受益者として保護されることになるが，(ii)の場合においては，資金を供給する投資家は信託債権者であることから，当初のオリジネーターの信託設定行為が詐害信託であると裁判所が仮に認めると，信託債権の唯一の引当財産である信託財産が減少し，結果として信託債権者の権利が害される可能性があり，(ii)の場合に比較して，投資家の保護の観点から問題がある。

このことから，信託法は詐害信託取消請求を認容する判決が確定した場合において，信託財産責任債務に係る債権を取得した時に委託者の債権を害すべき事実を知らなかった信託債権者（委託者であるものを除く）は，委託者に対して，この取消により，受託者から委託者に移転する財産の価額を限度として弁済の責任を追及することができるとしている（信託法11条2項，3項）。

③ 受益者に対する詐害信託取消権の行使

委託者がその債権者を害することを知って信託をした場合において，受益者が受託者から信託財産に属する財産の給付を受けた場合につき，委託

者の債権者がこの給付を取り戻すことができるが，この場合においても，民法424条1項の文言の規定に従うと，当該受益者が現実に給付を受けた時点において善意であるか否かによって取消権行使の可否が決せられるべきものと解されかねない。そのため，信託法においては，当該受益者になったことを知った時において，債権者を害すべき事実を知っていたときに限り，当該受益者を被告として信託の取消を裁判所に請求することができることを明確化している（信託法11条4項）。

受益者が複数存在する信託において委託者の債権者が詐害信託取消権を行使できるのは，受益者全員がこれらの要件を満たす場合に限られることから（信託法11条1項但書），複数受益者の1人でもこの要件を満たさない場合には，取消権を行使することはできないが，この要件を満たす受益者にまで信託の利益を享受させる必要はないことから，この場合には，委託者の債権者は，当該受益者に対して信託の受益権を譲り渡すことを請求することができる（同法11条5項）。

④　受益権の譲渡請求権

信託法は，詐害行為取消権と実質的に同様の機能を有する特別の請求権として，信託の受益権の譲渡請求権を委託者の債権者に認めている（信託法11条5項）。

第 5 章

信 託 財 産

　信託は財産の管理を目的とする制度（信託法 2 条 1 項）であるから，信託財産の存在は，信託の成立の必須要件である[1]。信託財産には次の 2 つの重要な性質がある。 1 つは「信託財産の物上代位性」，もう 1 つは「信託財産の独立性」とよばれているものである。

　まず，信託することが可能な財産の範囲と，信託財産の重要な性質の 1 つである「信託財産の物上代位性」について説明を行い，次に「信託財産の独立性」ならびにそれに関連する「相殺禁止」および「信託財産の公示」について説明を行う。

1　信託可能財産の範囲

　信託法 2 条 3 項は，信託という財産管理制度の目的となる信託財産を「受託者に属する財産であって，信託により管理又は処分をすべき一切の財産」と定義している。この「財産」については明確な定義を設けていないが，一般的には，(1)金銭への換算可能性，(2)積極財産性，(3)処分（移転または分離）の可能性，(4)現存・特定性の条件のすべてを満たすものでな

---

1 ）　信託財産がなく，単に権利行使を第三者（受託者）に委ねる仕組みも信託として考えることができるか，またそのような制度を認める必要があるかが問題となる。このような受託者の権利・義務だけからなる仕組みならば，委任契約によって作り出すことができることから，信託財産は信託の必須の要件であるとされている（能見・信託法24頁）。

ければならないとされている[2]。しかし，具体的な名称でよばれるほど成熟した権利である必要はない。

(1) 金銭への換算可能性

信託財産は，金銭に見積もれるものでなければならない。人格権等の身分権，工場財団・鉄道財団等の財団自体[3]，占有権[4]，株式とは切り離した独立した金銭的価値のない議決権[5]等の信託は認められない。他方，著作権，特許権，鉱業権，漁業権等，物理的に形のないものであっても，金銭に見積もれるものは信託することができる。

また，事業そのもの（事業経営権）は信託法2条3項にいう「財産」にはあたらないことから，信託の目的物とすることはできない。ただし，信託された財産を基礎として事業を営むことは，それが信託の目的の遂行上必要であれば認められる。

(2) 積極財産性

信託法2条1項でいう「財産」は，積極財産と考えられている[6]。したがって，債務の信託は認められない。ただし，積極財産が財産の付随する負担（固定資産税等の支払いなど）や担保物権を負担していることは差し支えない。たとえば，抵当権の設定された不動産を信託することは認められる。この場合，次に説明する信託財産の独立性を理由に，当該抵当権の権利者が抵当権を実行することを妨げることはできない（信託法21条1

---

2) 四宮・信託法132頁，新井・信託法324頁。
3) これらの財団は抵当権の目的とするために設定されるものであるから，これらを信託することはできない。ただし，これらの財団を抵当権の目的物として，抵当権の設定により信託を設定することは可能である。
4) 占有という事実に基づいて発生する権利で，それ自体として経済的取引の対象となるものではないことから，旧信託法1条（信託法2条1項）の財産権には含まれない（四宮・信託法134頁）。
5) 議決権は「財産権」ではないし，それに，株式によって表章される権利は一体をなすものであるから，議決権だけを信託することは認められない（四宮・信託法136頁）。ただし，議決権を統一的に行使するため株主・社員が株式を信託する「議決権信託」は有効である（江頭・株式会社法312頁）。
6) 四宮・信託法133頁。

項2号，23条1項）。

　積極財産と消極財産（債務）とを含む包括財産の信託は認められない[7]。それが行われた場合，信託の設定自体が無効となるのではなく，積極財産に係る信託のみが有効となる。ただし，消極財産を分離できないときや，分離することが当事者の意思に反するときは，全体が無効となる。

　信託の成立後には，民法の一般原則に従って債務引受の手続をとれば消極財産も信託財産とすることができるが，信託の設定時においても信託行為の定めにより消極財産を信託財産とすることができないとすることには合理的な理由がないということから，信託法は，信託行為に定めることにより信託設定時において消極財産を引き受けることができるとしている（信託法21条1項3号）。

(3) 処分（移転または分離）可能性

　信託は，「財産」を委託者の財産から分離して受託者がそれを管理する制度であるから，信託財産は委託者の処分行為によって委託者から移転可能，または委託者の財産から分離可能な財産でなければならない。

　移転または分離可能な財産としては，次のような権利が問題となる。

　まず，全体の財産から信託すべき財産を分離して移転または分離できないときも信託をすることができない。この点からも，議決権だけの信託は認められない。また，付従性の観点から，担保物権を被担保債権から分離して信託することが認められるかが問題となる。

　信託法では，信託の設定方法として，「処分」の例示として「担保権の設定」を掲げ，「処分」には既存の権利の移転のほか，いわゆる設定的移転も含まれることを明確化している（信託法3条）。このため，「担保権の信託」（いわゆるセキュリティ・トラスト）や，新株予約権を直接割り当てることにより設定される「ライツプラン信託」が可能になる。

---

[7] 四宮・信託法133頁，寺本・信託法34頁。ただし，不動産（ビル）の信託に関して，その不動産に関する保証金や敷金の返還債務も，不動産とともに信託の設定の目的物となるという判例がある（最高裁平成11年3月25日判決（金融・商事判例1069号10頁））。本判決に関するものとして，新井・信託法194頁，道垣内弘人「最近信託法判例批評(6)(7)」金融法務事情1596号74頁，1597号66頁（いずれも2000年）。

(4) 現存・特定性

信託される財産は，現存しており，委託者の所有に属し，特定が可能であることが要件とされている。しかしながらこの要件は，原則として信託行為自体の有効要件ではなく，委託者がその財産を処分することにより，受託者へ帰属させるための要件にすぎない[8]。

2 信託財産の物上代位性

信託財産は，受託者が信託財産を信託目的に従って管理することにより，その形が変わることがある。たとえば，金銭を信託財産として受け入れ，それを運用するために株式を購入した場合，金銭が株式に変わったことになる。このように，信託財産の管理を始めた後，その形が変わっても，その変わった後の財産も信託財産となる（信託法16条）。これを信託財産の物上代位性という[9]。

信託法が定める物上代位性は，民法が規定する物上代位性（民法304条）よりも広範な意味を有する。すなわち，民法の場合には，代位物の範囲は基本的に対象財産の変形物に限られるが，信託法の場合には，単なる信託財産の変形物だけではなく，信託財産の管理および処分によって得られたものがすべて含まれ，また信託財産から生ずる果実（法定果実，天然果実）も含まれる。

信託法でいう信託財産の物上代位性により信託財産となるものを次に例示する。

(1) 信託財産の管理または処分によるもの（信託法16条1号）

株式および債券などから生じた配当金および利息，新株予約権付社債の新株予約権を行使して取得した株式，信託財産である金銭で購入した株式および債券，貸付金の担保として受け入れた金銭など[10]。

---

8) 四宮・信託法138頁。
9) 信託財産の物上代位性は，信託財産の実質的法主体性説においては当然の帰結となるが，債権説の立場から説明することは困難である（四宮・信託法178頁，能見・信託法59頁）。

(2) 信託財産の滅失または毀損によるもの（信託法16条1号）

信託財産である株式の発行会社が解散した場合における残余財産分配金またはその請求権，信託財産である家屋の焼失による保険金など。

(3) その他の事由によるもの（信託法16条1号）

受託者がその任務を怠ったことによって信託財産に生じた損失に対する填補金（信託法40条），受託者の権限違反行為を取り消して回復した財産（同法27条），信託財産と他人の財産との添付によって生じたものが受託者（信託財産）に帰属した場合における所有権または償金支払義務（民法248条），または反対にそのものが受託者（信託財産）に帰属しない場合における償金またはその請求権など。

(4) 信託財産と固有財産との間の関係から生じるもの（信託法16条2号）

信託財産に属する財産について付合が生じた場合等において信託財産に属することとなった財産（信託法17条ないし19条），限定責任信託または会計監査人設置信託において，一定の要件の下に受益者または会計監査人から受託者に対して支払われまたは交付された金銭その他の財産（同法226条3項，228条3項，254条2項）。

3 信託財産の独立性（倒産隔離機能）

財産を信託すると，その財産（信託財産）の名義は受託者となる。しかし，受託者は受益者のために信託財産を管理しなければならないことから，信託財産は受託者個人の財産と区分され，受託者の財産から独立している。このことを「信託財産の独立性」とよんでいる。信託財産の独立性には次のような効果がある。

---

10) 受託者が法令または信託行為の定めに違反して信託財産を処分した結果，受託者が取得したその反対給付も信託財産を構成する（補足説明第八）。

(1) **委託者の倒産リスクからの隔離**

　信託が設定されると，信託財産は委託者から受託者に移転することとなり，委託者個人の債権者は，信託財産に対して直接かかっていくことができない（信託法23条）。したがって，ある財産を委託者の倒産リスクから遮断することが必要な場合に，信託はその威力を発揮する。たとえば企業年金においては，企業が従業員の年金のために拠出した資金をプールして運用するが，この年金の原資をその企業の内部に留保しておくと，万一その企業が倒産した場合に，企業の債権者の引当財産となってしまう。しかし，その年金の原資を信託しておけば，その企業の他の債権者は信託財産である年金の原資にはかかっていけない。このように，信託を用いることによって委託者の倒産リスクから財産を守ることができる。

　またこの機能は，資産の流動化においても用いられる。たとえば，企業が貸付債権（住宅ローン債権，カードローン債権）や不動産等の優良な資産を信託銀行へ信託して，企業はその受益権を投資家へ販売（譲渡）することにより資金を調達する。投資家は，企業活動を含めた企業全体の資産価値を判断するのではなく，企業の倒産リスクから隔離され，信託された資産（信託財産）のみを評価して与信等の判断を行えばよいこととなるので，リスクの判断がしやすいというメリットがある。他方，企業はより低い金利で資金を調達できるというメリットがある。

　資産の流動化の場合，委託者の倒産に巻き込まれないためには，信託の設定時における資産の譲渡が資金調達の担保を目的とした譲渡（譲渡担保）と認定されないことが必要である。具体的な信託において，信託設定時における資産の譲渡が信託として委託者の責任財産から分離されるのか，たとえば譲渡担保として会社更生手続において更生担保として認定されるのかは[11]，個々の信託行為（契約）の解釈において委託者の意思と財産

---

11) 判例は，会社更生手続に関して，譲渡担保を取戻権ではなく更生担保権とする（最高裁第一小法廷昭和41年4月28日判決（民集20巻4号900頁，金融・商事判例529号199頁，青山善充＝伊藤眞＝松下淳一編『倒産判例百選〔第4版〕』（別冊ジュリスト184号）57事件（有斐閣・2006年）））。

処分の外観から判断すべきものと考えられている。したがって，信託の目的，信託の信用補完形態（買戻条件等），譲渡形態（対抗要件）等により判断すべきものであり，それに対する委託者の関与の度合いによって信託か単なる譲渡担保か判断される[12]。

(2) 受託者の倒産リスクからの隔離

信託法では，受託者について破産手続，再生手続および更生手続が開始された場合において，信託財産が破産財産や再生債務者財産，更生債務者財産に属さないことが明文化されている（信託法25条）。これは，信託財産であることが，信託の公示や受託者の固有資産からの分別により明確であることが前提となる（信託法14条，34条）。

4 相殺の禁止

(1) 取引相手方からの相殺の禁止の範囲

① 信託財産に属する債権と受託者の固有財産に属する債務との相殺

信託法は，「固有財産又は他の信託の信託財産に属する財産のみをもって履行する責任を負う債務に係る債権を有する者は，当該債権をもって信託財産に属する債権に係る債務と相殺すること」を禁止している（信託法22条1項）。したがって，たとえば受託者Aの管理している信託財産に属する，Bに対する債権X（たとえば信託銀行が信託財産の運用として行う企業への貸出債権）があり，他方，BはA個人に対して債権Y（信託銀行への預金債権）を有し，かつそれらの債権が民法上の相殺適状となっていても（民法505条），Bは，両債権を相殺によって消滅させることはできない（【図表1】）。

---

[12] これらは証券化における真正売却性（true sale）の確保として議論されているところであり，わが国において明確な基準はないものの，「契約当事者の売却・譲受の意思が明確」，「資産価値に対して売却代金が合理的水準」，「譲渡人のリコースや買戻権利が過大でない」，「対抗要件が具備されている」等の要件が充足されているかどうかが一般的な判断基準といわれている。

【図表 1】 信託財産に属する債権と受託者の固有財産に属する債務との相殺

【図表 2】 信託財産に属する債権と他の信託財産に属する債務との相殺

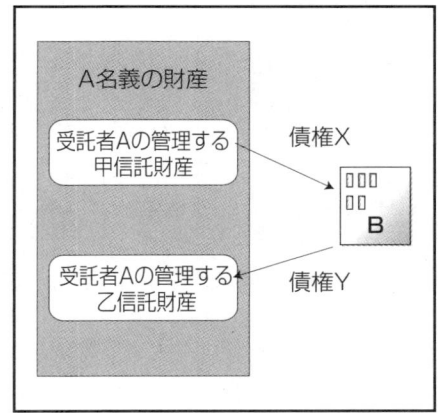

この相殺を禁止する理由は，(i)これを認めるということは，信託財産（債権X）により，事実上受託者の債務（債権Y）を弁済したこととなり，受託者Aが信託財産から利益を受けてはならないという忠実義務の原則（信託法30条）に違反すること，(ii)受託者からの信託財産の独立性が保たれないことである。さらに，これを認めると，(iii)信託財産が，受託者Aに対して求償権（民法499条）を有することとなり，受託者に資力がない場合には信託財産が実質的な損失を被ることにもなる。

② 信託財産に属する債権と他の信託財産に属する債務との相殺

受託者Aが複数の信託を受託している場合には，Aの管理する各信託財産にはそれぞれ独立性が認められることから，たとえばAの管理している甲信託財産に属する，Bに対する債権Xと，Bの乙信託財産に対する債権Yとを，Bは相殺することができない（**【図表2】**）（信託法22条1項）。

この相殺を禁止する理由としては，この相殺を認めるということは，事実上，甲信託財産（債権X）により，乙信託財産の債務（債権Y）を弁済したこととなることから，各信託財産の独立性が保たれないからである。

③ 受託者の固有財産に属する債権と信託財産に属する債務との相殺

受託者A個人のBに対する債権Yと，受託者Aの管理する信託財産に属

【図表3】 受託者の固有財産に属する債権と信託財産に属する債務との相殺

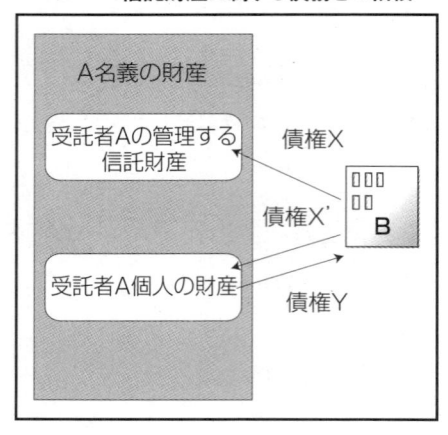

するBの債権Xが形式的に相殺適状の要件を満たしている場合については，信託法は相殺を禁止していないので，民法505条による相殺は可能であると考えられている（**【図表3】**）。

この場合，信託財産が負担する債権Xについては受託者個人が連帯債務（債権X´）を負うこととなり，この受託者個人が負う債務（債権X´）と債権Yとの相殺が可能となる。そうすると，受託者が自己の財産（債権Y）で，信託財産の債務を弁済したことになるから，受託者は信託財産に求償することができることとなる（信託法48条）。この相殺が認められるのは，受託者が自己の財産（債権）で信託財産の債務を弁済することであるから，信託財産にとっては何らの不利益もなく，また相手方もどの資産から弁済をなされても不利益とはならないからである。

ただし，信託財産に属する債務が信託財産に属する財産のみをもってその履行の責任を負う場合は，受託者個人が連帯責任を負うことはないことから，Bによる相殺は禁止される（信託法22条3項）。

(2) 受託者の承認に基づく相殺

「信託財産に属する債権と受託者の固有財産に属する債務との相殺」は，事実上受託者の債務を信託財産により弁済したこととなり，また「信託財産に属する債権と他の信託財産に属する債務とを相殺」は，信託財産相互間の利益相反行為となるので，いずれの場合も信託法が禁止する忠実義務違反になる可能性があるというのは，先に説明した通りである。

したがって，受託者が，「信託財産に属する債権と受託者の固有財産に属する債務との間において相殺」を行う場合や「信託財産に属する債権と他の信託財産に属する債務とを相殺」を行う場合には，原則として，利益

【図表4】受益債権との相殺

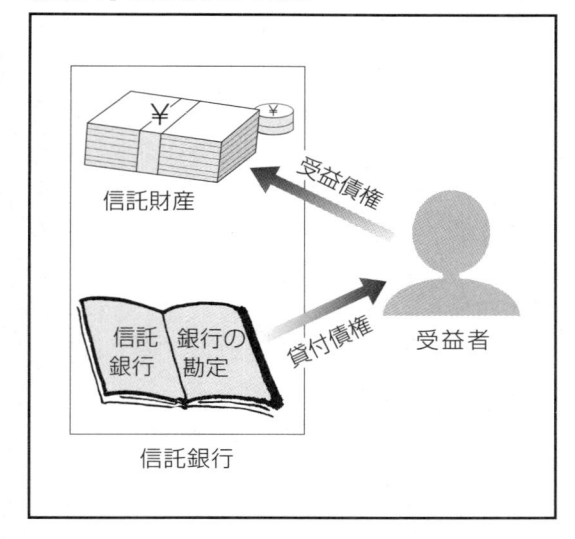

相反禁止の規定（信託法31条1項2号・4号）に該当し，利益相反の禁止の例外（同法32条各号）に該当する事情があれば，これらの相殺を承認し，実行することができる（同法22条2項）。

また，受託者の固有財産に属する債権と信託財産に属する財産のみをもってその履行の責任を負う信託財産に属する債務との相殺は，受託者の財産をもって信託財産の債務を弁済することであるから，信託財産にとって不利益になることはないものと考えられる。したがって，受託者の承認があれば，この相殺を行うことはできる（信託法22条4項）。

(3) 受益債権との相殺

相殺について残された問題に，受益権との相殺がある。たとえば，信託銀行が銀行勘定の資金を受益者に貸付をしている場合に，その貸付債権を自働債権とし，受益者が有する受益権を受働債権とする相殺（【図表4】参照）の可否が，信託法22条の相殺禁止の射程内であるかが問題となる。

信託法22条3項は，信託財産責任負担債務のうち，信託財産に属する財産のみをもって，その履行の責任を負う債務に係る債権を有する者が，その債権を自働債権として，当該信託の受託者の固有財産に属する債権に属する債務を受働債権として相殺することを禁止している。受益債権に係る受託者の債務は，信託財産のみをもってその履行の責任を負う信託財産責任負担債務であることから（信託法21条2項1号，100条），この条項によれば，受益者は受益債権を自働債権として信託銀行の貸付債権を受働債権

とする相殺を行うことはできない。この相殺が禁止されるのは，これを認めれば，受託者である信託銀行は，信託財産のみをもって履行する責任を負う信託財産責任負担債務について，信託銀行の固有財産をもって履行することになり，そもそも受益債権に関して信託法が定めた有限責任の趣旨に反することになるからである。ただし，受益者が当該受益権を取得した時，または受託者の固有財産に属する債権に係る債務を負担した時のいずれか遅いときにおいて，固有財産に属する当該債権が信託財産に属するものであると信じていたことに関して，受益者が善意であるならば相殺をすることができる（信託法22条3項但書）。これは，受益者の有する相殺への期待権を保護するものである。なお，受託者が承認すれば可能である。この制限は，受託者を保護するためのものであるからである。

　以上に対して，受託者が受益者に対して有する債権を自働債権とし，受益者の有する受益債権の相殺に関しては何ら制限はない。したがって，この相殺が認められるかは信託財産の独立性，受託者の義務など，信託の本旨をもとに考える必要がある。

　まず，この2つの債権が，法定相殺の要件[13]である「同種の目的を有する」債権であるかが問題となる。信託法では，信託の受益者の権利である受益権を「信託行為に基づいて受託者が受益者に対し負う債務であって信託財産に属する財産の引渡しその他の信託財産に係る給付をすべきものに係る債権」と「これを確保するためにこの法律の規定に基づいて受託者その他の者に対し一定の行為を求めることができる権利」との2つに分解して定義している。そして，前者が「受益債権」といわれる権利である（信託法2条7項）。

　問題は，「受益債権」を自働債権とする相殺が可能かどうかである。少なくとも，受益債権は信託財産から金銭等の給付を受ける権利であることから，金銭で受益者に配当が給付される信託においてその給付額が確定し，弁済期が到来した後は，その受益債権は金銭債権そのものである。したがって，この受益債権と貸付債権は「同種の目的を有する」債権であるこ

---

13) 民法505条。

とは間違いない。

次に,この2つの債権が,相対立する債権であるかが問題となる。貸付債権は信託財産に属しない債権であり,受益債権は信託財産に属する債務であって,「別個の法主体間の債権・債務」の相殺であるから,相殺は認められないという説がある[14]。しかし,財産そのものが法主体となるという考え方は,わが国の実体法上の根拠を欠き,また受益者に対する債務や信託事務の執行によって生じた債務についての債務者は受託者であることが信託法の明文上も明らかであるとして,この信託財産の法主体性（実質的法主体性説）から,相殺を否定することは妥当ではない[15]。

以上のように,信託の受益債権の性質から考えると,金銭給付を内容とし,弁済期が到来した後の受益債権は,受託者の貸付債権と相殺することに問題はないものと考えられる[16]。問題は,①信託の受益債権が,信託財産という信託目的によって拘束された財産,すなわち受託者の固有財産とは区別され,受託者の分別管理義務や忠実義務によって管理される財産からの支払いを請求する権利であること,②信託財産は,信託法23条,48条ないし54条などにより,受託者の財産から独立性が付与された財産であることから,受益債権と貸付債権との相殺を認めるべきかである。

①の点について能見教授は,「忠実義務によって信託財産を管理している受託者としては,受益者からの受益債権の履行請求に対してこれを履行しないで,かえって相殺によって自己の貸付債権の回収を図ることは,受益者と受託者の利益相反となり,忠実義務に反するのではないか」と問題提起している[17]。また,②の点について裁判例には,受益債権と受託者の受益者に対する貸付債権の相殺は旧信託法17条（信託法22条）の射程外であるが,信託財産の独立性から,受託者および受託者個人の債権者が信託財産に権利を主張できるのは,旧信託法16条,36条,37条（信託法23条,48条ないし54条）など信託法に明文の規定があるものに限定されるとして,

---

14) 四宮・信託法187頁。京都地裁平成12年2月18日判決（金融法務事情1592号50頁）。
15) 道垣内弘人「最近信託法判例批評(2)」金融法務事情1592号24頁（2000年）。大阪高裁平成12年11月29日判決（金融法務事情1617号44頁）。
16) 能見・信託法57頁。

受益債権と貸付債権との相殺を否定するもの[18]がある。

したがって，学説や判例に従い相殺を行う場合は，忠実義務に関する一般規定（信託法30条）など，受託者に関する規制に留意すべきものと考える。

5 信託財産の公示

(1) 公示制度の趣旨

信託の設定によって受託者の名義となった信託財産は，信託法の規定に基づいて，独立性が制度的に保障されている。そのうえ，もし受託者が信託目的に反して不法に信託財産を処分するようなことがあると，受託者は，その損失の填補または信託財産の復旧の責任を負わせられる（信託法40条）ばかりではなく，さらに受益者は，原則としてその不法処分の相手方または転得者に対してその処分の取消をすることができる（同法27条2項）。このため，信託関係人以外の第三者の利益保護を図るために，信託

---

17) 能見教授は，「（旧）信託法22条（信託法30条ないし32条）は，受託者による『信託財産の取得』，『信託財産に対する権利設定』などの自己取引類型のみについて規定しており，受託者による『受益権の取得』は禁止していない。したがって，受益者と受託者の合意によって受益権を受託者に移転したり，受益権に担保を設定することは一般に認められている。しかし，受益者の合意がないにもかかわらず，受益権を受託者の一方的な意思表示で受託者に移転させることないしそれに等しい効果を発生させること（相殺）は，忠実義務に反するといってよいのではないか」と述べている（能見・信託法59頁）。また角紀代恵教授は，「相殺によって受益者の受託者に対する債務は受益債権と対当額で減少するので，相殺を認めても受益者が信託財産から経済的利益を得たという結果に差異はなく，受益者が不利益を被るということはない」として，忠実義務が，受託者は，受益者に対し，受益者の受託者に対する債権について全額弁済を強いないという義務まで射程に含むかは，「はなはだ疑問である」と述べている（角紀代恵「判例批評」金融法務事情1652号78頁（2002年））。同意見として早川徹「判例批評」商事1742号62頁（2005年）。
18) 前記15）の大阪高裁判決は，（旧）信託法36条，（旧）37条（信託法48条ないし53条）の趣旨ないし反対解釈から，貸付金債権と受益権債権との法定相殺は認められないとしている。ただし，大阪高裁平成13年11月6日判決（金融・商事判例1130号26頁）は，（旧）信託法36条，（旧）37条（信託法48条ないし53条）の反対解釈をもっても相殺の効力を否定することはできないとしている。ここでの判断が合意相殺のみを意味するものであるかは定かでない。

【図表 5】 信託の公示（信託法14条）

信託財産の種類		公示の方法	関連法令
登記または登録が可能な財産		登記または登録	———
有価証券	券面のある有価証券	公示不要 ・分別管理義務	会社法154条の2第4項
	不発行株式（会社法214条）	株主名簿への表示	会社法154条の2
	不発行株式 ・振替株式（会社法214条，振替法128条）	振替口座簿に信託財産である旨の記載または記録	振替法142条
	社債券を発行する定めのない社債（会社法676条6号）	社債原簿に信託財産である旨の記載または記録	会社法695条
	振替社債，振替国債，振替地方債（振替法66条，88条，113条）	振替口座簿に信託財産である旨の記載または記録	振替法75条，100条，113条
	登録国債	信託会社の特例 ・信託会社の商号とともに信託財産である旨の文字を併せて記載する方法	信託業法30条 信託会社が信託財産として所有する登録国債等の登録方法等に関する命令
金銭・動産・債権		公示は不要	———

財産が受託者の固有財産から区別された独立の財産であることを広く知らしめる制度が必要となる。これが信託財産の公示制度である。

すなわち，信託の場合，①その財産の所有権が，委託者または第三者から受託者に移転したことに関する「一般的な物権変動のための公示」（信託法3条1項）と，②移転した財産が信託財産を構成するものであることを公示するための「信託財産の公示」（同法14条）が必要となる。

(2) 公示の方法

移転した財産が信託財産を構成するものであることの公示に関して，信託法は次のように規定している（【図表5】参照）。

① 登記または登録可能な財産

登記または登録が可能な財産権については，当該財産権の登記または登録が信託財産であることの第三者への対抗要件であるとしている（信託法

14条)。たとえば不動産の場合，不動産登記法（同法108条以下）の規定に基づく登記を行わない限り，信託関係人以外の第三者に当該不動産が信託財産であることを対抗できない[19]。

② 有価証券

券面の受渡しによって譲渡が行われる有価証券については，動産と同じ取扱いとなるため，信託の公示は不要である。株券を発行することを定款に定めていない株式会社（会社法214条）については，株主名簿に信託財産であることを表示することによって信託の公示が行われる（同法154条の2）。また，株式，社債等の振替に関する法律（平成13年法律第75号）に基づく振替社債，振替国債および振替株式については，振替口座簿に信託財産である旨を記載または記録することにより第三者に対抗することができる（振替法75条，100条，142条）。

また，信託会社が受託する信託における登録国債については，「信託会社が信託財産として所有する登録国債等の登録方法等に関する命令」に基づいて信託財産を登録した場合には，信託法14条の信託の登録があったものとみなされる（信託業法30条）。

③ その他の財産

金銭，動産，および債権のようなその他の財産については，原則として，信託の公示なしに信託財産であることを善意の第三者にも対抗することができるというのが通説である[20]。利用すべき公示方法がない以上，公示をそなえないのが当然のことであり，公示がないことを理由として権利主張を認めないのは不合理と考えられるからである。

しかし，実務上は，なんらかの明認方法を設けるのが慣行となっている。たとえば地下鉄の車両などを対象としている車両信託では，製造会社名や製造年度の表示と並べて「信託車両―甲信託銀行」という表示の小さなプラスチックのプレートを車両につけている。また，金銭の運用を目的とする

---

19) 不動産以外には，船舶上の権利（船舶登記令12条），建設機械（建設機械登記令7条），鉱業権（鉱業登録令66条以下），漁業権（漁業登録令49条以下），工業所有権（特許登録令56条以下，著作権法施行令35条以下），登録国債（国債規則40条の2以下）などがある。
20) 四宮・信託法169頁。最高裁平成14年1月17日判決（民集56巻1号20頁，金融・商事判例1141号20頁），寺本・信託法7頁。

信託などにおいて当該金銭を運用する場合に、受託者である信託銀行が取引相手と為替取引やスワップ取引などの契約では、その契約が信託の受託者として締結されることを明らかにしている。これらの取扱いは、受託者に課された分別管理義務にもとづくものであるが、このようにそれらの財産が信託財産に属する財産であることを明らかにすれば、当該財産が信託財産であることを第三者に対抗できるという効果が生ずるものと考える[21]。

(3) 公示の効力

公示を必要とする財産について信託の公示を欠くと、信託を第三者に対抗することができない（信託法14条）。

信託の対抗が問題となる場面には、一般的に次の2つがあり、信託の公示をそなえることによりそれぞれの効果を主張できる。

第一は、信託財産の独立性（信託法23条、25条）を主張する場合である。たとえば、受託者個人の債権者が信託財産を受託者の財産であるとしてこれに強制執行がされた場合において異議を主張する場合や、受託者が破産した場合などに、その財産が信託財産であることを主張して強制執行を排除し、破産財団に含まれないことを主張する場合である。すなわち、信託の公示をそなえていれば、信託財産の独立性を第三者へ主張することができる。

第二は、受益者が、受託者の権限違反行為を取り消す場合である（信託法27条1項、2項）。すなわち、受託者が信託目的に反して信託財産を処分した場合に、信託の公示をそなえていれば、処分行為の取消を主張して受益者が第三者から取り戻すことができる[22]。

---

[21] 寺本・信託法138頁。
[22] 登記・登録のできない財産については、その不法処分の相手方および転得者が受託者の権限に反する処分であることについて悪意の場合、または善意でも重大な過失による場合に限って、処分行為の取消を主張できる（信託法27条1項）。
　なお、登記・登録ができる信託財産については、①信託の公示がされていたこと、および②相手方が悪意または重大なる過失の2つの要件を満たす場合、権利の設定行為や移転行為の取消を主張できることとなり、取引の安全性が優先される（信託法27条2項）。

第 6 章

受託者の権利・義務

1 受託者の意義

(1) 受託者の地位とその機能

　受託者とは，委託者から財産権の移転その他の処分を受け，「信託行為の定めに従い，信託財産に属する財産の管理又は処分その他の信託の目的の達成のために必要な行為をすべき義務を負う者をいう」（信託法2条5項）。

(2) 受託者適格

　信託は，委託者の受託者に対する強い信頼を基礎として，受託者に排他的な管理権の行使を委ねるものであるから，受託者はその職責上委託者の信頼に応え，その管理者としての任務を全うし得る者でなければならない。受託者となることのできる法律上の資格を受託者適格，または受託者能力という。

　受託者は，委託者による信託設定の相手方であるから，委託者から財産権の移転その他の処分を受けて，法的にはその財産権の主体となり，所定の信託目的に従って信託財産を管理処分すべき義務を負担する。受託者はそこで，財産の主体となり得る一般的資格（いわゆる権利能力）を有していなければならない。

自然人である受託者は，その受託者としての任務を果たすために，信託財産の管理・処分をする能力，いわゆる行為能力を有していなければならない。信託法はとくに未成年者，または成年被後見人，もしくは被保佐人は受託者になることができないと定めている（信託法7条）。また，信託成立後に受託者が後見開始，または保佐開始の審判を受けたときは，これによって受託者としての資格が失われる結果，受託者の任務は終了するものとして扱われ（信託法56条1項2号），新受託者選任の手続がとられる。

　破産者は，破産財団に属しない財産の管理処分権を失うものではないことから，破産者を受託者とした信託行為を絶対的に無効とするまでの必要性は乏しいとして，受託者とした不適格者から除外されている（信託法7条）。しかしながら，信託は委託者の受託者に対する強い信頼関係を基礎とするものであることから，破産手続開始の決定を受託者の任務終了事由としている（信託法56条1項3号）。ただし，受託者についての適格性がないわけではないことから，破産手続開始の決定を任務終了事由から除外する信託行為の定めは認められている（信託法56条1項但書）。

　受託者が法人であってももちろん差し支えはないが，その場合，法人の権利能力が定款，または寄附行為によって定まる目的の範囲内に限られるという一般原則（民法34条）に注意する必要がある。また，信託行為により特定の資格を有することを受託者の要件と定めたときは，その資格を維持しなければならない。

　なお，営業として信託の引受けをするには，信託業法の規定に従い，株式会社であって，しかも信託業を営むことについて主務大臣の免許を得た者，または登録をした者でなければならない（免許：信託業法3条，5条2項1号，登録：信託業法7条，10条1項1号）。

(3) 地位の兼任

　資金の調達を目的とする資産の流動化に関する信託などにおいては，資金の調達を行うために資産を流動化する委託者を受益者と当初したうえで，受託者が，その受益権を投資家へ販売する目的で，すべての受益権をいったん買い取り，その後，その受益権を投資家へ販売するという実務上の

ニーズがあることから，信託法では，受託者が受益権の全部を保有する場合でも，一定の期間内に受託者が受益者を兼ねる状態が解消されれば信託は存続するとし，受託者が受益者を兼ねる状態を解消するのに必要な期間（1年）を超えて受益権の全部を保有していたときに初めて，信託は終了するものとしている（信託法8条，163条2号）。

2 受託者の義務

(1) はじめに

わが国の信託法では，受託者の義務を「信託事務遂行義務」（信託法26条，29条1項）「忠実義務」（同法30条），「自己執行義務」（同法35条），「善管注意義務」（同法29条2項），「公平義務」（同法33条），「分別管理義務」（同法34条），「計算報告義務」（同法36条）の7つに細分化して規定している（【図表1】）。

これらの義務は，受託者が契約等（信託行為）に定められている信託目的を達成する際の職務権限遂行の態度，ないし仕方として要求されるものである。すなわち，契約によって定められた責任・義務ではなく，信託目的を達成するため，本質的に生じる義務である。

それでは受託者の各義務について，以下に説明を行う。

(2) 信託事務遂行義務

受託者は，財産の名義や権利の移転を受けてその財産（信託財産）の完全な管理者となることから，信託財産を管理することや処分することについて，排他的な権限を有する。

受託者のこの権限は，信託財産である株式などを金庫などで安全に保管する行為，その株式の配当金を取り立てる行為，およびその株式を売却する行為などに限定されない。たとえば，有価証券に関するオプション取引や債券などを購入するような信託目的を達成するために必要な権利や財産を取得する行為，他の金融機関から金銭を借り入れる行為などの債務を負

【図表１】信託法における受託者の義務

	内　容	条　文（信託法）
信託事務遂行義務	信託財産を信託目的の達成のために管理する義務	26条，29条1項
忠実義務	もっぱら受益者の利益のためにのみ行動しなければならない義務	30条
自己執行義務	受託者自らが信託財産の管理を行わなければならない義務	35条
善管注意義務	善良なる管理者の注意をもって信託財産を管理しなければならない義務	29条2項
公平義務	受益者が複数ある場合には，それらの受益者を公平に扱って信託事務を処理しなければならない義務	33条
分別管理義務	信託財産を他の委託者の信託財産や受託者の固有財産と物理的に分離し，管理しなければならない義務	34条
計算報告義務	各信託についての事務処理，計算を明らかにし，財産目録を作成するとともに，信託の関係者にその内容を開示・報告しなければならない義務	36条

担する行為，これらの取引を行うために信託財産に担保権を設定する行為，さらには信託財産の権利の保全や保全のために訴訟を提起する行為など，広範囲にわたる権限を受託者は有する。

　受託者はこのように幅広い権限を有するが，他方，信託財産を信託目的の達成のために管理することは，受託者の義務である。これを信託事務遂行義務という。

　この信託事務遂行義務を履行するために，受託者に対し，信託財産の名義人としての各種の権限が与えられるが，受託者はその権限の行使に関して「（善管）注意義務」と「忠実義務」を負っている。前者は「ある行為をするにあたって一定の注意をしなければならない義務」[1]であり，後者は「信認を受けて他人の事務を処理するもの（受託者）は，その他人の利益のためにのみ行動すべき」義務である[2]。

1）　我妻榮編集代表『新版新法律学辞典』824頁（有斐閣・1978年）。
2）　四宮和夫『信託の研究』213頁（有斐閣・1965年）。

(3) 忠実義務

① 忠実義務の内容

最も重要な受託者の義務は，忠実義務である。

忠実義務とは，受託者はもっぱら受益者の利益のためにのみ行動しなければならないという理念に基づく義務で，具体的には次のような義務である（【図表2】）[3]。

第一に，信託財産を管理する際に，信託財産（ひいては受益者）と受託者の利益が対立する地位に身を置くことを禁止する義務である（「受益者の利益」対「受託者の利益」）。

この義務としては，受託者と信託財産の間で「取引」が行われる，いわゆる「自己取引」の禁止義務と，「競合・競争行為」の禁止義務がある。

「自己取引」には，(i)信託財産を受託者が取得すること，(ii)受託者の固有財産を信託財産が取得すること，(iii)受託者が信託財産につき権利（物権，抵当権）を取得することなどがある。

「競合・競争行為」は，受託者が自己の利益と信託財産の利益とが競合・競争関係にある地位に身を置くことである。たとえば，信託財産である金銭の貸出先に対して受託者自らが貸出を行っている場合に，その貸出先の信用が悪化すると，受託者は信託財産の貸出金と自己の貸出金の弁済を求めなければならなくなる。貸出先の状況（すべての借入金を返済できない場合など）によっては，信託財産からの貸出金か，または自らの貸出金のどちらかの貸出金しか回収できなくなることがある。忠実義務の観点からは，受託者がこのような立場に身を置くことが禁止される。これらは，会社の取締役の忠実義務の禁止規定でいう「競業避止義務」にあたるものである（会社法356条1項1号）。

---

3) 四宮・信託法231頁。なお能見教授は，誰と誰の利益が衝突しているかという観点から，忠実義務を「受益者の利益と受託者の利益が衝突する場合」，「受益者の利益と第三者の利益が衝突する場合」，「ある信託の受益者の利益と別の信託の受益者の利益が衝突する場合」の3つに分類している。最後の類型は，一般的に「公平義務」として忠実義務と区別して議論される場合が多い（能見・信託法81頁）。

【図表2】 忠実義務…具体的な行為類計

取引・行為類型	内　容	条　文（信託法）
自己取引（直接取引） 受益者の利益 vs 受託者の利益	受託者と信託財産間の取引において、受託者が利益を得ること	31条1項1号
競合・競争行為 受益者の利益 vs 受託者の利益	受託者が自己の利益と信託財産の利益とが競合・競争関係にある地位に就くこと	32条
自己取引（間接取引） 受益者の利益 vs 受託者の利益	信託財産と第三者との取引において、受託者が信託財産から利益を得ること	31条1項4号
背任的行為 受益者の利益 vs 第三者の利益	信託財産と第三者との取引において、第三者が信託財産から不当に利益を得ること	30条1項3号
信託間取引 受益者の利益 vs 他の受益者の利益	同一受託者における利害関係の相対立する異なる信託間での取引を行うこと	31条1項2号

　第二に、受託者自ら信託財産から利益を得ることを禁止する義務である（「受益者の利益」対「受託者の利益」）。

　具体的には、受託者による信託財産の利用（自行預金）、信託財産による受託者への投資（信託財産での受託者の株式・社債などの購入）、信託財産である建物に受託者自身がテナントとして入居する行為、受託者が信託財産の運用のためにコンサルティング会社などから情報の提供を受けている場合に、その情報を受託者自身の運用のために利用することや、受託者である信託銀行が信託財産での運用に関し証券を購入する際、その相手先である証券会社から報酬を受領することなど、信託契約などで決められた報酬以外に利益を得ることなどの行為が禁止される。これらは、会社の取締役の忠実義務の禁止規定でいう「間接取引」にあたるものである（会社法356条1項3号）。

　第三に、受託者であるという地位を利用して、第三者へ利益を供与することを禁止する義務である（「受益者の利益」対「第三者の利益」）。信託財産に関して、単に第三者と取引を行うだけでも第三者へ利益を供与することとなるが、それだけでは忠実義務違反とはならず、受益者の利益を害

そうという受託者の意図が必要となる。これらは，会社の取締役らに対する「特別背任」にあたる禁止行為である（会社法960条）[4]。

具体的には，第三者の債務の担保のために信託財産を担保に提供する行為，受託者が信託財産の運用に際して，株式購入の注文を特定の証券会社に集中させ，不必要な取引を執行する行為，信託財産に関する情報を第三者に提供する行為など，第三者の利益を図る行為が禁止される。

② 信託法の規定

信託法はまず，受託者の忠実義務に関し，「受託者は，受益者のため忠実に信託事務の処理その他の行為をしなければならない」旨の一般的な規定を定めている（信託法30条）。さらに，信託財産を害する可能性のある受託者の行為である(a)自己取引（信託法31条1項1号，3号），(b)信託財産間取引（同項2号），(c)間接取引（同項4号），(d)競合・競争行為（同法32条1項）を明示的に禁止している。ただし，(ア)信託行為に定めがある場合（信託法31条2項1号，32条2項1号），(イ)受託者が当該行為について重要な事実を開示して受益者の承認を得たとき（同項2号，32条2項2号），(ウ)受託者が当該行為をすることが信託の目的の達成のために合理的であって，受益者の利益を害さないことが明らかであるとき，または当該行為の信託財産に与える影響，当該行為の目的および態様，受託者と受益者との実質的な利害関係の状況その他の事情に照らして正当な理由があるとき（同項4号）には，受託者は当該行為をすることができるとしている。

なお，(d)の競合・競争行為については，たとえば，受託者である信託銀行が，資金需要のある第三者に対して信託財産（信託勘定）または固有財産（銀行勘定）から貸付けを行うことができる場合，その信託銀行が常に固有財産から貸付けを行うならば，(d)に違反してしまう。しかし，受託者が固有財産の計算での貸付けがまったく許されないとすれば，受託者の固有財産での貸付けの機会を完全に奪うこととなり，貸付けのノウハウを

---

4) 取締役は，会社に対し忠実義務を負う（会社法355条）。特別背任罪は，取締役が負う忠実義務違反であると解される（平野龍一ほか『注解特別刑法4　経済編〔第2版〕』15頁（青林書院・1991年））。特別背任罪は，①「会社法960条の身分を有する者」が，②「図利加害目的」で「自己の任務に背き」，「会社に財産上の損害を加えること」で成立する。「図利加害目的」とは，自己または第三者の利益を図る目的である。

持った者が受託者となりえなくなり，結果として受益者の利益とならない。このような観点から，信託法においては，競合・競争行為の範囲を合理的に限定するために，上記(ウ)の代りに，「受益者の利益に反するもの」のみを，競合・競争行為として禁止し，禁止の解除の範囲を広げている（信託法32条1項）。

(4) 自己執行義務

① 自己執行義務の内容

受託者は，委託者からその能力や資質について信頼を受けて信託財産の管理を任されたのであり，原則として，受託者自らが信託財産の管理を行わなければならない。これが自己執行義務である。

② 自己執行義務の柔軟化

信託法では，社会の分業化・専門化が進んでいる現代社会においては，信託事務のすべてを受託者が処理すべきことを前提とすることは現実的ではなく，むしろ第三者に対して信託事務の処理の一部を委託することが常態であることを前提とした規定を設けることが望ましいとし，自己執行義務を大きく緩和している（【図表3】）。

そこで，信託法では，(i)「信託事務の委託を許容する旨の定めがあるとき」，(ii)「やむを得ない事由があるとき」，および(iii)「信託の目的に照らして相当であると認められるとき」[5]に，信託事務の処理を第三者に委託できるとしている（信託法28条）。

③ 受託者の責任

信託事務の処理を第三者に委託する場合の受託者は，受託者が使用する第三者の選任・監督上の過失についてのみ責任を負う（信託法35条1項，2項）。信託事務の処理を第三者へ委託できるのは，一定の要件を満

---

5) この事例としては，当該信託事務は受託者自らが処理するより高い能力を有する専門家を使用したほうが適当だと考えられる場合，たとえば外貨建資産の運用における特定の地域・通貨に関わる投資を委託する場合や，とくに高度な能力を要しない信託事務であるものの，受託者が自ら行うよりも他人に委託した方が費用や時間などの点で合理的な場合，たとえば，信託財産の状況に関する報告書の受益者に対する送付事務の委託する場合などがある（補足説明第二二の一）。

【図表3】 自己執行義務

		受託者の責任	事例	条文（信託法）
自己執行義務の範囲外・他人の使用が自由	信託事務の委任に該当しない行為 ・委任する業務が信託事務そのものではない ・受託者自身が行うべき事務ではない	受託者の善管注意義務（選任のみの責任）	弁護士・会計士等の専門家の使用，信託財産を運送する運送業者	—
自己執行義務の範囲・他人の使用に制限	受託者の責任で使用（受託者自身）	受託者自身の責任 使用者責任（民法715条）	法人受託者における従業員	—
	信託行為で許容	選任・監督責任（信託法35条）	————	28条1号
	信託行為に禁止する定めがある場合において，やむを得ない事由があるとき	選任・監督責任（信託法35条）	————	28条2号
	信託行為に許容の定めがない場合において，信託の目的に照らして相当であると認められるとき	選任・監督責任（信託法35条）	信託財産である有価証券を決済機関や保管銀行へ保管させる行為，信託銀行が受託者である土地信託において，建設業者に建物を建設させる行為	28条3号

たした場合に限られることから，そのような要件を満たす状況のもとでは，他人の選任，および監督を善良な管理者の注意義務をもって行うことが受託者の職務とされるべきであるから，受託者がそのような注意義務，すなわち選任または監督に過失があるときに限り，責任を負うものとされた[6]。

したがって，信託行為で指名された第三者へ信託事務の処理を委託した場合，および委託者または受益者が指名した第三者へ委託することが信託

6） 補足説明第二二の二。

行為に定められており，その指名に従い信託事務の処理を委託した場合には，その第三者への信託事務の処理の委託が不適切であると受託者が知っているときを除き，受託者は選任および監督の責任を負わない（信託法35条3項）。

④　信託事務の受任者の責任

信託事務の処理の委託を受けた者は，受託者に代わって信託事務の処理を行うことになるのであるから，当然に受託者と同一の義務を負うべきという考え方もある[7]。

受託者から第三者に委託される事務は，信託事務の処理の本質的な部分に関する事務から，信託財産を運送する運送業者のように，信託事務そのものではないものまで多様であり，委託される信託事務の内容にかかわらず，委託を受けた者が一律に受託者と同様の責任を負うとしたのでは，信託事務の委託を受けた者が委任契約等に基づく責任とは別個の予想外の責任を負わされるし，また委託されている事務に比し明らかに過大な義務を負わせられることにもなりかねない[8]。しかしながら，信託事務が第三者に委託された場合，信託法において受託者に課された義務がしり抜けとなる可能性もある。

信託事務の受任者の責任に関する定めは信託法にはないが，受託者は，善管注意義務として第三者との信託事務の委託契約に信託法に規定された義務のうち，受益者保護の観点から遵守させる必要がある義務については，委託契約に規定する必要があろう。

他方，商事信託を規制する信託業法においては，原則として，信託業務の委託を受けた者は受託者と同様の義務を有すると定められている。しかし，委託先が信託財産の保管を委託されるにとどまる場合など，信託財産の運用・処分について実質的に受託者と同様の機能を果たしているとまでは考えられない場合には，委託先に受託者と同様の義務を課す必要はないとし，一定の例外規定が定められている（信託業法22条2項・3項）。

---

[7]　四宮・信託法238頁，能見・信託法119頁。
[8]　補足説明第二二の三参照。

(5) 善管注意義務

　善管注意義務とは，受託者が信託財産を管理するにあたっては，「自己の財産におけると同一の注意」ではなく「善良なる管理者の注意」を払わなければならないという義務である。
　信託法では，受託者は「信託の本旨に従い」「善良なる管理者の注意」をもって信託事務を処理しなければならないと定め，受託者は，信託事務の処理に際し，善管注意義務を負うことを規定している（信託法29条）。善管注意義務の具体的な内容や義務の程度等については，委任などの善管注意義務に関する考え方に従って理解すればよい[9]。

① 善管注意義務の内容

　「善良なる管理者の注意」とは，信託財産の管理を行う受託者の個人的・具体的な能力を基準とするのではなく，その者が従事する職業や社会的地位に応じて一般的に通常要求される水準の注意をいう。
　受託者に要求される注意義務の内容・程度は，「信託の本旨」[10]に従って確定され，具体的には，信託の引受時に，その信託の目的を達成するために必要とされる信託事務を処理するうえで，受託者が有すると想定されていた知識・能力の程度が基準となる。
　定型的な基準としては，引き受けた信託に関する信託事務の処理を行うに際し，一般的に必要とされている知識・能力が基準となる。しかし決め手となるのは，あくまでも個々の信託行為（信託契約）においてどのような知識・能力の程度が想定されていたかである。したがって，定型的な基準がある場合でも，契約で定められた内容や締結された経緯等から，それと異なる基準が合意されたとみるときにはその基準（個別的基準）によることになる。たとえば，信託業務を専門に業務として行う信託銀行が受託者であるならば，特別な事情のない限り，信託業務を取り扱う者として，一般的

---

9) 四宮・信託法247頁。
10) 「信託の本旨」とは，契約における信義則と同様の機能を果たし，「信託目的」がより具体的な内容によって義務違反の有無を判断する基準を提供するのに対して，「信託の本旨」はそれ自体としては具体的な内容を伴うものではなく，いわば判断の仕方についての指導原理といえる（能見・信託法69頁）。

に期待されている知識・能力以上の高度な知識・能力を備えていることが合意の前提となることから，定型的な基準以上の高度の基準が適用される。

② 「特定運用の信託」における善管注意義務の内容

受託者は，委託者またはその代理人の指示に従うだけで，信託事務の処理の裁量権がない場合，それが受託者の善管注意義務にどのような影響を与えるかが問題となる。結論としては，信託財産の管理・運用に関する受託者の裁量権の範囲・内容によって，受託者の善管注意義務の内容も異なってくる。

たとえば金銭を有価証券で運用する信託には，投資顧問会社や投信委託会社が受託者である信託銀行に運用方法を指図する信託，すなわち投資顧問会社などが信託財産の運用を行い，信託銀行が信託財産の管理を行う「特定運用の信託」（特定金銭信託や証券投資信託など）と，受託者である信託銀行が信託財産の管理と運用を行う「指定運用の信託」（ファンドトラスト，年金信託など）の二種類がある。この「特定運用の信託」の受託者が信託財産の運用に関して投資顧問会社からある有価証券への投資の指図（運用方法の指図）を受けた場合，その受託者の善管注意義務はどのような影響を受けるのであろうか。

特定運用の信託の場合，受託者はその運用方法の指図に従わなければならない。受託者に有価証券の投資の裁量権がないから当然のことであり，受託者がその運用方法の指図に従わなかったならば，受託者は善管注意義務違反となる。運用方法の指図が不適切であったため信託財産に損失が生じた場合，受託者はその責任を負うことはない。たとえば，投資顧問会社が信託財産で保有する株式を売却するという運用方法の指図を怠り，その後の相場の下落の結果，当初の売却予定価額未満でしか売却できなかったため，信託財産に損失が生じた場合，受託者はその損失を補填する義務はないというのがその一例である。

しかし，投資顧問会社の運用方法の指図が不適切である場合には，受託者には次のような義務が認められるであろう[11]。受託者は，委託者から

---

11) 山本敬三『民法講義Ⅳ-1』715頁（有斐閣・2005年）参照。

第6章　受託者の権利・義務

信頼されて信託を引き受けた以上，可能な限り受益者の利益を害さないように行動しなければならないと考えられるからである。

　まず，運用方法の指図が不適切であることを受託者が知ったときは，遅滞なく投資顧問会社に通知してその指図の変更を求めるか，またはその指図のとおり行為しないことの許諾を求めなければならない。受託者がその通知を怠り，不適切な指図に従った場合には，受託者はそれにより信託財産に生じた損害を補填しなければならない（投資顧問会社へその一部または全部を求償することは可能）。また，運用方法の指図が不適切であることを受託者が知らなかった場合でも，受託者の知識・能力によれば容易に知り得たときは，同様に受託者はその責任を負う。

　また次のような場合には，受託者はその運用方法の指図に従う必要はない。この場合，投資顧問会社の運用方法の指図に従わなかったことを理由とする責任は免れる。第一に，受託者が投資顧問会社に運用方法の指図が不適切であることを通知したが，投資顧問会社がなんら指図をしてこなかった場合である。第二は，運用方法の指図に関する取引の執行までの時間がなく，投資顧問会社から新たな運用方法の指図をもらう時間的余裕がなかった場合である[12]。

　善管注意義務は，信託行為によって加重ないし軽減を図ることは可能である（信託法29条2項但書）。たとえば単なる過失に対しては，注意義務を軽減して責任を負わないとすることも有効であるし，実際の実務においても，先ほどの例における「通知」を行うことや指図の内容を確認することなどの義務の軽減を信託契約の特約として行う場合がある。しかし，たとえば故意に対して責任を負わないとするのは，公序良俗に反して無効である[13]。

---

[12]　有価証券の運用を目的とする信託の場合，実務では投資顧問会社等が証券会社等と取引を執行し，その後，その内容を受託者である信託銀行へ「運用方法の指図」として通知している。したがって，その「運用方法の指図」が不適切であった場合，受託者が投資顧問会社等へそのことを指摘し，投資顧問会社が事後，その取引を取り消したり，または委託者・受益者などと協議し，信託財産の損害を投資顧問会社へてん補させるなどの対応をとることとなろう。

[13]　四宮・信託法248頁。寺本・信託法113頁。

(6) 公平義務

　公平義務は，受益者が複数ある場合は，受託者はそれらの者を公平に扱って信託事務を処理しなければならないという義務である。これは，利害関係のある受益者を優遇するという忠実義務違反に含まれるものを除いて，善管注意義務の1つとして整理することができる[14]。

　信託法では，「受益者が二人以上ある信託においては，受託者は，受益者のために公平にその職務を行わなければならない」と規定し，公平義務を明文化した（信託法33条）。

　受託者に対して公平義務が要求されるのは，同種の複数の受益者間であると，異なった種類の複数の受益者間であるとを問わない。たとえば投資信託のように，同種の受益者にその受益権の保有割合に応じて収益を分配する信託に関して，特定の受益者，たとえば大口機関投資家に対して優遇した分配率で収益配当を行うことが前者の例にあたる。このような場合には，その受託者の行為が公平か否かの判断基準は単純明快である。しかし，資産の流動化に関する信託や年金信託など，異なる種類の受益権からなる信託の場合は，単純明快というわけにはいかない。

　たとえば，信託財産の運用の結果として，毎年一定の配当率を上限として優先的に収益の分配を受けることができる受益者X（株式会社における優先株主権者または社債権者のような地位）と，その受益者Xへの収益の分配後の残りの収益のすべてを得ることができる受益者Y（株主会社における普通株主のような地位）とが存在する信託があり，その信託財産の運用の裁量権が受託者にあると仮定する。この場合，受託者としては信託財産にとって最も適切な運用・投資を行う義務があるが，異なった種類の受益者がいると，信託財産を何に投資するかによって当然に収益の生み方や投資のリスクが異なってくることになる。信託財産の運用方法を決定することは，そのいずれかの受益者をより有利に取り扱うことになりかねない。

　そして，リスクは高いが高収益の資産Aと，リスクは低いが収益性が高

---

14) 四宮・信託法248頁。複数の受益者の代理人（双方代理）となることから忠実義務の色合いもある（能見・信託法81頁，新井・信託法271頁，補足説明第一九の六）。

くない資産Bへ，その信託財産を投資しなければならず，信託財産全体としては，それぞれ50％の投資割合とすることが最適であると仮定しよう。しかし，受益者Yからすると，資産Aへの運用割合が高いほうが自ら得られる利益が高くなることから好ましいが，受益者Xからすると，安全性を考慮して資産Bへの運用割合が高いほうが望ましい。このような場合に，運用の裁量権を有する受託者としてどのような投資を行うことが公平であるか，非常に難しい問題となる。

(7) **分別管理義務**

　分別管理義務は，法律によって確保されている「信託財産の独立性」を実質的にも確保して受益者を保護するための義務である。具体的には，信託財産の管理において，①信託財産を受託者の固有財産から物理的に分離して保管すること，②信託財産を他の信託財産から物理的に分離して保管すること，③特定の信託財産である旨の表示すること（earmark）の3つの意味がある[15]。そして，この義務が受託者に課されているのは次の理由からである[16]。

　信託財産は受託者の名義に属するが，実質的には，受託者の固有財産および他の委託者の信託財産から独立し，受益者に属する財産である（「信託財産の独立性」）。信託法は，この信託財産の独立性を確保するため，受託者の債権者からの強制執行を制限したり，受託者の破産財団に属さないなど，特別な規定を設けている（信託法17条，20条，22条，23条，25条）。このため，受託者の債権者が受託者個人の財産と信託財産とを誤認しないよう，受託者は受託者個人の財産と各信託財産とを区分して管理する義務を負っている。また，信託財産が動産の場合に，その財産が受託者によって信託目的に反して第三者に譲渡されたときにもその第三者の過失が認められる可能性が高まることから，善意取得を阻止できる可能性も高まる[17]。

---

15) 四宮・信託法219頁。
16) 四宮・信託法220頁，補足説明第二一の一。なお能見教授は，それぞれの理由を「特定性確保機能」，「善意取得阻止機能」，「義務違反防止機能」として分類している（能見・信託法94頁）。
17) 能見・信託法94頁。

【図表 4】 分別管理の方法

財産の種類	例	分別管理の方法	条　文（信託法）
信託の登記または登録をすることのできる財産	不動産	信託の登記または登録	34条1項1号
動産（金銭を除く）	動産，券面のある有価証券（無記名債権）	信託財産に属する財産と固有財産および他の信託の信託財産に属する財産とを外形上区別することができる状態で保管する方法	34条1項2号イ
金銭および上記以外の財産	金銭，指名債権	その計算を明らかにする方法	34条1項2号ロ
信託の記載もしくは記録をすることのできる財産	振替社債，振替国債，振替株式	信託の記載または記録，およびその計算を明らかにする方法	34条1項3号（信託法施行規則4条）

　これに加えて，もし受託者の財産と信託財産とが混合している場合には，受託者が自らのために信託財産を流用し，受益者が不測の損害を被るおそれがあることから，受託者が信託財産を不正に利用することを未然に予防することも分別管理義務が受託者に課されている理由の1つである。このことから，分別管理義務は，受託者が忠実義務や善管注意義務に違反することを未然に抑止する機能を有しているともいえる。
　①　信託法が定める分別管理義務
　信託法では，信託財産に属する財産を(i)信託の登記または登録をすることのできる財産，(ii)動産（金銭を除く），(iii)金銭および(i)と(ii)以外の財産の3つに分類し，分別管理の方法をそれぞれ具体的に定めている（信託法34条）。各財産における分別管理の方法は【図表4】のとおりである[18]。
　②　分別管理義務の特約の有効性
　分別管理義務を当事者間の特約でもって排除できるかについては，分別管理義務は受益者を保護するための義務であることを理由に，任意規定で

---

18) 信託法では，法務省令においてこれ以外の方法を指定することができるとしている（信託法34条1項3号，信託法施行規則4条）。

あると解する説がある[19]。これに対し，分別管理義務には，受託者の債権者が受託者個人の財産と信託財産とを誤認しないよう，信託財産の特定性を確保すること，および受託者が信託財産を不正に利用することを未然に予防することにその目的があるので，受託者の固有財産に対する関係に関しては強行規定，他の信託財産との関係に関しては任意規定と解すべきであるとする有力説[20]も唱えられている。

実務においては，信託財産を効率的に運用したり保管費用を削減するためには，信託財産をまとめて管理する必要があるということから，信託財産である有価証券などについては，物理的には混蔵保管し，各信託契約ごとの信託財産の数量は帳簿で管理されている[21]。このような実務の要請を受けて，信託法では，信託財産を信託の登記または登録する義務（信託法14条）を除き，分別管理の具体的方法については信託行為において別段の定めをおくことができるとして，分別管理の方法についての特約の有効性を明確化した（同法34条1項但書）。この分別管理の方法の特約は，信託財産間のみならず，信託財産と固有財産との間における分別管理についても物理的な分別管理を要求せず，帳簿のみによって分別管理することを認めるものである。ただし信託財産と固有財産とを識別することができなくなるおそれが高まるので，帳簿による分別管理を含めた分別管理義務自体を免除する特約を定めることは，認められていない[22]。

これは，信託法では，仮にある財産が外形上信託財産か固有財産かが識別不能となったとしても，信託財産と固有財産とがこの財産を共有するものとする規定（信託法18条）があり，受託者個人や信託財産の債権者の権利を害することはないことや，物理的な分別管理が行われていなくとも，信託帳簿が適切に作成され，かつ受託者がその所有する外形上識別不能と

---

19) 大阪谷公雄「信託法第28条（分別管理）は強行法規か」信託61号4頁（1965年）。
20) 四宮・信託法220頁。
21) 実務においては，券面が発行されている有価証券の場合，受託者の固有財産と信託財産との間においてのみ，金庫内で物理的に分別管理がなされている。券面の発行されていない有価証券（登録債，振替社債，振替国債など）についても，多くは受託者の固有財産と信託財産とを区分して登録等している。なお，これらの有価証券の信託契約ごとの数量は別途帳簿で管理されている。
22) 寺本・信託法139頁。

なった財産を善管注意義務や忠実義務を遵守し，適切に管理している限りにおいては，受託者個人や信託財産の債権者の権利を害することはないと考えられるからである[23]。しかし，信託法のもとでも分別管理義務を受託者に課す目的である忠実義務や善管注意義務の違反を未然に抑止する機能を補完する制度が新たに設けられていないことや，一般には受託者の固有財産と信託財産との物理的な分別管理義務を免除する理由はあまり見当たらないことなど，受益者保護の観点からは，固有財産と信託財産間において物理的な分別管理を免除することは極力避けるべきものと考える。

③　金銭の場合の例外的扱い

金銭は単に価値を表すだけの非個性的な財産であることから，物理的に分別管理することは事実上無意味であることや，金銭の運用を考えた場合には困難かつ非効率であることから，信託法では，複数の信託財産間，信託財産と受託者の固有財産の間のいずれについてもその計算を明らかにすることで足りるとされている（信託法34条1項2号ロ）。

④　分別管理義務と公示

分別管理義務は，信託財産を受託者の固有財産から物理的に分離し，受託者の固有財産と区別することに意味がある。信託の登記または登録ができる財産の場合には，物理的に分離するだけでは足りず，それを第三者へ主張，対抗できなければならない。したがって，分別管理義務は，信託の登記または登録，すなわち信託の公示を備えることが要求される（信託法34条1項1号）。

しかしながら，有価証券の運用を目的とする年金信託や証券投資信託など，信託財産の出入りが著しい信託の場合においてその都度，信託の公示をしていては，取引の効率性を著しく阻害するため，信託行為によりこれを免除することが想定される[24]。信託法34条2項は，特約においても信託の公示の義務を免除することはできないと定めるが，そのような場合に

---

23) 補足説明第二一の二。
24) 実務においては，信託契約書に「信託財産については，委託者または受託者が必要と認めた場合のほかは，信託の登記および登録，信託の記録または信託の表示および記載を省略します」と規定し，信託の公示を一時的に留保している場合がある。

あっても，信託行為において，受託者が経済的な窮境に陥ったときには遅滞なく，信託の公示を行うと定める限りは，分別管理義務を履行しているとみなされる[25]。ただし，破産手続などにおいては，支払いの停止等があった後に，登記などの権利の設定，移転または変更をもって第三者に対抗するための必要な行為をした場合，その行為が権利の設定などのあった日から15日より後に支払いの停止等があったことを知って行った場合は，その行為自体を否認することができるので，信託行為に信託の公示を留保するための規定を設ける場合には，信託の公示を行う時期等に注意する必要がある[26]。

⑤ 合同運用と共同委託
（ⅰ）合同運用信託

複数の信託財産をまとめて運用したほうが効率的な運用ができるので，信託銀行が受託している多くの信託では合同運用が行われている。合同運用を行う信託を一般的に「合同運用信託」といい，共同しない多数の委託者の信託財産を合同して運用する金銭信託をいう（所得税法2条1項11号）。

合同運用が認められる根拠としては，信託法34条1項2号ロに求める考え方と，信託行為（信託法34条1項但書）に求める考え方とがある[27]。

有力説[28]は，信託法34条1項2号ロを根拠とすると，各受益者は合同運用している財産に対して分割された権利を有することとなるので，各受益者はいつでも自己の持分相当に関する部分を換金できることになり，合同運用の目的を達成することができないこと，各受益者の財産が1つの信託事務によって管理されるためには共通の条件を定める信託契約が前提となることなどの理由から，特約を根拠にすべきであるとしている。また，34条但書はあくまで消極的な「管理」を許容しているのであって，それ以

---

25) 補足説明第二一の二。
26) 破産法164条，民事再生法129条，会社更生法88条。信託財産の独立性を主張する場合には信託の公示を必要とすると考えられているため，たとえば受託者について破産手続が開始された場合，信託の公示の手続が否認されて信託財産が破産財団に帰属すると主張される可能性がある（四宮・信託法171頁）。
27) 四宮・信託法221頁。
28) 四宮・信託法221頁。

上の積極的な運用・投資行為に関して定めているわけではないことから，運用・投資行為を他の信託財産と合同で行う場合にはその特約が必要であると主張している[29]。

貸付信託や合同運用指定金銭信託など，不特定多数の投資家を委託者とする信託がこの合同運用信託に属する[30]。いずれも単一の信託約款に基づく多数の信託行為によって引き受けられた信託財産を一個の運用団にまとめて運用する信託である。

(ii) 共同委託の信託

合同運用に類似したものに，共同委託の信託がある。この信託は，共同しない多数の委託者の信託財産を合同して運用する「合同運用信託」ではなく，複数の委託者が共同（共同委託）して一個の信託行為によって設定する信託である（【図表5】）。共同委託については，信託法に特別の規定はない。

実務においては，適格退職年金や規約型確定給付企業年金などの年金信託，募金型の公益信託，従業員持株信託[31]などにこの形態の信託がみられる。以下において，規約型確定給付企業年金を例として，簡単に共同委託の信託について説明を行う。

確定給付企業年金には，規約型の企業年金制度と基金型の企業年金制度がある。

規約型の確定給付企業年金の信託の場合，労使が合意した年金規約に基づき，企業と信託銀行が，また基金型の確定給付企業年金の信託の場合，企業から独立した特別法人である企業年金基金を設立しこの企業年金基金

---

29) 能見・信託法102頁。
30) 年金投資基金信託も年金信託を合同運用するために設定された信託であるが，①委託者は，各年金信託の受託者として，その年金資金の効率的な運用を目的とし，各年金信託の意思を共同して設定した信託であること，②各年金信託からの投資が終了しても，最終計算の承認（信託法184条）など信託の清算（信託法175条以下）の手続の一部をすることはないこと，③税法上も「合同運用信託」（所得税法13条但書，法人税法12条但書）の適用を受けるものではなく，実質所得者課税の原則（所得税法12条，法人税法11条）の適用を受けていることなどから，「共同委託」の信託と理解することが可能と考える。
31) 信託の形態を利用しない持株制度は，持株会の会員を共同委託者，持株会の理事長を受託者とする（民事）信託と整理されている（日本証券業協会「持株制度に関するガイドライン」7頁（2008年））。

【図表5】合同運用信託と共同信託

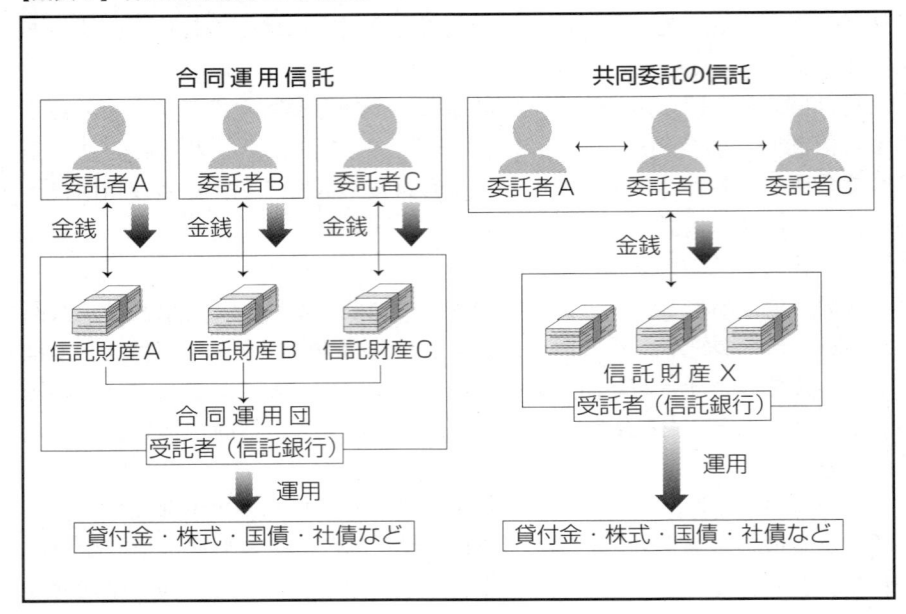

合同運用信託

委託者A・委託者B・委託者C → 金銭 → 信託財産A・信託財産B・信託財産C（合同運用団）→ 受託者（信託銀行）→ 運用 → 貸付金・株式・国債・社債など

共同委託の信託

委託者A ↔ 委託者B ↔ 委託者C → 金銭 → 信託財産X 受託者（信託銀行）→ 運用 → 貸付金・株式・国債・社債など

と信託銀行が，年金の積立金の管理および運用に関する信託契約を結び，その信託契約に基づいて企業の外で年金資産が管理・運用され，年金給付が行われる。

　この確定給付企業年金制度は，各企業が単独または共同して実施することができる（確定給付企業年金法2条）。グループ企業間で従業員の転籍があり，加入期間を通算して年金の支給を行う場合には，転籍者の年金原資を転籍先企業の制度へ移換しなければならないが，これは事務上煩雑である。そこで，人事交流が頻繁に行われるグループ企業間では，それぞれグループ企業間の加入期間の通算規定を織り込んだ同一の年金規約を定め，年金資産を共同して管理・運用する場合がある。

　このように複数の企業が共同して1つの年金制度を運営する場合，規約型においては共同委託の信託の形態をとる。具体的には，複数の事業主が委託者となって，信託銀行と共同して1つの信託契約（信託行為）を締結

し，信託を設定することとなる。また，このような共同委託の信託の形態をとるのではなく，グループ共通の年金制度を実施する企業年金基金を別途共同設立して行うこともできる。この場合には，共同で運営する年金制度であっても，委託者はこの企業年金基金であるため，常に単独委託の形態をとる。

(8) **計算報告義務**

最後は，計算報告義務である（信託法36条，37条，38条）。この義務は，信託事務の処理やその計算を明らかにし，定期的に信託の貸借対照表，損益計算書を作成し，信託の利害関係人，委託者，受益者等（以下，「受益者等」という）にその内容を開示，または報告しなければならない義務である。これは受託者の受益者等への情報提供義務を定めるもので，受託者に対する監督的機能の出発点をなすものである。

この計算報告義務は，受益者等に信託事務の処理やその計算を明らかにするために必要な帳簿などの記録を作成する義務（以下，「帳簿等作成・保存義務」という）（作成義務：信託法37条1項・2項，保存義務：同法37条4項ないし6項），信託事務に関する情報を積極的に受益者等に報告する義務（以下，「積極的報告義務」という）（同法37条3項），受益者等に求められている場合，すみやかに信託事務に関する情報を報告する義務（以下，「消極的報告義務」という）（同法36条，38条）の3つの義務を含むものである。

① 帳簿等作成・保存義務

この義務は，財産の管理，処分等を任務とする受託者に対し，信託事務の処理，および信託財産に関する記録を作成させることによってその任務が適切に行われることを担保するものである。

受託者に対し，信託事務に関する計算ならびに信託財産および信託財産の負担する債務の状況を明らかにするため，信託財産に関する帳簿等の記録を作成することを求め（信託法37条1項），毎年一回は，一定の時期に各信託の貸借対照表と損益計算書等の財産目録を作成することを義務付けている（同法37条2項）。

また，帳簿等の保存義務を明確化するため，信託法ではその期間を作成または取得時から10年とした（信託法37条4項ないし6項）[32]。保存が義務付けられる帳簿等は，受益者等による受託者の監督を実効的なものとするため，信託事務の計算関係の書類に限らず，受託者が信託財産に属する有価証券や不動産などを売却した場合の契約書など，信託事務の処理に関して作成し，または受領した書類等が含まれる。

② 積極的報告義務

この義務は，財産の管理，処分等を任務とする受託者に対し，信託事務の処理および信託財産に関して作成された記録等を自らが進んで受益者に報告することを受託者に求めるものである。

信託法37条2項および3項は，毎年一回，かつ定期的に貸借対照表，損益計算書などの法務省令で定める書類を受益者（信託管理人が存在する場合はその信託管理人）に報告することを受託者に義務付けている。ただし，次に説明する消極的報告義務に基づき，受益者は自ら積極的に受託者に対して帳簿等の閲覧を請求することができ，最低限度の調査手段は確保されていることから，信託行為に別段の定めをすることによって受託者のこの報告義務を軽減しまた免除することは認められる（信託法37条3項但書）。

③ 消極的報告義務

この義務は，委託者，受益者および信託財産の債権者等の利害関係人の請求により，信託事務の状況を説明，報告することを受託者に求めるものである。

(i) 主体の特性に応じた権利の付与

信託法においては，利害関係人は，信託事務の処理および信託財産に関する記録，すなわち貸借対照表や損益計算書などの信託財産の状況に関する書類を閲覧することを受託者に請求することができ（「帳簿閲覧等請求権」（信託法38条6項）），より信託に密接な関係をもつ委託者，受益者は，信託事務の処理について報告を求める権利を有する（「報告請求権」（同法

---

[32] 受託者の任務違反行為による損失てん補責任等に係る債権の消滅時効期間が，原則として10年とされたことなどを考慮して10年とされた（補足説明第二三の一）。

36条))。また，各種の監督的機能が付与されている受益者は，受託者が作成する信託財産に関する帳簿や信託財産の処分に係る契約書等を閲覧，および謄写の請求をするできることとした（信託法38条1項）。

このように閲覧に関する権利を段階的に設けているのは，受託者に対する監督的機能を果たすためには，受託者が行っている信託事務の処理に関して，より広範囲な情報を入手できる権限を委託者および受益者に付与しておく必要があるが，信託財産の債権者は，自己の債権の回収可能性を把握できれば十分であるからである[33]。

(ii) 消極的報告義務の制約

たとえば，合同運用金銭信託，証券投資信託，および年金信託などの多数の受益者が存在する集団信託または準集団信託において，一部の受益者がこの権利を行使した場合には，次のような多くの問題が生じる可能性がある。

第一に，たとえばこれらの運用を目的とする信託において，ごく少額の受益権しかもたない受益者が，受益者の利害にまったくといえるほど関わりのないような些細な信託財産の運用経緯やその信託事務の処理内容について逐一，書類の閲覧を求め，または説明を求めることができるとするならば，費用の増加につながり，費用の低減を目的としている合同運用の趣旨が損なわれ，ひいては他の大多数の受益者の不利益をもたらすことになる。

第二に，受益者が受託者の監督の目的以外の目的で権利を行使することが考えられる。たとえば運用を目的とする信託において，その信託の受益者となっている他の金融機関がこの閲覧に関する権利を行使すれば，信託事務の処理に関するすべての書類の閲覧やその説明を求めることができ，受託者の運用や管理のノウハウを入手することができることとなる。したがって，権利濫用的な権限の行使は制限されるべきであろう。

第三に，受託者の守秘義務との衝突がある。たとえば，信託銀行が信託

---

[33] 会社法においても段階的に，株主と債権者には「計算書類等の閲覧等の請求権」（会社法442条2項）が，一定数以上の株数または議決権を有する株主には「会計帳簿等の閲覧等の請求権」（同法433条1項）が付与されている。

第6章　受託者の権利・義務

財産の運用として受託者自身の顧客へ融資を行った場合，受託者と貸出先との間では一定の守秘義務を負うので，受益者から信託財産の融資先に関する情報の提供を求められたときに，守秘義務との衝突が生じる[34]。

信託法の施行に伴う関係法律の整備等に関する法律（平成18年法律第109号，以下，「整備法」という）により改正される以前の信託業法118条10号，および兼営法15条7号が，正当の理由なく書類の閲覧の請求を拒んだ場合に罰則を加えるとしていることから，正当な理由があれば請求を拒否することが許されると解されていたこと，信託銀行などの金融機関は融資先の信用への配慮も必要で，銀行や信託会社については株主の帳簿閲覧請求権も制限されていること（銀行法23条，信託業法35条）などの理由から，受益者の書類閲覧請求権・説明請求権には一定の制限があるという有力説がある[35]。

これらの問題点があることから，信託法では，株式会社のおける株主の帳簿閲覧権における制限と同様（会社法433条2項），権利の濫用，円滑な信託事務の阻害，受益者の共同利益の侵害，営業秘密の漏洩などの拒否事由を列挙し，受益者のこれらの権利の行使に一定の制限をかけている（信託法38条2項[36]）。

なお，利害関係人の帳簿閲覧等請求権は，その対象が貸借対照表や損益計算書などの信託財産の状況に関する書類であり，信託事務の詳細を明らかにするものではなく，受益者や受託者の権利が害されることはないと考えられることから，この権利について信託法では特段の制限を設けていない。

---

34) この問題については能見・信託法126頁に詳細な分析がある。
35) 四宮・信託法227頁。
36) 信託法38条2項の拒否事由は，旧商法293条の7の株主の帳簿閲覧権の拒否事由と同じ規定となっている。しかしながら，新たな規律である会社法433条2項には，旧商法293条の7第4号「株主ガ不適当ナル時ニ…閲覧又ハ謄写ノ請求ヲ為シタルトキ」に相当する規定が設けられていない。この点は，会社法433条1項の「営業時間内」という文言でその実質が維持されており，商法の実質を変更するものではないとされている（相澤哲編著『一問一答　新・会社法』155頁（商事法務・2005年））。したがって，信託法38条2項2号の拒否事由である「請求権者が不適当な時に請求を行ったとき」とは，請求者が営業時間外に請求を行った場合も含むものと考えられる。

3　義務違反の効果

すでにみてきたとおり，受託者は「各種の義務」を負っている。受託者がこれらの義務に違反する行為をすることを広く，信託違反という[37]。しかし，信託違反といってもさまざまな場合があり，その効果もさまざまである。

以下においては，信託違反によってどのような効果が生ずるのか，すなわち，(i)受託者の信託違反の行為が信託財産を拘束するのか，(ii)受託者にどのような損害賠償義務が生ずるのか。また，受託者の義務違反には，信託目的の違反[38]，信託条項で定められた義務の違反，忠実義務違反，善管注意義務違反などいろいろあるが，これらがすべて「信託違反」として同じような取扱いを受けるのかどうかという観点を中心に説明を行う。

(1)　信託違反行為の効果

信託目的に違反する行為や，忠実義務，および自己執行義務に違反する行為が法律行為である場合には，その法律行為は無効，または信託財産に効果が帰属せず，無権代理の場合と同じように，受託者個人だけを拘束すると考えられている[39]。なぜならこれらの義務は，受託者の職務権限を遂行する際の態度ないし仕方として要求される義務であるが，受託者にとって重要な義務であり，英国における信託の発展過程における受託者責任と同様に，受託者の義務違反の抑止を目的として受託者の権限を制限するものと整理することができるからである。

ただし，信託目的の違反の場合と忠実義務違反などの義務違反の場合で

---

37)　能見・信託法132頁。
38)　信託法29条1項は，「受託者は，信託の本旨に従い，信託事務を処理しなければならない」と定め，受託者は信託行為の定めに形式的に従っているだけでは足りず，信託行為の背後にある委託者の意図，すなわち信託の本旨に従って，信託事務を処理する義務を負うことを明確化している。
　なお「信託ノ本旨」とは，それ自体は抽象的な概念であり，個々の信託においてそれが具体化され，受託者の義務の基準となるものが「信託目的」である（能見・信託法68頁）。
39)　四宮・信託法230頁，233頁，251頁。なお，著しく善管注意義務に違反する行為については，取消が可能であると考えている（四宮・信託法248頁）。

は，受託者の権限を制限付けているといっても，その意味はかなり異なる。また，忠実義務違反でも，典型的な忠実違反行為である自己取引以外の一般的な忠実義務違反の行為については，信託行為における許容または受益者の同意がなければ禁止されるという点では同じであるが，その違反行為は無効となるのではなく，単に義務違反として損害賠償責任を受託者が負うにとどめるべきとする説が有力に唱えられている[40]。

以上の義務違反以外にも，信託目的の違反（受託者の権限外の行為）にならないような善管注意義務違反[41]や公平義務の違反もある。これらの義務は，受託者の権限の範囲を制限するものではなく，一般の契約責任と同様に，受託者が信託行為（信託契約等）の要求する本来的職務権限を遂行する際に職務権限遂行の態度ないし仕方として要求されるもので，これらの義務違反の行為は，いずれも受託者の受益者に対する損害賠償責任を発生させるにすぎない。

それでは順に，受託者の義務違反の効果について説明を行う。

① 信託目的に違反する行為の効果

受託者の信託違反行為のうち，信託目的に反する行為（受託者の権限外の行為）は，原則として信託財産を拘束しない（信託法21条1項5号，27条参照）。

信託目的に違反する行為が信託財産に効果を及ぼさない理由には，次の3つの考え方がある。

第一は，信託の場合，受託者には信託財産に関する完全な所有権が移転しており，信託目的による制限は受託者にその権限の行使を内部的に制限するものでしかないという考え方である。このように考えると，受託者の権限外の行為も対外的には有効であり，信託法は，その27条によって，受益者保護のためにその取引を取り消すことができるという特別な救済を受益者に与えていると解釈できる[42]。

第二は，信託設定によって信託財産の名義は受託者のものとなるが，受

---

40) 四宮・信託法236頁，能見・信託法85頁。
41) 著しく善管注意義務に欠く場合も，信託の本旨（信託目的）に反する行為である（四宮・信託法254頁）。

託者に完全な権限が移転するのではなく，受託者の権限は信託目的に制限されたものでしかなく，受託者の権限外の行為には信託財産は拘束されないとする考え方である[43]。この考え方のもとでは，信託目的に反する受託者の行為は「無効」と考えることになるであろう。

第三は，信託財産自体に実質的な法主体性を認め，受託者はいわばその信託財産の「機関」ないし「代表」として機能しているにすぎないという説（実質的法主体性説）では，法人の代表者の権限が法人の目的によって制限されるのと同様に（民法34条）[44]，信託目的はその受託者の行為を制限する機能を有する。受託者の権限外の行為とは，この制限を超える行為である。そして，信託財産に認められる法主体は受託者への信頼を基礎としていることから，一般の法人に認められる法人格と異なり，権限外の行為の効果は原則として信託財産に帰属せず，無権代理と同じように（民法117条）受託者個人だけを拘束するという考え方である[45]。

たとえば受託者が建物の管理を目的とする信託を受託している場合に，受託者がその建物を売却したならば，この行為は信託目的に反する行為であり，受託者の権限外の行為としてその行為の効力は否定される。しかし，受託者との取引の相手方は，この建物の名義人である受託者には当然に処分権限があると信じることにも一定の合理性はある。したがって，このような取引の相手方の信頼の保護と受益者の保護との調和を図る必要がある。このため信託法では，このような受託者の権限外の行為の効力については，その取引の相手方の善意・悪意などを要件としている（信託法27条）。

② 忠実義務違反の行為の効果

---

42) 遊佐慶夫『信託法制評論』96頁（巌松堂・1924年），青木徹二『信託法論』235頁（財政経済時報社・1926年），入江真太郎『全訂信託法原論』395頁（巌松堂・1933年）。
43) 遊佐・前掲書97頁，細矢祐治『信託法理及信託法制』757頁（文雅堂・1926年）。
44) 民法34条の「目的の範囲内」の制限が何を制限しているかについては，①法人の権利能力の制限であるという説（権利能力制限説），②法人の行為能力の制限であるという説（行為能力制限説），③法人の機関の対外的代表権の制限であるという説（代表権制限説），④機関の法人に対する内部的義務を定めたにすぎないという説（内部的制限説）がある（幾代・民法総則123頁）。実質法主体性説はこの③説に近く，信託目的は受託者の対外的な代表権を制限するものと考えている。
45) 四宮・信託法251頁。

受託者の信託違反行為のうち，忠実義務に違反する行為は，信託財産を拘束しないと解されている（信託法32条4項）。ただし前述のように，有力説では，典型的な忠実義務違反である自己取引とそれ以外の忠実義務違反では，その効果が異なるとしている。

(i) 信託財産と固有財産間および信託財産間の取引の効果

信託法は，信託財産に属する財産（その財産に係る権利を含む）を固有財産とする行為，および固有財産に属する財産を信託財産とする行為を無効としている。同様な理由から，信託財産に属する財産（その財産に係る権利を含む）を他の信託の信託財産に帰属させる行為（信託財産間取引）の効力についても無効としている（信託法31条4項）[46]。これらの行為は，受託者がもっとも容易になし得る忠実義務違反の典型的事例であるとともに，行為の効果が受託者の内部に留まるものであることから，その効果を無効としても，第三者の利益を害する可能性がきわめて低いと考えられているからである。ただし，これらの取引の後，受託者が第三者へその信託財産を処分等を行った場合には，その第三者の利益を保護するため，その第三者が悪意または重大な過失があるときに限り，その受託者の処分行為等を取り消すことができるとしている（信託法31条6項，27条3項，4項）。

民法の原則では，行為が無効であるということは，その行為が初めからなかったものとして取り扱われる（民法119条本文）。たとえ当事者（この場合，受益者）が追認をしたとしても，その行為を初めから有効であったものとすることはできない。しかし，当事者が追認をしたならば，その時点で新しい行為や取引として成立させることを認めても問題はないので，民法においては，追認をした場合には，その時点で新たな行為を行ったものとみなすと定めている（民法119条但書）。ただし当事者間の合意によっては，その行為の効力を最初の行為の時まで遡らせることは可能である。当然，当事者間の合意であるから，その効果を第三者に及ぼすことはできない。

信託法においては，この民法の原則とは異なり，受益者は，その行為を追認してその行為の当時に遡って有効なものとすることができると定めて

---

46) 民法108条参照。

いる（信託法31条5項）。これは，信託における自己取引や信託間取引は，民法の定める自己契約や双方代理（民法108条）と同様，与えられた権限を逸脱した行為であることから，一種の無権代理として捉え，無権代理の追認（同法113条）と同じように，受益者の承認（追認）をもってその行為の効果を遡及的に信託財産に及ぼそうという考え方に基づくもので，またその行為の効果を遡及させても第三者の利益を害することがないからである。

たとえば，信託行為の定めがないにもかかわらず，信託財産である土地を受託者が適正な対価を支払い，自らの財産とした場合，受益者の承認（追認）があるまでは，その取引の効果は信託財産に及ばない（すなわち取引は無効であり，信託財産である土地は，固有財産とはならない）。ただし受益者は，その違法な取引を追認する権利，すなわち遡ってその取引は有効な取引であったと主張する権利を有するので，その地位は非常に不安定な地位に置かれることとなる[47]。この場合，受託者としては，この取引が正当な取引であると考えるならば，この取引の詳細を説明し，受益者にこれを追認するのか，または追認を拒絶するのかを確認する必要がある。

(ii) 受託者やその利害関係人と受益者の利益とが相反する行為の効果

信託法においては，受託者が信託財産のための取引の相手方である第三者の代理人となって行う行為（信託法31条1項3号）および信託財産に属する財産を受託者自らの債務の担保として信託財産に担保権を設定する行為（同項4号）など，受託者やその利害関係人と受益者の利益とが相反する行為については，その行為の相手方である第三者に悪意または重大な過失がある場合に限り，受益者はその行為の取消を請求することができるとしている（同法31条7項）。これは，前述のような受託者の内部に留まるような忠実義務違反の行為と異なり，取引の相手方が存在することから取引の安全にも配慮する必要があるため，「受託者の権限外の行為に基づく

---

47) 無権代理の場合，取引の相手方に催告権が認められている（民法114条）。信託の自己取引の場合，取引の相手方は存在しないので，受益者（本人）が追認，または追認の拒絶を明確にしない限り，この不安定な状態が継続する。民法114条を類推して受託者に催告権を認め，一定の期間に確答しない場合には，追認を拒絶したものとみなすことが可能ではないだろうか。

第6章　受託者の権利・義務

責任」に従った取扱いとなる（信託法27条1項・2項参照）。
　(iii)　競合・競争取引の効果
　信託法では，受託者の競合・競争行為について，受益者は介入権を有するとしている（信託法32条4項）。たとえば，有価証券の運用を目的とする信託において，受託者が有価証券Aを購入しなければならないときに，受託者が自らのためにその有価証券Aを購入したところ，有価証券Aの価格が上昇し，受託者が利益を得たという場合には，受益者は，有価証券Aを購入した取引を信託財産のためにした取引とすることを請求することができるとしている。すなわち，受託者の競合・競争行為については，基本的には，受託者が自らの固有財産にその行為の効果を帰属させようとするものであるので，その行為自体は有効とするが，受益者を救済するため，取引の相手方である第三者の利益を害さないことを条件として，受益者に対してその行為自体の効果を信託財産に帰属させる請求権を認めるものである[48]。
　なお，受益者のこの請求権は，受託者の競合・競争行為の時から1年を経過したときに消滅する。
　(iv)　その他の忠実義務に違反する行為の効果
　たとえば，受益者の利益を害する意図をもって第三者の債務の担保のために信託財産を担保に供する行為，受託者が信託財産の運用に際して，株

---

[48]　旧商法や有限会社法のもとでは，株式会社または有限会社の取締役が，自己のために競業取引を行ったときには，株式会社の取締役会または有限会社の社員総会の決議により，その取引を会社の取引とみなすことができると定めていた（いわゆる介入権，旧商法264条3項，有限会社法29条3項）。しかし新たな会社法では，この介入権が廃止された。
　　介入権の効果については，会社側は介入権の行使により，債権の譲受人と同様の地位に立ち，取引相手である第三者に対して介入権行使を原因とする権利行使の効果を主張することができるとする説（物権的効力説）も存在するものの，介入権の行使の効果は債権的なものであり，会社と取締役との内部関係においてのみ効力を生じ，第三者に対して物権的効力を生ずるものではないとする説が通説・判例（最高裁昭和24年6月4日判決（民集3巻7号235頁））である。この通説・判例に従えば，介入権の行使により，取締役はその行為の経済的な効果を会社に帰属せしめる義務を負うにとどまるため，その効果は，競合行為に関する損害額の推定規定（旧商法266条本文，有限会社法30条の2第4項，会社法423条2項）と実質的に変わるものではない（相澤編著・前掲書127頁）。このような理由から，会社法では取締役の競業取引に関する介入権を廃止した。
　　なお信託の場合，対外的に責任を負う法主体は受託者のみであることから，株式会社の従来の介入権と異なり，信託の介入権は受託者の競業取引（競合・競争行為）の効果の帰属を内部的に変更するにすぎない。

式購入の注文を特定の証券会社に集中させ，不必要な取引を執行する行為，信託財産に関する情報を第三者に提供する行為[49]など，信託法31条1項各号および32条1項に定める行為以外の忠実義務違反の行為について，すなわち忠実義務の一般規定に違反した場合の効果については，特別な規定はない。

したがって，他の信託違反行為と同様に，受託者は損害賠償の責任を負うことになる（信託法40条1項）。また，忠実義務違反については，当該忠実義務違反の行為と損害との因果関係や損害額の立証の負担軽減のために，受託者または利害関係人の得た利益の額と同額の損失が信託財産に生じさせたものとの推定規定を設け，受益者の利益を保護している（信託法40条3項）。

また，信託行為に定めがないにもかかわらず信託事務を第三者に委任し，その第三者が信託事務を行った場合などの自己執行義務に関する規定に違反した行為の効果は，信託財産に及ぶのであろうか。信託法においては，いずれの行為も受託者の権限外の行為として，その取引の相手方の善意・悪意などを要件として受益者に対してその行為の取消権を与えている（信託法27条）。

また，自己執行義務に違反して信託事務の処理を第三者に委任した場合に，信託財産に損失が生じたときには，受託者は，信託違反行為として信託財産に対する損害賠償義務を負うことになるが（信託法40条1項），当該違反行為がなかったとしても損失を生じたことを証明しない限りその責任を免れないとして，受益者の利益を保護している（同法40条2項）。

(2) 損害賠償義務

信託法は，信託違反行為があった場合に，委託者，その相続人，受益者，他の受託者および新受託者が信託財産の損失を填補し，または信託財産の復旧を請求することができると定めている（信託法40条1項）。

---

[49] これらの第三者が受託者の利害関係人であったり，これらの第三者へ利益を供与することにより，受託者に利益が還元されるようであれば，信託法31条1項4号の行為に該当すると思われる。

① 損害賠償義務の法的性質

信託違反行為によって生じた信託財産の損失の填補，または原状回復義務の法的性質については，債務不履行責任であるという説と，不法行為責任であるという説で争われてきた。

伝統的な学説では，信託財産の所有権は受託者に移転し，受託者は受益者・委託者に対して信託財産を信託目的に従って管理・処分する債務を負担するにすぎないから（債権説），受託者の信託違反行為の責任も民法上の債務不履行に類するものと説明されてきた[50]。

これに対し，信託財産に対し実質的な法主体を認める立場（実質的法主体性説）から，この責任を「信託財産および受益者に対する債務不履行かつ不法行為責任」とする説[51]が有力に唱えられるようになってきた。受託者の責任の性質が「債務不履行かつ不法行為責任」であると理解する大きな理由は，受託者の行為が信託事務遂行義務に違反するという側面（債務不履行）と信託財産を構成する物に対する侵害行為であるという側面（不法行為）があるからである[52]。ただし，債務不履行責任と不法行為責任のいずれの責任も金銭賠償の原則によるのであるから，この説では，信託違反における受託者の責任の内容が，損失の填補または信託財産の復旧であることの説明として不十分である。

信託違反における受託者の責任の内容が，損失の填補または原状回復であるという特色を説明するため，信託違反の責任は民法の債務不履行，および不法行為とは別個の責任であると主張する学説があらわれた。この説は，信託違反における受託者の責任において，信託財産の復旧が認められるのは，この責任が受託者と受益者の間の信頼関係に基づくものであるからと説明するものである[53]。

② 責任の要件
(i) 任務懈怠の責任

---

[50] 入江真太郎『信託法原論〔全訂〕』378頁（巌松堂・1933年）。
[51] 四宮・信託法279頁。
[52] 四宮・信託法280頁。
[53] 田中實＝雨宮孝子「信託違反の性質について」法学研究45巻12号17頁（1972年）。

信託法においては、「受託者がその任務を怠ったこと」をこの損失の填補義務、または信託財産の復旧義務の要件としている（信託法40条1項）。「受託者がその任務を怠ったこと」とは、受託者の信託財産に関する任務に違反することをいう。なお、この責任は受託者の故意または過失があることを前提とするものである[54]。

　(ii)　自己執行義務違反および分別管理義務違反の責任

　自己執行義務違反および忠実義務の予防的機能を有する分別管理義務違反は無過失責任と考えられており、受託者が自己執行義務または分別管理義務を果たしていても、なお損害が生じていたことを証明しなければ、受託者は損害賠償義務を負うこととなる（信託法40条2項・4項）。

　(iii)　計算報告義務違反

　計算報告義務は、以上のような受益者保護機能を有効に発揮させることを目的とするものであるから、この義務が履行されない場合には、受託者の解任事由になるものと考える（信託法58条4号）。また、受託者が計算報告義務に違反した場合には、信託法は過料の制裁を課している（信託法270条1項3号・4号・6号）。

　③　賠償責任の内容

　(i)　賠償の方法

　受託者の賠償の方法としては、「損失の填補」すなわち金銭賠償（民法417条参照）、または「信託財産の復旧（原状回復）」すなわち現物による原状回復（民法417条，722条1項に対する重大な例外）の2つがある（信託法40条）。

　民法における損害賠償の方法としては原則として、金銭賠償の方法によることとしている（民法417条，722条1項）。諸外国の立法例としては、原状回復の方法を認めるものも少なくない。原状回復に多額の費用を要するときは、加害者に酷な結果となること、被害者も金銭賠償を便利とするのが普通であり、金銭的な価値を中心として動いている社会においては、金銭的損害が通常生ずべき損害といえることなどの理由から、金銭賠償が

---

54)　補足説明第二五。能見・信託法139頁参照。

民法の原則とされている。

しかし，被害者の立場からはそれでは満足できない場合も出てくるのであって，それぞれの事例において具体的な被害者・加害者の双方の利害得失を考慮して，必要に応じて原状回復を認めるべきであると考えられている[55]。たとえば，名誉が毀損された場合の名誉回復措置（民法723条），不正な競争行為により信用を害された場合の回復措置（不正競争防止法14条），鉱業法111条2項・3項[56]などがその例外である。

信託の場合，受託者は信託目的の達成のために必要な形で信託財産を管理すべき義務を負うものであるから，この義務に違反して信託財産に不都合を生じさせたときには，受託者は本来の信託目的の達成が可能となるように，金銭賠償の原則の例外として，信託財産をもとの状態に戻すべき義務，すなわち原状回復義務を負うものと考えられる。信託がこのような性質を有することから，信託法では，受託者の不法な行為により信託財産の形状が変質した場合[57]には原状回復義務（信託法40条1項2号）を，信託財産が毀損した場合には当該毀損額についての金銭賠償義務（同項1号）を受託者に課している。

たとえば年金信託において，その年金資産の運用を行っている受託者が委託者から提示された「運用ガイドライン」に違反し，株式Aを購入すべきところを誤って株式Bを購入してしまったと仮定する[58]。この場合，

---

55) 加藤一郎『不法行為〔増補版〕』215頁（有斐閣・1974年）。
56) たとえば鉱害で農地が陥没した場合に，被害者自身が農地を増加させることは困難であることや，被害者が農業を廃業して転業することは困難であることなどの理由から，加害者である鉱業権者に政策的に原状回復を認めたものである。
57) 信託財産の形状が変わっていれば，損失がなくてもこの義務は生じる。たとえば有価証券を管理する信託において，信託財産である有価証券を受託者が誤って処分してしまったが，その有価証券の価格が下落したため，損害が生じていない場合においても，信託においては原状回復義務が生じる。
58) 受託者が不法な行為を行った場合，まずその行為が受託者の権限外の行為であるかを検討し，受益者がその行為を追認した場合には，原則としてそれで終了する。追認しなかった場合，信託財産の形状が変質したものをあるべき姿に「信託財産の復旧（原状回復）」を行い，次に形状の変質を回復するための費用，および形状の変質の回復ができない場合についての損失を金銭に評価した金額の合計額の「金銭賠償」の順で損害賠償が行われる。ただしこの事例においては，この取引自体が受託者の権限外の行為に基づくものであったかの議論は除いている。能見・信託法147頁参照。

信託財産の形状が変質してしまっていること（株式Aから株式B）から，まず本来購入すべき株式Aを購入し，誤って購入してしまった株式Bを売却してあるべきポートフォリオに復旧する（信託法40条1項2号）。次に，そのためにかかった費用，すなわち本来購入すべき日の株式Aの価額と誤りに気づいて実際に株式Aを購入した価額との差額，誤って購入してしまった株式Bを売却したときに生じた損失の合計額を金銭賠償する（同項1号）。この事例の場合において，受託者が運用ガイドラインに違反して構築されたポートフォリオと本来あるべきポートフォリオの評価額の差額を金銭で填補する方法も考えられる。しかしこの方法は，受託者の権限外の行為を追認してその行為の効果を信託財産に帰属させること，すなわち受託者の信託違反の行為を免責することであるため，受益者は受託者の任務懈怠を理由として，受託者にその評価額の差額を損害賠償として受託者に請求することはできないものと考える[59]。

なお「信託財産の復旧（原状回復）」は，不法行為の救済手段として例外的に認められることのある広義の「原状回復」で，不法な行為がなかったら損害賠償の時までにおそらく展開されたであろう諸関係と経済的に等価値であるような状態までに修復することをいう[60]。たとえば年金信託において，その年金資産の運用を行っている受託者が，委託者が提示した運用ガイドラインに違反して取引を行ってしまった場合に，その後の相場変動を加味してそのガイドラインで指定されたポートフォリオを再構築することなどもこの原状回復に含まれると考えられている。

ただし，原状回復義務を受託者に対して常に課すこととすると，たとえば信託財産の管理の不手際で物理的な毀損が生じた場合において，信託財産の財産的な価値はそれほど減耗していないが，物理的な性格上，原状に戻すには多大な費用がかかるときなど，受託者に酷である結果を引き起こしたり，いわゆるないものねだりを要求することになることも想定される。

---

[59] 信託法には，権限外行為について追認の規定はない（信託法27条）。なお，民法の無権代理における「追認は，代理権のない代理行為について，代理権があったのと同じに扱うという本人の意思表示である」（内田貴『民法Ⅰ総則・物権総論（第3版）』165頁（東京大学出版会・2005年））との考え方を参考とすれば，このように考えることができる。

[60] 四宮・信託法284頁。

そこで信託法は，「原状の回復が著しく困難であるとき，現状の回復をするのに過分の費用を要するとき，その他受託者に原状の回復をさせることを不適当とする特別の事情があるとき」には，原状回復の責任を追及することはできないこととした（信託法40条1項但書）。

(ii) 忠実義務違反の損失のみなし規定

信託法においては，受託者が，たとえば信託行為の定めに違反して，受託者と信託財産間の取引において自らが利益を上げた場合（信託法31条1項）や，信託のために取得すべき不動産を受託者自らが取得して他に転売して利益を得た場合（同法32条1項）など，受託者が忠実義務に違反した場合には，実損による損失の填補をさせるのを原則としながら，損失の金額の立証を容易にする規定を設けている（同法40条3項）[61]。これはあくまで損失の推定規定であり，受益者がそれ以上の金額の損失を立証した場合には，その立証された金額が信託財産の損害額となる。

このように，受託者が忠実義務に違反した行為をした場合に受益者の損害額の立証責任を軽減するのは，受託者の忠実義務違反の行為により，信託財産にどのような損害が生じているかを受益者が立証することは，かならずしも容易ではないと考えられるからである[62]。

④ 責任追及の主体

信託法における責任追及の主体は，受益者，共同受託の場合の他の受託者，受託者が交代した場合の新受託者である（信託法40条，29条，85条2項，75条5項）。これらの関係者は，受託者に対して単独で損害賠償の責任を追及することができる。受益者が複数存在する場合にも，各受益者は単独で責任を追及することができる[63]。

---

61) 競合・競争行為（信託法32条1項）の行為については，受益者は，介入権と損害賠償請求権のいずれかの権利を行使することができる。株式会社の取締役・執行役の競業取引の責任については，旧法（商法）では介入権（旧商法264条3項）と損害賠償額の推定（同法266条4項本文）の2つの救済規定があったが，会社法では，実質は同じという理由から介入権が廃止された（会社法423条2項）。なお，信託法には明確な規定はないが，損害賠償額の推定規定は，受益者が介入権を行使したときには適用されないものと考える（旧商法266条4項但書）。

62) 補足説明第二〇の四。

63) 能見・信託法146頁。信託法は，この権利は信託行為によって制限することができず，かつ各受益者が単独で行使できる権利としている（信託法92条9号，105条）。

信託法においては，信託の利益を直接的に享受するのは受益者であり，受託者は受益者との間で各種の義務・責任を負うものと信託を整理し，したがって，受益者に加えて委託者との間でも義務・責任を負うものとする必要性は乏しく，かえって法律関係を複雑にすることから，委託者の権利を大きく縮小している。

　損害賠償に関する責任の追及についても，このような考え方から，信託法ではその権限者を受益者（受託者が交代した場合の新受託者を含む（信託法75条5項））に限定している（同法40条）[64]。ただし，委託者は信託行為の当事者であるから，委託者が信託に関する各種の機能（たとえば受託者の監視機能）を自ら保持することを望むことを否定する理由はない[65]。そこで委託者が，信託行為（信託契約）において受益者に加えて委託者にも損害賠償請求権を付与することができる（信託法145条2項）。

　ただし，関係者の間で意見の対立がある場合には複雑な問題が生じる。委託者（信託法のもとでは，「信託行為により権利が付与された委託者」）と受益者との間で意見が対立した場合には，受益者の意見に従うべきであろう。

　それでは複数の受益者が存在する信託において，信託違反行為が発生し，信託財産が毀損した際，各受益者間で受託者の責任の追及に関して意見が相違した場合にはどのようになるのであろうか。たとえば，年金信託の受託者が運用のガイドラインに違反してある有価証券の第三者に売却したときに，受益者としては，(i)受託者の「権限外の行為（信託の本旨に反した処分）」であるとしてその取引の取消を主張し，有価証券の返還を請求すること（信託法27条）もできるし，(ii)取消の代わりに，受託者に損害賠償を請求することもできる（同法40条）。また，(iii)この「権限外の行為」を追認してこの取引の対価を信託財産に組み入れることもできる。

---

64) 受益者が現存しない場合には，信託管理人が選任されていればこの信託管理人がこの権限を行使することになる（信託法125条1項）。また，年金信託（規約型確定給付企業年金信託，適格退職年金信託）の場合，受益者（またはその一部）は現存しているので，これらの信託においては受益者代理人が設置される（信託法138条）。受益者代理人も損害賠償請求権を有する（信託法139条）。

65) 補足説明第五三の一。なお，受益者の損害賠償請求権を信託行為により制限することはできない（信託法92条9号）。

(i), (ii), (iii)は並立しないので，受益者はいずれかを選択しなければならない。このとき，ある受益者は(i)を主張したが，他の受益者や他の委託者が(ii)を主張した場合，どのように取り扱うべきであろうか。

信託法では，受託者の損害賠償責任の全部またはその一部（受託者に悪意・重大な過失がある場合）を免除する場合には，その全員の一致が必要であると定め（信託法42条1号，105条1項・4項1号・2号），また，権限違反行為の取消権は各受益者が単独で行使できると定められている（同法27条3項，105条1項）[66]。したがって，(iii)を選択する場合，または(i)の取消を主張することが可能であるにもかかわらず(ii)の損害賠償を選択する場合，受益者全員の承認が必要となる。

(3) 違法行為差止請求権

信託法は，受託者が信託違反の行為をした場合の救済手段として，(i)損失の填補・原状回復の請求権（信託法40条），(ii)処分行為の相手方に対する取消権（同法27条）を認めている。しかし，これら2つの救済制度はいずれも，信託違反の行為が生じた後の事後的な救済手段であるから，受託者に十分な資力のない場合や，処分行為の相手方が善意であるため受益者の処分行為を取り消すことができない場合に，受益者の救済が十分に図られないおそれがある。

そこで信託法は，(a)「受託者が法令若しくは信託行為の定めに違反する行為をし，又はこれらの行為をするおそれがある」，(b)「当該行為によって信託財産に著しい損害が生じるおそれがある」という2つの要件を満たす場合には，受益者は受託者に対し，信託違反行為の差止めを求めることができるとしている（信託法44条1項）。また，受託者が公平義務に違反し，または違反するおそれがあり，それによって一部の受益者に著しい損失が生じるおそれがあるときも，その受益者に対してこの権利が認められている（信託法44条2項）。

---

[66] ただし，権限違反行為の取消権については，信託行為で別段の定めをすることは可能である（信託法105条4項）。

4 受託者の受益者に対する給付責任

(1) 物的有限責任

　受託者の受益者に対する給付義務（「受益債権」）に関して，信託法100条は「信託財産に属する財産のみ」をもって履行する責任があると規定している。受託者は，信託財産の管理および運用の結果として生じた経済的な利益，または損失のすべてを受益者に給付する義務を負うが，その義務は，現存する信託財産に属する財産の給付に限定される。すなわち受託者は，受益者に対して物的有限責任を負う。

　具体的には，年金信託で受託者が信託契約に従って有価証券市場で資産を運用したところ，不測の経済環境の変動等で株式市場が急落し，その結果，信託財産に損失が発生したような場合，受託者に義務違反がない限り，受託者は受益者にその信託財産の範囲内で給付義務を負うということである。信託を金融商品として消費者に提供する場合に，預金などと異なり「実績配当」の金融商品であるとされるのは，この物的有限責任から生じる信託の特色である。

(2) 元本補填・利益補足の特約

　受託者の物的有限責任の例外として，受託者が信託行為で信託財産の運用した結果，信託財産に損失が生じた場合において，その損失を補充すること（元本補填契約）や，信託財産を運用し，あらかじめ定めた額の利益を上げられなかった場合に，その額に達するまで，自己の財産で利益を補足すること（利益補足契約）を約束することは自由である。ただし，このような元本補填契約や利益補足契約の付いた信託を営業として取り扱う場合には，金融機関並みの規制が必要となることから，兼営法によって認可を受けた金融機関（以下，「信託兼営金融機関」という）以外の者がこのような特約の付いた信託を受託することは禁止されている（信託業法24条1項4号，兼営法6条）。

信託兼営金融機関においては，運用方法の特定されていない金銭信託（指定金銭信託）に限り，内閣府令[67]の定めるところにより，元本補填契約，または利益補足契約の特約のついた信託を受託することができる（兼営法6条)[68]。これに対し，運用方法の特定されている特定金銭信託は，委託者が具体的に運用を特定し，受託者の信託兼営金融機関には運用についての裁量の余地がないことから，元本補填契約，または利益補足契約の特約を付した信託を受託することはできない。元本補填契約の付いた信託には，貸付信託と合同運用の指定金銭信託（一般口）がある。利益補足契約の付いた信託の事例としては，昭和49年4月から1年あまりの間に取り扱われた「割増金付金銭信託」があるが，現在では利益補足契約の付いた信託はない。

5 受託者の対外的責任

(1) 受託者の権限内の行為に基づく責任

受託者は，信託の本旨に従って信託事務を処理していくなかで，信託財産を第三者に売却したり，信託財産である金銭で新たな資産を購入するなどの取引を行うことがある。

たとえば信託財産を有価証券などで運用する年金信託の場合には，信託財産のために有価証券を購入したり，信託財産である有価証券を売却したりする。もっとも，信託財産には法人格がないので，実際には受託者自身（実務上は「○○年金信託の受託者　A信託銀行」などの名称により契約を締結する）が証券会社と有価証券に関する契約を締結し，有価証券の購

---

[67] 兼営法における兼営法施行規則37条は，元本補填または利益補足の特約を付すことが可能な信託契約を，その信託契約に係る信託財産の総額の2分の1を超える額を，いわゆる有価証券に投資することを目的とする信託契約以外の信託契約に限定している。これは，証券投資信託が実績配当の金融商品であり，委託者非指図型投資信託に類似した金融商品に元本補填，または利益補足の特約を付すことにより，預金類似の証券投資信託類似の金融商品が販売されることを規制したものである。
[68] 兼営法6条が元本補填契約，および利益補足契約を認めた理由については，四宮・信託法49頁。

入や売却をすることとなる。そして，その受託者の行為が信託目的の範囲内であれば，その行為の効果は信託財産に及ぶ。すなわち，受託者の購入した有価証券は信託財産となり，その対価としての金銭の支払いは信託財産から行われる（信託法21条1項5号）。

それでは，受託者が有価証券の対価として支払うべき金銭債務に関する債権者，すなわちこの事例の場合の証券会社との法律関係はどのようになるのであろうか。信託法にはこれを明確に規定した条文はないが，通説[69]では，信託財産が責任を負うほか，受託者自身も債権者に対して個人的な責任を負うとしている。

信託法においては，受託者が信託に関連して負担する債務（信託財産責任負担債務）のうち，受託者が信託財産に属する財産のみをもって責任を負う債務の範囲が明確化されている（信託法21条2項）。これらの債務以外の債務については，受託者自身も個人的に責任を負うこととなる。

前述の事例の場合，年金信託の受託者であるA信託銀行は，自己の名義（「○○年金信託の受託者　A信託銀行」）で証券会社と有価証券の購入契約を締結することにより，A信託銀行は，証券会社に対して有価証券の引渡債権を取得し，その有価証券の対価である金銭の支払債務を負う。信託財産には法人格がないことから，信託財産自体は，債権を取得したり債務を負担することはない。A信託銀行は，有価証券の決済日に証券会社から有価証券の引渡しを受け，信託財産である金銭を証券会社に支払う。その年金信託の信託財産に金銭が不足し，A信託銀行がその年金信託の信託財産から証券会社へ金銭を支払うことができない場合には，A信託銀行は自己の金銭でいったん支払いを行ったうえで，その年金信託の信託財産を換金して支払いを受けることとなる（信託法48条）[70]。もしA信託銀行が証券会社への金銭の支払債務を履行しない場合には，証券会社はA信託銀行を相手に訴訟を提起し，給付判決を得ることができる。そして証券会社は，これを債務名義として信託財産に対して強制執行することになる（信託法23条1項）。また，A信託銀行自身も個人的な責任を負うので，債務名義を

---

69) 四宮・信託法287頁，能見・信託法224頁。
70) 北村恵美「信託財産に帰属する債務に関する一考察」信託法研究18号10頁（1994年）。

得た証券会社は，Ａ信託銀行の固有財産に対しても強制執行が可能である。

Ａ信託銀行がいったん自己の金銭で証券会社に支払いを行い，その求償のために年金信託の信託財産を換価したが，その支払代金に満たなかった場合，Ａ信託銀行は，受益者または委託者にその不足分を請求することができるであろうか。信託法では，「受託者と受益者との合意」がなければ，受益者に対して求償することができないとされている（信託法48条5項）。したがって，実務においては，受益者に対してその不足分を請求することができる旨の特約を設けることが行われている[71]。

(2) 受託者の権限外の行為に基づく責任

① 基本的な考え方

信託行為によって与えられた権限を超えて受託者が第三者と取引をした場合に，その受託者の行為が信託財産に対して及ぶかが問題となる。この点に関する3つの基本的な考え方についてはすでに説明を行っているので，信託法に沿って具体的に説明を行う。

② 信託法における受託者の権限外の行為の効力（【図表6】）

信託法においては，受託者の行為の権限違反であることについての相手方の善意・悪意を問題とすることに意味がある場合，すなわち受託者の行為が信託財産のために行われたものであること（その行為により生ずる経済的な利益・不利益を信託財産に帰属させようとする受託者の主観的な意図があること）を相手方が認識し，かつその相手方が悪意または重過失の場合，受益者はその権限違反の行為を取り消すことができるとしている（信託法27条1項）。

しかし，受託者の行為が信託財産のために行われたものであることを相手方が認識していない場合であっても，受託者が信託財産に属する財産について権利を設定し，または移転する行為については，その信託財産が信託の登記または登録（信託法14条）がなされており，かつその相手方が悪

---

[71] また，適格退職年金信託，規約型確定給付企業年金などの他益信託においては，信託の実質的なスポンサーであるのは委託者であることから，信託契約において委託者への求償権を規定している。

【図表6】 受託者の権限外の行為の効力

行為類型		信託財産への効果の帰属			権限に関する相手方の注意義務	受益者の取消権	
	相手方の認識	帰属		根拠条文（信託法）		取消可否	根拠条文（信託法）
下記処分行為以外	行為の結果を信託財産に帰属させる意図がある行為	信託財産に帰属		21条1項6号ロ	悪意・重過失	可	27条1項1号, 2号
				21条1項6号イ	善意・軽過失	不可	
	行為の結果を信託財産に帰属させる意図のない行為	信託財産に帰属しない（固有財産に帰属）		21条1項6号イ括弧内		不可	27条1項柱書
信託の公示制度のある財産の処分行為（信託財産自体に着目した取引であり，当然に帰属させる意思がある）		信託財産に帰属	信託の公示有り	21条1項6号ロ	悪意・重過失	可	27条2項1号, 2号
				21条1項6号イ2重括弧内	善意・軽過失	不可	27条2項柱書
			信託の公示なし	21条1項6号イ2重括弧内		不可	27条2項1号

意または重過失の場合に，受益者はその権限違反の行為を取り消すことができるとしている（同法27条2項）。

このように，取引の相手方が受託者の行為が信託財産のために行われたものであることを認識していないときにも，その相手方が善意または軽過失の場合，信託財産についての権利の設定または移転行為の効果が信託財産に帰属することを認めたのは（信託法27条2項，21条1項6号イ二重括弧内）次の理由からである。

たとえば受託者が信託財産のために権限違反の借入行為をした場合には，取引の相手方はそもそも，受託者が信託財産のために行為をしているとの認識を有していない以上，信託財産が引当てになることを信頼したわけではないから，相手方の信頼を保護するために信託財産をも引当財産とすることを認める必要はない，すなわちその借入行為にかかる債務を「信託財産責任負担債務」にする必要はない（信託法21条1項6号イ括弧内）。これに対し，受託者が信託財産に属する財産について権利を設定し，または

123

移転する行為をした場合には，取引の相手方は，ともかくも受託者が信託財産に属するその財産の権利者であることを信頼して取引に入ったのであるから，その財産に対する相手方の信頼を保護する必要があることから，その相手方が善意または軽過失の場合における，信託財産に属する財産に関する権利の設定行為および移転行為にかかる債務は，「信託財産責任負担債務」になり得るとしている（信託法21条1項6号イ二重括弧内）。

(3) 不法行為責任

　受託者が信託事務を遂行している過程で，不法行為により第三者に損害賠償を与えた場合，誰が責任を負うのであろうか。

　受託者について不法行為の要件（民法709条の不法行為であれば受託者の故意または過失）が充たされているならば，受託者個人が責任を負うことについて異論はない。被害者は，受託者に対して不法行為による損害賠償請求を行うことができる。それでは，受託者が損害賠償金を支払わなかったならば，被害者は信託財産から損害賠償金の支払いを受けることができるのであろうか。

　信託が単なる財産の管理であって，あまり受託者の対外的な行為がなかった時代であればともかく，現在では信託が社会において多様な形態で利用されており，それに伴い，受託者が信託の目的を達成するために第三者と取引を行ったり，積極的な活動を行うようになると，受託者の不法行為によって信託財産は一切影響を受けないというのは適当ではない。また，法人の理事や組合の組合員が不法行為を行った場合において，法人に帰属する財産や組合財産に対して被害者が強制執行等をすることができることの整合性もとれない（民法44条，715条）。

　このような観点から信託法では，受託者が信託事務の処理につき不法行為を行った場合に被害者が取得する権利（たとえば損害賠償請求権）は，信託財産に属する財産をもって履行する責任を負うこととした（いわゆる「信託財産責任負担債務」。信託法21条1項8号）。すなわち被害者は，受託者の固有財産から損害賠償金の支払いを受けることもできるし，信託財産からも支払いを受けることができる。ただし，受託者に故意または過失

がある場合には，受託者が最終的にその損失を負担すべきであろうし（信託法40条1項），たとえば土地信託などにおける建物などに関する工作物責任（民法717条）における所有者の責任のように，過失がなくとも負わされる損害賠償責任については，信託財産が最終的にその損失を負担することになる（信託法53条1項1号）。

(4) 責任財産限定特約

① 責任財産限定特約とは

受託者の行為が信託目的の範囲内であれば，その行為により生じた債務については信託財産が責任を負うとともに，受託者個人も責任を負う。しかも，受託者の個人的責任は無限責任であるというのが信託の原則である[72]。しかし，企業年金信託，投資信託，資産の流動化に関する信託（いわゆる「集団投資スキーム」）などの現代の信託においては，むしろ信託財産そのものが信用の基礎となっている場合が多い。たとえば，企業年金信託の資産運用において，外国為替取引やスワップ取引などのデリバティブ取引を行う場合，受託者がその取引業者と締結するISDA契約などでは，その取引の債務の引当財産を信託財産に限定する特約を規定することが多い。これは，信託財産の開示を受けることにより，取引業者としても与信の判断や与信の管理がしやすいというメリットがあるとともに，信託の受託者においても，とくに特定運用の信託や証券投資信託などのように，受託者以外の第三者が運用する信託の場合には，対外的取引から生じるリスクに関する個人的責任を限定したいというニーズとそのメリットがあるからである。

② 責任財産限定特約の法的構成

このような受託者の個人的責任を限定する特約（「責任財産限定特約」）の法的構成には，次のようなものがある[73]。

第一に，受託者が個人的「債務」を負う限度として，信託財産の額を上限とするという方法が考えられる。しかし，信託の取引によって生じる債

---

72) 四宮・信託法287頁，能見・信託法233頁。
73) 責任財産限定特約に関する論文としては，中西英人「第三者に対する受託者責任の限定」信託法研究20号53頁（1996年）。

務は，最終的に信託財産が負担する債務であっても，いったん受託者の債務になるので，受託者の固有財産が責任を負う債務と信託財産が責任を負う債務を区別して，前者についてのみ責任を設けることは難しい。かといって，信託財産が責任を負う債務についてまで限度を設けることはできない。またこの場合，信託財産が換金されていなければ，受託者としては一時的な立替リスクを負う可能性があり，実務においてはあまり採用されていない。

　第二に，責任財産を信託財産に限定する特約が考えられる。信託の取引によって生じた債務については，信託財産だけが責任を負い，受託者の固有財産は責任を負わないとするものである。民事執行法上，いわゆる執行制限契約とよばれるものであるが，このような契約も私法上は有効とされている[74]。信託に関する取引の債権者からすれば，受託者が任意に弁済しないときは受託者に対する債務名義を取得するが，強制執行は信託財産に対してだけできるということとなる。これが最も簡単な法的構成であり，実務で最も多く採用されている法的構成である。

　なお，信託法は，このような責任財産限定特約を付した取引が社会一般に浸透していることを踏まえ，信託に関して取引を行う者と受託者との間で「信託財産に属する財産のみをもってその履行の責任を負う旨」の合意がなされた場合には，その債権者が受託者の固有財産に対し，強制執行等をすることができないことが明文化されている（信託法21条2項4号）。

③　責任財産限定特約の締結方法

　すでに説明したように，信託においては信託財産が法人格をもたないことから，受託者が正当な信託事務として第三者に対して債務を負担した場合にも，その債務は受託者自身に帰属する。その結果，信託財産がその責任を負うほか，受託者自身も第三者に対して個人的な責任を負う（信託法21条1項5号）。したがって，「責任財産限定特約」の目的を達成するためには，受託者が「信託事務」によって負担した債務については固有財産への権利行使を認めず，信託財産の範囲で責任を負うという契約，すなわち

---

74)　山木戸克己『民事執行・保全法講義〔補訂2版〕』101頁（有斐閣・1999年）。

「執行制限契約」を取引の相手方と締結すればよい。実務においては,「受託者は,契約上の債務について,本信託財産のみで負担します」という契約条項を取引の相手方の契約に規定することが多く行われている。

④ 責任財産限定特約における留意点

受託者が責任財産限定特約を締結して取引を行う場合,次のことが問題となる。

まず,責任財産限定特約を伴う契約を締結して,受託者と取引を行う第三者にとって,信託財産の価値の変動は債権保全上重要な問題となる。信託財産の価値は,受託者および投資顧問会社等が信託契約に基づいて行う運用および管理によって変動するから,その意味で信託契約の内容および受託者らが行う信託事務の遂行状況はその第三者の利益に大きく関係している。そこで,受託者や投資顧問会社が法令や信託契約に違反する信託財産の運用や管理を行ったために,その第三者が不利益を受けた場合に,その第三者の権利と責任財産限定特約との関係が問題となる。

たとえば受託者の管理の失当により,信託財産に損失を与えた場合には,信託法は,委託者や受益者等に対してその損失のてん補または信託財産の復旧を請求する権利を認めるにすぎず,それ以外の関係者についてはなんら権利を認めていない(信託法40条1項)。通常であれば,受託者の管理の失当によって信託財産に損失が生じれば,受益者等が,信託法に基づいて受託者に対して損失のてん補または信託財産の復旧の請求を行うと考えられるから,それによって信託財産の損失がてん補されれば,その第三者に不利益は生じないと考えられる。しかし,たとえば,受益者が受託者の管理の失当の責任を免除したり(信託法42条),受益権を放棄[75]するなどして,信託財産の損失のてん補等の請求を行わない場合があるとするならば,その第三者にとって受託者の管理の失当の責任を追及できるかが大きな問題となる[76]。このような責任財産限定特約のもとでの責任財産の減

---

75) 受益権の放棄に関しては,北村・前掲論文12頁を参照。
76) 信託法は,自益信託の場合に,受益権の放棄を制限するとともに,受益権の放棄によって,第三者の権利を害することはできないと定めている(信託法99条)。受益権に質権が設定されている場合などが「害することはできない」という意味の典型的事例と思われるが,このような事例が含まれるかは不明確である。

少を担保するため，実務においては，受託者の管理の失当により信託財産に損失が生じ，責任財産限定特約の付いた契約もとでの取引が不履行となった場合の責任は受託者が負うというなどの特約をその契約に付すことがよく行われている。

また，責任財産限定特約を付した契約を締結した第三者にとって，信託財産だけが取引の責任財産となる。その第三者は，受託者にその管理状況の説明を求めることが債権者保全上必要になるが，信託法においては，信託の利害関係人は，定期的に作成される貸借対照表や損益計算書など，一部の書類しか閲覧できない（信託法38条6項）。他方，受託者としても守秘義務があるため，安易に信託財産の内容やその管理状況を開示することはできない。このため，責任財産限定特約を付した取引を行う場合には，その第三者に開示をすることができることを信託契約に定めておくことが必要になる。

6 受託者の費用および信託報酬

(1) 受託者の費用等償還請求権

① 趣　旨

受託者が信託事務の処理を行って第三者に債務を負担した場合には，受託者は，固有財産をもってしてもその債務を履行する責任を負うが，その信託事務の処理が正当に行われる限り，その債務は実質的に信託財産が負うことになるべきである（信託法2条9項，21条1項5号）。このように信託事務の処理に関して生じた費用の債務に関しては，受託者と第三者との関係（対外的関係）と受託者と信託財産（受益者）との関係（対内的関係）の二面性がある。

対外的関係では，受託者が信託事務の処理を正当に行う限り，その信託事務の処理に関して生じた第三者に対する債務の履行については，信託財産を充当することもできるし，受託者の固有財産を充当することもできる。そして後者の場合には，対内的関係として，受託者は信託財産等から償還

【図表7】 費用等償還請求権

費用の内容		信託債権者との関係「効果」	条文（信託法）
信託事務を処理するために必要と認められる費用	信託財産の価値の維持のために必要であると認められる費用	当該信託財産に対する強制執行・担保権の実行の手続において信託債権者に優先して弁済が受けられる	49条7項
	信託財産の価値の増加に有益であると認められる費用		
	信託債権者の共同の利益のために支出された費用	受託者に当該信託の信託財産について一般先取特権の地位が与えられる	49条6項
	それ以外の費用（例：信託債権を固有財産をもって弁済したときの弁済代金（費用））	優先的地位は与えられない。ただし，当該信託債権者に代位する	50条1項
	上記以外の費用	優先的地位は与えられない	48条1項
損害賠償	信託事務を処理するため自己に過失なく受けた損害	優先的地位は与えられない	53条（同条3項により49条6項・7項の適用が排除）
	信託事務を処理するため第三者の故意または過失によって受けた損害		
信託報酬		優先的地位は与えられない	54条（同条4項により49条6項・7項の適用が排除）

を受けることができる。

　この受託者の償還を受けることができる権利を費用等償還請求権という。この受託者の費用等償還請求権には，受託者が信託財産から補償を受ける権利（信託法48条1項，53条1項）と，受益者から補償を受ける権利（同法48条5項，53条2項）とがある。

　② 信託財産からの償還（【図表7】参照）

　受託者が信託事務を行って第三者に負担した債務を固有財産をもって履行したすべての場合において，受託者が他の権利者に優先してこの費用等償還請求権を行使することができるとすることも考えられる。しかしなが

ら，受託者が費用を支出した事由および費用の内容を問うことなく受託者に優先権を認めることには合理的な理由はないことから，信託法では，受託者が信託事務を処理するために必要または有益と認められる費用を支出した場合に限り，その費用とその費用の支出日以降の利息の償還を受けることができるとされた（信託法48条1項）。信託と類似した機能を有する委任契約の費用償還請求権（民法650条）と同じ内容の規定である。

なお信託法は，信託財産から費用の前払いを受けることも認めている（信託法48条2項）。

(i) 対象となる費用

費用等償還請求権の対象となる費用は，受託者が「信託事務を処理するのに必要と認められる費用」（信託法48条1項）ならびに「受託者が信託事務を処理するため自己に過失なく損害を受けた場合」および「受託者が信託事務を処理するため第三者の故意又は過失によって損害を受けた場合」（同法53条1項）における損害である。

ここでいう「必要と認められる費用」は，租税や公課のほか，信託事務処理を行ううえで必要，または有益と認められる借入債務や信託財産の運用のために受託者が証券会社から購入した有価証券に関する支払債務などの弁済を含むものであり，信託事務を処理する際に，受託者が善良な管理者の注意をもって必要と判断して支出した費用であり，後日の結果からみて必要でなかった費用も含まれる[77]。受託者が善管注意義務を尽くしている限り，それに要した費用は信託財産が負担すべきと考えられるからである。

(ii) 償還の方法

費用の償還は，(a)信託財産に属する金銭を受託者の固有財産に帰属させる方法，(b)金銭以外の信託財産を受託者の固有財産に帰属させる方法の2つがある（信託法49条1項・3項）。

(a)の方法をとる場合，信託財産に金銭が存しないときには，受託者は信託財産を任意に処分・換価してその金銭を固有財産に帰属させることもで

---

77) 補足説明第三二。

きる（信託法49条2項）。ただし，費用の償還を受けるためとはいえ，信託目的の達成のために不可欠な財産を処分することは，もっぱら受益者の利益のためにのみ行為する義務，すなわち忠実義務に違背することになる。したがってこの場合には，信託行為に定めのない限り，信託目的の達成のために不可欠な財産を処分して費用の償還を受けることはできない（同項括弧内）。

(b)の方法をとる場合，金銭の代わりに引渡しを受ける財産の評価を不適切に見積もるなどにより，受益者の利益を害する可能性があることから，信託財産を固有財産とすることを禁止する原則に則り，利益相反行為の禁止の解除に関する要件を満たす必要がある（信託法49条3項，31条2項）。

(iii) 優先順位

この受託者の費用等償還請求権と信託債権（信託法21条2項2号で定義する債権）との優先順位はどうなるのか。受託者が信託債権者よりも優先的に信託財産から弁済を受けることができるべきであると考えることもできるが，受託者が費用を支出した事由，および費用の内容のいかんかかわらず，常に受託者に優先権を認めることに合理性があるとは考えられないので，信託法のもとでは，「信託財産に属する財産の保全のために支出した費用その他の当該財産の価値の維持のために必要であると認められる費用」（以下，「必要費用」という）の場合はその金額，「信託財産に属する財産の改良のために支出した金額その他の当該財産の価値の増加に有益であると認められる費用」（以下，「有益費用」という）の場合はその金額，または現に存する増加額のいずれか低い金額について信託債権者に優先する。

具体的には，必要費用，または有益費用を支出した信託財産への強制執行，または担保権の実行の手続において，受託者は信託債権者に優先して債権の弁済を受けることができる（信託法49条7項）。

また，受託者が信託債権者の「共同の利益のためにされた信託財産に属する財産の保存，清算又は配当に関する費用等」（以下，「共益費用」という）[78] を支出した場合，その信託の信託財産への強制執行または担保権の実行の手続において，受託者は受託者の支出によって利益を受けた信託

---

[78] 財産の保存とは財産関係の整理（たとえば，債権の取立，債務の弁済），配当とは財産を債権者間に分配する行為（たとえば，配当表の作成，配当の実施）をいう。

債権者に優先して債権の弁済を受けることができる。ただしこの場合の優先順位は，民法の共益費用に関する一般先取特権（民法307条1項，329条ないし332条）の優先順位となる（信託法49条6項）[79]。

以上の必要費用，有益費用および共益費用以外の信託事務を処理するために必要として支出した費用については受託者の費用等償還請求権は認められるが，優先順位は信託債権と同順位となる。

(iv) 弁済の代位

受託者が信託債権を固有財産をもって弁済することにより費用等償還請求権を取得した場合，受託者は，その弁済をした信託債権の債権者に代位することができる（信託法50条1項）。受託者はこの場合，遅滞なく，その信託債権の債権者に，その債権者の債権が信託財産であること，およびその債権を受託者の固有財産で弁済したことを通知しなければならない（信託法50条2項）。

③ 受益者からの償還

受益者は，信託の利益を享受していることから，受託者から信託事務の費用または信託事務の処理において被った損害の補償を請求された場合に，それを支払う義務があるとすることも考えられる。しかし，信託行為の当事者となっていない受益者が信託行為の効力によって当然に費用等償還請求権にかかる債務を負担すべきものとするまでの必要性は乏しいため，信託法のもとでは，受益者に対する費用等償還請求権は，個々の受益者との合意によってのみ発生するとされた（信託法48条5項）。したがって，受益者に対する費用等償還請求権は信託の外側の個別の契約に基づく義務である。

④ 受託者の信託財産引渡拒絶権・信託の終了権

個々の受益者から費用の償還を受けていない場合においては，受託者がその費用の償還原資となる信託財産を受益者へ引き渡さなければならないとすることは公平に反すると考えられるため，その場合には，受託者は信託財

---

[79] 登記をしていない一般の先取特権は，不動産について登記をした第三者に対してはこれを対抗することができない（民法336条但書）。登記をした第三者とは，抵当権者，第三取得者，不動産質権者，不動産上の先取特権者などを意味する。したがって，これらの者に劣後する。

産の受益者または帰属権利者への引渡しを拒むことができる（信託法51条）。

また，受託者が費用の償還を受けるために信託財産が不足する場合には，受託者はその信託を終了させることができる（信託法52条）。

受託者はこの場合，(a)あらかじめ受益者と委託者に対して信託財産が不足しているために費用等の償還等が受けられない旨と，(b)相当の期間内に受益者・委託者がその費用等の支払いをしなければ信託を終了させる旨を通知しなければならない。

なお，この信託財産引渡拒絶権・信託の終了権は，次項の信託報酬支払義務にも適用される（信託法53条2項，54条4項）。

(2) 信託報酬

① 信託報酬請求権の意義

信託法のもとでは，信託報酬を信託事務の処理の対価として受託者が受ける財産上の利益と定義し，受託者が信託財産から信託報酬を受けることができる場合を明確化している。

すなわち，受託者は，信託銀行などが受託者となる場合すなわち商人がその営業の範囲内において他人のために信託を引き受ける場合（商法512条参照），および信託行為において受託者が信託財産から信託報酬を受けることができる旨の定めがある場合に限り，信託財産から信託報酬を受けることができる（信託法54条）。

なお，この規定はあくまで任意規定であり，委託者または受益者との合意により，委託者から信託報酬を受け取ることや信託財産から受け取るのではなく，一部の受益者からのみ信託報酬を受け取ることなどの特則を定めることも可能である。一部の受益者から信託報酬を受け取る旨の合意は信託行為とは別の合意であることから，受益権の譲渡に付随して移転するものではないと考える[80]。

② 信託報酬額

信託報酬の額は，信託行為にその額または算定方法の定めがあるときは

---

80) 信託法54条4項が同法48条5項を準用していることからこのように考えられる。

その定めに従い，その定めがないときは相当の額である（信託法54条2項）。その定めがない場合に，信託財産から信託報酬を受けるときには，受託者は受益者に対し，信託報酬の額およびその算定根拠を通知しなければならない（信託法54条3項）。

③ 権利行使の方法

受託者が信託報酬を信託財産から受ける方法は，受託者の費用等償還請求権と同様である。ただし，信託報酬は，必要費用，有益費用および共益費用にあたるとはいえないので，信託債権に優先させる合理的な理由に乏しいことから，優先権は付与されない（信託法54条4項。【図表7】）。

民法の委任に関する規定が準用され，受託者が信託報酬を信託財産から受ける権利は，信託事務が終了したとき，または期間によって信託報酬を定めたときは，その期間の満了時に行使することができる（信託法54条4項，民法648条2項）。また，受託者の責めに帰すことができない事由によって信託が終了したときは，すでに行った信託事務の割合に応じて信託報酬を請求することができる（信託法54条4項，民法648条3項）。

7 受託者の変更

(1) 受託者の任務の終了

① 受託者の辞任

受託者は，(i)委託者および受益者の同意を得たとき（信託法57条1項本文），(ii)信託行為の定めに従った手続を経たとき（同項但書），(iii)やむを得ない事由があることを理由に裁判所の許可を得たとき（同条2項）のいずれかの場合に辞任することができる。

受益者が複数存在する信託の場合において，(i)の手続に従って受託者を辞任する場合には，受益者全員の同意が必要となる（信託法105条1項）。ただし，信託行為に別段の定めをすることができるので，受益者の過半数の同意を得るなどの特則を信託行為に定めることは可能である。また，委託者の死亡などにより委託者が現に存しない信託では，(i)の手続で辞任す

ることはできない（信託法57条1項）。この場合，受託者は(ii)または(iii)の手続により辞任することとなる。

　受託者が2人以上である信託の場合においては，各受託者は単独で辞任することができる。受託者が2人以上である信託において，ある受託者が辞任などによりその受託者の任務が終了した場合には，信託行為に別段の定めがない限り，他の受託者がその受託者の任務を引継ぐこととなる（信託法86条）。この規定に従わず，任務の終了した受託者の任務を他の受託者が引き継がず，また新たな受託者が選任されない場合には，信託は終了することになる（信託法87条2項）。

　信託と同じように，当事者の信頼関係を前提とする法律関係である民法の委任の場合には，各当事者がいつでもその契約を解除することができるが（民法651条1項），信託の受託者については，自由な辞任が認められていない（信託法57条1項）。信託は，委託者の受託者に対する信頼を基本として，受益者のために財産を管理するという重大な任務を負っている。このような任務を負っている受託者に，自由な辞任を認めた場合において受託者が辞任したならば，その任務を引き継ぐ受託者を探し出し，選任することが困難である。このことを鑑み，信託法は，いったん信託を引受けた受託者がその後に自由に辞任することを制限している。

② 受託者の解任
(i) 合意による解任

　委託者および受益者は，いつでも，その合意により受託者を解任することができる（信託法58条1項）。ただし，この委託者および受益者との合意による解任が受託者に不利な時期になされたときは，やむを得ない事由がない限り，委託者および受益者は受託者の損害を賠償しなければならない（信託法58条2項）。

　「受託者に不利な時期」の意味については，受託者が信託が継続することを予定して他の収入を得る機会を逸したときなどがこれにあたるものと考えられる[81]。当初予定されていた信託期間中の信託報酬がこれにあた

---

81) 山本敬三『民法講義ⅳ−1』737頁（有斐閣・2005年）。

るかが問題となるが，当該信託を引き受けるためには，信託銀行などの受託者は，一定の経営資源をその信託の管理のために割かなければならず，他の信託の受託の機会が奪われることとなる。したがって，信託期間中に，委託者または受益者がやむを得ない事由がないにもかかわらず，受託者を解任した場合，受託者は委託者または受益者に損害賠償を請求することができるものと考える。その場合の損害額は，受託者が解任されなければ得られたであろう在任期間の信託報酬である（会社法339条2項参照）[82]。

　また，委託者の死亡などにより委託者が現に存しない信託では，受益者単独で受託者を解任することはできない（信託法57条1項）。受益者はこの場合，次の裁判所への申立てによる解任か（信託法57条4項），または信託行為の定めによる手続により解任することとなる。受益者のみによる受託者の解任が認められないのは，そもそも信託が，委託者が定めた信託の目的を達成するための制度であるからである。

　なお，受託者の解任に関し，信託行為に別段の定めがある場合にはその規定に従うことになる（信託法58条3項）。

　(ii)　裁判所への申立てによる解任

　受託者がその任務に違反して信託財産に著しい損害を与えたことその他重要な事由があるときは，委託者または受益者による裁判所に対する申立てにより，受託者を解任することができる（信託法57条4項）。この受益者の権利は，信託行為によっても制限することはできない（信託法92条1号）。

　なお，この申立ては，受益者が複数存する信託においても各受益者が単独で催告をすることができる。（信託法105条1項括弧内）。

(2) **受託者のその他の任務終了**

　受託者は，辞任（信託法56条1項5号）および解任（同項6号）以外に，次の事由によりその任務が終了する（同項）。

　①　受託者である個人の死亡（1号）
　②　受託者である個人が後見開始または保佐開始の審判を受けたこと

---

[82]　江頭・株式会社法364頁。

（2号）
③　受託者（破産手続開始の決定により解散するものを除く）が破産手続開始の決定を受けたこと（3号。ただし，信託行為に別段の定めがある場合には，その定めによる）
④　受託者である法人が合併以外の理由により解散したこと（4号。破産手続開始の決定により解散するものを含む）
⑤　信託行為において定めた事由（7号）

(3)　**受託者の任務の承継**（【図表8】参照）

　委託者および受益者の同意を得て受託者が辞任し，受託者の任務が終了する場合（信託法57条1項本文）には，新受託者の就任時，新受託者は，その時に存する信託に関する権利義務を前受託者から承継する（同条2項）。それ以外の任務終了事由の場合には，前受託者の任務終了時点で，新受託者は，その時に存する信託に関する権利義務を前受託者から承継する（信託法57条1項）。

　なお，承継されるといっても，前受託者が存在する場合には2重譲渡等のリスクがあることから，新受託者は，かならず権利の移転の対抗要件と信託の公示を行う必要がある。

　信託財産は，新受託者に帰属するまで前受託者に帰属することが原則であるが，前受託者の死亡によりその任務が終了した場合には，当該信託財産は法人（信託財産法人）となる（信託法74条1項）。その後に新受託者が就任したときは，信託財産を法人とする理由を失うことから，信託財産法人は，成立しなかったものとされる（信託法74条4項）。

　また，裁判所は，必要な場合には，利害関係人の申立てにより，信託財産法人管理人に信託財産法人を管理させることができる（信託法74条2項）。この信託財産法人管理人の権限等については，信託財産管理人の権限に準じる（同条6項）。なお，信託財産法人が成立しなかったとみなされる場合においても，信託財産管理人の行った行為の効力は有効として存続する（信託法74条4項但書）。

　前受託者と信託に関して取引を行った第三者は，責任財産限定特約など

第6章　受託者の権利・義務

【図表 8】受託者の任務終了後の手続（条文はすべて信託法）

任務終了事由（56条1項）		受託者の任務の承継	前受託者の通知義務	前受託者等の義務
受託者の死亡（1号）		前受託者の任務終了時に，新受託者が権利義務を承継（75条1項）	受益者への通知義務。ただし，前受託者が受託者であることを知っていた場合に限る（60条1項）。	相続人等の信託財産保管および信託事務の引継ぎ義務（60条2項）
受託者の後見開始または補佐人開始の審判（2号）				
受託者の破産手続開始の決定（除く破産手続開始の決定による解散）（3号）			前受託者の受益者および破産管財人への通知義務（59条1項・2項）	破産管財人の信託財産保管および信託事務の引継ぎ義務（60条4項）
受託者の解散（除く合併による解散。含む破産手続開始の決定による解散）（4号）				信託財産保管および信託事務の引継ぎ義務（59条3項）
受託者の辞任（5号）	委託者と受益者の同意による辞任（57条1項本文）	新受託者の就任時に，前受託者の権利義務を承継（75条2項）	前受託者の受益者への通知義務（59条1項）	新受託者が就任するまで，前受託者が信託事務を遂行義務（59条4項）
	裁判所の許可による辞任（57条2項）	前受託者の任務終了時に，新受託者が権利義務を承継する（75条1項）		信託財産保管および信託事務の引継ぎ義務（60条2項）
受託者の解任（6号）				
信託行為の定め（7号）				

を締結していない限り，信託財産と前受託者の固有財産とを引当てとして当該取引を行っている。このような第三者を保護するため，信託法は，受託者の任務の承継に関して特別の定めをしている。すなわち，前受託者が負う信託財産に係る債務についても，前受託者は，信託財産に属する財産のみをもって履行する責任を負う債務を除き，自己の固有財産をもって当該債務の履行の責任を負わなければならない（信託法76条1項）。他方，

この債務を承継した新受託者は，当該債務の履行について，信託財産に属する財産のみをもって履行する責任を負う。この定めは，信託に関して取引を行う第三者を保護するものであるから，前受託者と新受託者間の契約によりこの定めを変更することはできない。

なお，前受託者の負担した債務のうち，損失の填補責任のように，前受託者がその固有財産のみをもって負担する債務は，新受託者に承継されず，新受託者が前受託者に対して請求することになる（信託法75条5項）。

(4) **前受託者の任務終了から新受託者就任までの間の信託財産の管理**

① 前受託者の通知義務（【図表8】参照）

受託者が死亡，または後見開始，もしくは保佐開始の審判を受けたこと以外（信託法56条1項3号ないし7号の事由）によりその任務が終了した場合には，信託行為に別段の定めがあるときを除き，受託者であった者は，受益者に対し，その旨を通知しなければならない（同法59条1項）。加えて，受託者が破産開始の決定を受けたこと（破産手続開始の決定により解散する場合を除く）により受託者の任務が終了した場合には，前受託者は，破産管財人に対し，信託財産に属する財産の内容および所在，信託財産責任負担債務債務（信託法2条9項）の内容，知れている受益者および帰属権利者の氏名または名称および住所ならびに信託行為の内容を通知しなければならない（同法59条2項，同法施行規則5条）。

受託者が死亡，または後見開始，もしくは保佐開始の審判を受けたことによりその任務が終了した場合には，信託行為に別段の定めがあるときの除き，当該受託者の相続人（法定代理人が存する場合にはその法定代理人），または成年後見人，もしくは保佐人は，前受託者が信託の受託者であったことを知っていたときに限り，受益者に対し，その旨を通知しなければならない（信託法60条1項）。

信託法がこのような通知義務を前受託者の課しているのは，前受託者の任務が終了したときには，受益者としてはすみやかに新受託者を選任し，信託財産を適切に管理・処分させる必要があることが通常であり，また受益者の利益にも適うことから，前受託者の任務の終了を知る機会を与える

ためである。ただし，前受託者の任務が終了した場合に備えて，次の受託者となるべき者をあらかじめ信託行為に定めておくこと等も可能であることから，このような場合にまで前受託者に通知義務を課すことは，信託財産に不必要な費用を負担させる結果となるため，そのような場合に限りこの通知義務を課さないこととしている。

②　前受託者の信託事務遂行義務

前受託者が委託者および受益者の同意または信託行為の定めにより辞任する場合（信託法57条1項）には，信託行為に別段の定めがない限り，新受託者が信託事務を処理することができるまで引き続き受託者としての権利義務を有する（同法59条4項）。

この場合における受託者の任務の終了においては，かならずしも前受託者と委託者および受益者との間の信頼関係が崩壊しているものではないので，新たな受託者が信託事務を処理することができるまで，引き続き前受託者が信託事務を遂行することとしたものである。

なお，前受託者がこれらの信託事務を行った際の費用や報酬については，引き続き受託者としての権利義務を有することから，信託財産から支払いや償還を受けることができる。

③　前受託者の信託財産保管義務（【図表8】参照）

前受託者が法人の場合において当該法人が合併以外の理由により解散した場合（信託法56条1項4号），前受託者が裁判所の許可を得て辞任した場合（同項5号），前受託者が解任された場合（同項6号），および信託行為の定めにより前受託者の任務が終了した場合（同項7号）には，前受託者は，新受託者が信託事務の処理をすることができるまで，引き続き信託財産を保管し，かつ引継ぎに必要な行為をしなければならない（同法59条3項）。

受託者が死亡，または後見開始，もしくは保佐開始の審判を受けたことによりその任務が終了した場合（信託法56条1項2号）には，信託行為に別段の定めがあるときを除き，当該受託者の相続人（法定代理人が存する場合にはその法定代理人），または成年後見人，もしくは保佐人（以下，「前受託者の相続人等」という）は，新受託者が信託事務の処理をすることができるまで，引き続き信託財産を保管し，かつ引継ぎに必要な行為を

しなければならない（同法60条2項）。

　受託者が破産開始の決定を受けたこと（破産手続開始の決定により解散する場合を除く）によりその任務が終了した場合（信託法56条1項3号）には，破産管財人は，新受託者が信託事務の処理をすることができるまで，引き続き信託財産を保管し，かつ引継ぎに必要な行為をしなければならない（同法60条4項）。

　以上の事由により受託者の任務の終了が終了した場合には，一般的に前受託者（またはその地位を承継した者）と委託者および受益者の間の信頼関係が構築されていないか，または崩壊しているので，新受託者が信託事務を処理することができるまで，前受託者等は信託財産の保管と信託事務の引継ぎに必要な行為のみを行うことができることとしたものである。

　なお，これらの事務を行うことにより必要な費用を支出した場合には，新受託者にその費用および支出日以降の利息の償還を請求することができる（信託法60条6項・7項）。

④　前受託者等の行為の差止め請求権

　受託者がその任務を終了し，信託事務を処理する権限が消滅した場合において，新受託者または信託財産管理人が信託事務の処理を開始する前に，これらに違反して前受託者，前受託者の相続人等，または破産管財人が信託財産を処分しようとしているときは，受益者は当該信託財産の処分の差止めを請求することができる（信託法59条5項，60条3項，60条5項）。この受益者の差止請求権は，信託行為によっても制限することはできない（信託法92条14号）。また，受益者が複数存する場合においても単独で行使することができる（信託法105条1項括弧内）。

　受益者が差止請求権にかかる訴訟を提起し，かつ勝訴した場合には，この訴訟において必要となった相当の費用（訴訟費用を除く）を信託財産から支払いを受けることができる（信託法61条1項）。

(5)　新受託者の選任

　受託者の任務が終了した場合において，信託行為に新受託者となるべき者を指定する定めがあるときは，委託者，受益者，信託債権者，その他の

利害関係人は，相当な期間を定めて，その期間内に受託者に就任することを催告することができる（信託法62条2項）。この催告に対して，当該指定人から委託者または受益者に確答がない場合には，新受託者への就任の承諾をしなかったものとみなされる（信託法62条3項）。受益者が複数存する信託においても，各受益者が単独で催告をすることができる。いわゆる単独受益者権であり，信託行為によって制限することはできない（信託法92条16号，105条1項括弧内）。

　信託行為に新受託者となるべき者の指定がない場合，または信託行為に定められている新受託者となるべき者がその就任を承諾しない場合には，委託者および受益者の合意，または利害関係人による裁判所に対する新受託者の選任の申立てにより，新受託者が選任される（信託法62条1項）。利害関係人のうち，受益者の裁判所に対する選任の申立権は，受益者が複数存する信託においても各受益者が単独で催告をすることができる。いわゆる単独受益者権であり，信託行為によって制限することはできない（信託法92条1号）。

　なお，新受託者の選任のできない期間が1年間継続したときは，その信託は終了する（信託法163条3号）。

　信託法は，受託者が2人以上である信託において，ある受託者が辞任などによりその受託者の任務が終了した場合には，信託行為に別段の定めがない限り，他の受託者がその受託者の任務を引き継ぐことを定めているので（信託法86条），かならずしも新受託者を選任する必要はない。

　ただし実際は，共同受託の場合には，各受託者は自分の得意とする信託事務を分担して信託を引き受けることが多いので，任務の終了した受託者の信託事務を引き継ぐ新受託者を選任する必要があることは多いと思われる。この場合には，信託行為に別段の定めがなければ，新受託者が補充されないか，または委託者と受益者の合意，もしくは利害関係人である他の受託者の裁判所の申立てによって新受託者が選任されることとなる。委託者と受益者との合意により新受託者が選任される場合には，他に受託者の同意は必要としない。もし新受託者の選任に他の受託者が関与したいと考えるならば，信託行為に定めを置く必要がある。

(6) 新受託者が選任されるまでの信託財産の管理

受託者の任務が終了した場合において，新受託者が選任されておらず，かつ必要があると認めるときは，新受託者が選任されるまでの間，裁判所は，利害関係人の申立てにより，信託財産管理者による管理を命ずる処分をすることができる。この処分を「信託財産管理命令」という（信託法63条1項）。信託財産管理者が選任された後（選任のあった日の行為は選任後の行為とみなされる）に，任務の終了した受託者が信託財産の処分などの行為をした場合は，その行為の効果は信託財産に及ばない（信託法65条）。

信託財産管理者は，受託者と同一の権限を専有し（信託法66条1項），義務を負う（同条）。したがって，任務の終了した受託者は受託者としての権限のすべてを失うこととなる。信託財産管理者は，信託財産から裁判所の定める額の費用の前払いおよび報酬を受けることができる（信託法71条）。信託法に定めはないが，信託財産管理者は受託者と同一の権限を有することから，信託財産管理人がその職務を遂行するに際し，この前払費用の金額を超えた費用の支払いを行った場合には，受託者と同様にその金額の償還を受けることができるものと考える（信託法66条1項）。

信託財産管理者が，保存行為，または信託財産に属する財産の性質を変えない範囲における利用もしくは改良を目的とする行為の範囲を超える行為をする場合には，裁判所の許可を得なければならない（信託法64条4項）。信託財産管理者がこの範囲を超えた行為をした場合には，当該行為は無効とされる。ただしこの無効は，善意の第三者に対抗することができない（信託法64条5項）。

8 受託者が2人以上の信託の特例

(1) 共同受託

1つの信託において複数の受託者が信託財産の管理をする信託の形態を，共同受託とよんでいる。今後，信託の利用と信託事務の内容の多様化・複

雑化が進展するに伴い，専門的な能力・技術を有する受託者を複数選任するニーズが増加をすることが予想されることから，信託法は，信託財産の所有形態（信託法79条），信託事務の処理の方法（同法80条），職務分担型の共同受託に関する信託事務の処理の方法（同条4項，81条），他の受託者への信託事務の処理の決定の委任（同法82条），受託者の第三者に対する債務の負担方法（同法83条），受託者の責任（同法85条）などの規定を定め，規律を明確化している。

共同受託の例としては，年金信託および公益信託のように，各受託者が信託財産の一部をそれぞれ単独で管理する形態のもの，担保付社債信託や一部の土地信託にみられるように，各受託者が職務分担に従って信託財産全体を一団で管理する形態のものなど，多様な形態の共同受託が存在する。

(2) 共同受託の形態

共同受託とは，数人の受託者が1つの信託行為に基づき，信託財産を一体として所有，管理する信託をいうが，実務においては，このような定義よりもっと広い範囲で共同受託という形態が利用されている。実務で利用されている共同受託は，信託財産の管理形態の相違によって次の3つに分類することが可能である（【図表9】参照）[83]。

① 本来的な共同受託

この形態の共同受託は，「複数の受託者」が「1つの信託行為」に基づき，信託財産を一体として所有し，すべての受託者が一体となり管理するものである。

この形態の信託は一部の土地信託にみられる。委託者がこのような共同受託の形態をとる意義としては，(i)複数の受託者が総合的な判断により信託事務の処理を行うことから，結果として信託目的の達成がより確実になること，(ii)共同受託者間の相互牽制により各受託者の不正の機会を少なくし，これにより職務の適正化を図ることなどが挙げられる。また，複数の受託者のうち，ある受託者に倒産等が生じ信託事務の適正な遂行が困難に

---

83) 原靖「共同受託の合手的行動義務と責任」信託法研究17号5頁（1993年）。

【図表9】 共同受託の形態

	意義・効果	信託法の共同受託規定の適用	信託財産の所有形態	事 例
本来的な共同受託	・複数の受託者が総合的な判断により信託事務の処理を行うことから，信託目的の達成がより確実になること。 ・共同受託者間の相互牽制により，職務の適正化を図れること。	適用有	合有	土地信託
職務分担の定めのある共同受託	・各受託者の有する管理能力の特性などに応じ機能的に職務を分担させることができること。	適用有	合有	マスタートラスト，担保付社債信託，土地信託
複数受託（分割受託）	・受託者相互間の競争を喚起し，より効率的な信託事務の処理が行えること。	適用無	単独所有	年金信託

なっても，他の受託者がその受託者の権利・義務を承継することにより，信託が存続できるという利点もある（信託法86条4項，87条2項）。

しかしながら，信託銀行が行っている営業信託においては，能力や経験が豊富でかつ信頼性の高い信託銀行が受託者となることや，信託事務の処理の機動性を確保する必要があることから，この形態の共同受託が採用される事例は少なく，次の「職務分担の定めのある共同受託」が一般的である。

② 職務分担の定めのある共同受託

これは，信託行為の定めによりすべての受託者による共同執行を必要としない形態のものである。この種の共同受託は，委託者が各受託者の有する管理能力の特性などに応じて機能的に職務を分担させることで各受託者の能力を相互に補完させ，これにより信託目的の達成をより確実にすること，または信託事務の処理能力を高めることを目的とするものである。

この形態の信託には，一部の信託銀行が行っている年金信託（いわゆるマスタートラスト）がある。この信託は，投資顧問会社などの運用機関の指図による有価証券の保管や決済などの職務（資産管理業務）と，信託財

産に関するその他の事務や有価証券の運用という職務（資産運用業務など）を各々の信託銀行が分担するものである。また，担保付社債信託における共同受託においては，社債権者集会の開催に関する職務など，すべての受託者が共同して行う職務と，発行会社との折衝や担保の保全・実行に関する職務など，特定の受託者が単独で行うことのできる職務とを分担している。土地信託においても同様に，すべての受託者が共同で行う職務と，委託者との折衝など特定の受託者が単独で行うことのできる職務との分担を信託契約に定める場合がある。

　この形態の場合，委託者は，各受託者の管理能力の特性に応じて職務分担を行うものであることから，各受託者は定められた職務分担を行う権限を有するのみで，同一の職務に複数の受託者が選任されていない限り，各受託者は信託事務の処理を共同で行う必要はないものである。また，共同受託者の1人の任務が終了した場合には，信託財産は原則として残存する受託者に帰属することになるが，その権限は残存受託者により当然行使されることにならないというのが委託者の意思であろう。

　しかしながら，信託法では，共同受託者の1人の任務が終了した場合には，任務の終了時に存する信託に関する権利義務は他の受託者が当然に承継し，またその任務も他の受託者が行うと定めている（信託法86条4項）。職務分担が行われている場合において，ある特定の信託事務を行う権限を有する受託者の任務が終了した場合の任務の承継についての特則がないことから，この場合についても信託を終了させることなく（信託法87条1項），他の受託者が共同して[84]その任務を承継することになると考えられる。ただし，たとえば「共同受託者の一人の任務の終了」を終了事由として定めることは可能である（信託法163条9号）[85]。

③　複数受託（分割受託）

　この形態の信託は，複数の受託者が1つまたは複数の信託行為に基づき，

---

84) 信託事務は，残りの受託者の過半数をもって決する（信託法80条1項）。
85) 信託法86条4項には「信託行為に別段の定めがあるときは，その定めるところによる。」という但書がある。これは次条の87条2項につながり，「その任務が他の受託者によって行われず」かつ「新受託者が就任しない状態が一年継続」することを条件として終了すると定めている。実務的には利用しにくい規定である。

信託財産をそれぞれ個々に所有し，各受託者が同一の信託目的のもとで信託財産を管理するものである。この形態の共同受託においては，信託財産の管理上，共同受託者間になんら直接的な関係が存在するものではなく，各受託者は単独受託者と同一視することができる。したがって，信託法における共同受託の諸規定は適用されない。

一般的に，各受託者は一様に高い水準での信託事務の遂行能力を有する場合にこの形態が採用される。その形態の目的は受託者相互間の競争を喚起させ，これにより運用の成果を高めること，または信託財産の運用上のリスクを分散させることを図ることにあるといえる。

この形態の信託には，年金信託における共同受託がある。年金信託では，委託者である企業が複数の信託銀行や生命保険会社に年金の管理・運用を委託するのが一般的である。このような場合に，複数の信託銀行を共同受託者として年金信託を設定することがある。各受託者間で運用成績を競わせることが委託者の主要な目的であることから，各受託者に信託財産を一定のシェアで割り振りし，その部分について各受託者が責任をもって運用を行うことになる。したがって，運用以外の事務，すなわち年金の受給権者への給付事務などについては，共同受託者の1人がその事務を代表して行うことになる。つまり，年金信託契約では「共同受託」という文言を使いながら，実際の運営では，信託財産は分割されて各受託者に配分され，それぞれ独立した信託財産として各受託者に帰属している。そして，年金給付に関する事務は，代表としてその事務を行う受託者に委任されているのである[86]。

(3) 共同受託における所有形態

信託法は，「受託者が2人以上ある信託においては，信託財産は，その合有とする」（信託法79条）と規定して，信託財産が民法の共同所有形態（共有）[87]とは異なる「合有」の形態で共同受託者に帰属することを宣言

---

86) 三菱・法務と実務383頁。

している。そしてこの点については，信託行為で別段の定めを置くことは禁止されている[88]。

信託法でいう「合有」は，民法の共同所有形態の1つである「組合的共有（合有）」に類似している。ただし，この「組合的共有（合有）」とは，各受託者に持分がない点で相違している。したがって，信託法の「合有」には，(i)各受託者は信託財産の分割を請求することはできないこと，(ii)各受託者に割合的持分があるとしても，それを譲渡することはできないこと，(iii)信託が終了したとき，受託者には財産の分割請求権がないこと，(iv)共同受託者の1人が死亡した場合には，その相続人に権利が移転するのではなく，残りの共同受託者だけで信託財産の受託を継続すること（ただし，法人である受託者が合併により消滅する場合には，合併により新設される会社または合併後存続する会社が受託者の地位を承継する）という特徴がある[89]。

(4) 共同受託の信託事務の処理の決定方法

① 信託事務の処理の決定方法

---

87) 2人以上の者が共同で所有する形態としては，「通常の共有」「組合共有（合有）」「社団所有」とがある。共同所有者に何ら人的なつながりもなく，ただ目的物が同じものだからやむを得ず所有の関係だけを共同にするというのが「通常の共有」である。共同の事業を営むという点で共同所有者間に人的つながりはあるが，本当の団体を形作るほどの強いつながりもないという場合が「組合共有（合有）」である。さらに，共同所有者間の人的つながりが強く，本当の団体を形作っていて，各人の個性がその中に没却されてしまうという場合が「社団共有」である。ただしこの最後の形態は，法律上はもはや各個人の共同所有ではなく，社団の単独所有として構成される。なお，これ以外に「総有」という概念がある。これは，各人ではもはや共有の持分に当たるものがなく，また分割の請求もできない。そして，その財産権の管理処分の権能は共同体自体に帰属し，その財産権の使用収益権は各人が有する。各人の権利はその共同体の資格の得喪に従う（舟橋諄一『物権法』372頁（有斐閣・1960年））。
88) 補足説明第三四の一。信託法79条の合有の規定は，80条2項の原則が適用されることを前提としたもので，この原則が適用されない場合には同項の合有の規定は適用されないとする説がある（道垣内弘人「保管受託者（custodian trustee）を用いた信託とその法的諸問題」金融研究21巻2号278頁（2002年））。
89) 能見・信託法160頁。補足説明では，①信託財産に対して持分を有しないこと，②信託財産の分割を請求したり持分を譲渡したりすることはできないこと，③受託者の一部が欠けた場合には信託財産は残りの受益者に帰属することなどを合有の特徴として説明している（補足説明第三四の一）。

信託事務の処理の方法に関しては，(i)「信託事務の処理に関する意思決定を誰がどのように行うのか」（業務執行の決定権者）と，(ii)「決定された信託事務の処理を誰がどのように行うのか」（対外的な業務執行権者）という問題とがある。

まず(i)の信託事務の処理に関する意思決定については，原則として，受託者の多数決をもって決定することとされている（信託法80条1項）。一般に，共同受託とする理由としては，複数の者が意思決定に関与することにより，慎重かつ合理的な信託事務の処理が実現できること，受託者が相互に監視・監督することによって，信託違反が未然に防止されることが挙げられる。そこで，この趣旨を損なわないよう，かつ迅速・効率的な信託事務の処理を阻害しないよう，受託者の過半数で信託事務の処理を決定できるよう規定の見直しが行われた。

また，信託事務の処理の決定がなされた場合には，その決定に従い，各受託者が単独でその信託事務の処理を行うことができる（信託法80条3項）。この場合，信託事務の処理を行った受託者は，他の受託者から代理権限を付与されて信託事務の処理を行うこととなる（信託法80条5項）。

② 信託事務の処理の決定方法の例外

この信託事務の処理の決定方法には3つの例外が認められている。第一は，保存行為の場合である（信託法80条2項）。保存行為は迅速な処理を要するものが多いと考えられ，むしろ各受託者が単独で意思決定を行い，処理することができるとしたほうが，受益者の利益の観点からも相当である。第二は，信託行為に各受託者の職務の分担の定めをした場合である（信託法80条6項）。第三は，意思表示の受領である（信託法80条7項）。信託事務の処理の決定方法の原則は受託者に要求される義務であって，第三者を拘束すべきではないこと，共同受託者間には相互に連絡関係があるはずなので，1人に通知すれば十分であることから，この第三の例外が認められている[90]。

---

90) 四宮・信託法244頁。

(5) 他の受託者への権限の委任

　受託者の1人が他の受託者へ信託事務の処理の決定について委任ができるかが問題となる。

　共同受託の意義が，複数の受託者が関与することにより，信託目的が確実に達成できることや職務の適正化を図ることにあるとするならば，その委託者の意思の尊重という観点からは，信託行為に別段の定めがない限り，ある受託者が他の受託者へその権限を委任することは認められない。もっとも，受託者が委ねられた信託事務の処理に関する権限を行使できない状態が生じた場合にまでその権限の委任を禁止したならば，信託事務の処理に停滞が生じ，ひいては受益者の利益を害することともなりかねない。そのため，信託行為の定めのほかに，やむを得ない事由がある場合にも他の受託者に信託事務の処理の決定を委任することができる（信託法82条）。

(6) 共同受託の受益者に対する責任

　共同受託者は，「信託事務を処理するに当たって各受託者が第三者に対し負担した」債務については連帯債務になると定められているが（信託法83条1項），受益者に対して負担する債務について連帯して責任を負うのであろうか。この債務の典型的なものが，信託の利益を受益者へ給付する債務である（信託法2条7項）。

　共同受託者が受益者に対し連帯責任を負うとするならば，各受託者は受益者に対する債務をとりあえず全額弁済する義務が生じ（もちろん他の受託者に求償はできるが），受益権を強化し，受益者を保護する観点からは歓迎される考え方である。

　受託者の受益者への給付義務は信託財産のみを給付する有限責任であり（信託法21条2項1号，100条），各受託者は，自己の固有財産をもってまで弁済する必要はなく，各自が自己の財産による負担部分を有することを前提とする受益者に対する給付債務を共同受託者が連帯債務として負うとすることは妥当ではないと考えられる。ただし，受益者が受託者の1人に対し，または同時にもしくは別々に受託者全員に対して履行の請求ができる

こと，1人に対する履行の請求は全受託者に対する請求と同一の効果があることを認めることは受益者保護に資するものと考えられることから，受益者への給付は1人の受託者によりなし得ることが妥当であると考えられる。

　信託法は，共同受託者が負う受益者に対する給付債務に関しての特段の規定を設けてはいない。しかし，受託者が2人以上ある信託の意思表示における第三者の意思表示は，その受託者の1人に対して行えばよいと定め，受益者を初めとした第三者は，共同受託者の1人に対して意思表示を行えばその効果は全員に及ぶとして，受益者を初めとした第三者を保護している（信託法80条7項）。ただし，信託の関係者でもある受益者については，信託行為に従うこととしても不当ではないから，たとえば受益者は共同受益者全員に意思表示をすべきことを義務付けたり，または特定の受託者に対して意思表示をすべきものとする等の定めを信託行為にすることもできる（信託法80条7項但書）。なお，この別段の定めは，共同受託者の職務分担の有無やその内容などと無関係に定めることも可能である。また，受益者以外の第三者については信託法に別段の定めはないが，当然に当該第三者との間の契約において意思表示の相手方を定めることはもちろん可能である。たとえば信託財産の運用においてデリバティブ取引を行う場合に，その期限の利益の喪失の通知やマージンの連絡を一方の受託者に連絡することを義務付けることは可能である。

　受益者に対する給付債務以外にも，受託者の1人に善管注意義務違反などの信託違反行為があった場合に，他の受託者についてもその受託者と連帯して損害賠償責任を負うのかが議論となる。

　たとえば，共同受託者であるAが，信託財産である不動産の売買取引に関し，相手方と通謀して他の受託者を騙して，時価より低い価額で不動産の売買契約を締結したような場合に，他の共同受託者Bにも損害賠償責任を負わせることが適当であろうか。共同受託者が「共同」で信託事務を処理することの要請は，相互に他の受託者が義務違反をしないように注意する義務を含むものであると考えられるから，たとえばこの事例において，共同受託者Bに共同受託者Aがこのような行為を行わないことに関してなんらかの信託違反行為があれば，受託者Aと受託者Bが連帯して責任を負

うことに問題はない（民法719条）。しかし，共同受託者Bに信託違反がないとすれば，過失責任主義という私法の一般原則から，信託違反行為をした受託者，すなわち共同受託者Aだけがこの信託違反の責任を負うべきと考えられる。信託法ではこの点を明らかにするため，共同受託の信託における受託者の損失てん補責任については，任務に違反する行為をした受託者が連帯して責任を負うこととしている（信託法85条1項）。

(7) 受託者の第三者に対する責任

信託財産は複数の受託者の合有であるから，各受託者は共同して信託事務の処理の決定を行い，他の受託者を代理する形でその信託事務の処理を行っているのであるから，すべての受託者が第三者に対して連帯債務を負うこととなる（信託法83条1項）。

信託事務の処理の決定がなされた場合には，その決定に従い，各受託者が単独でその信託事務の処理を行うことができるが（信託法80条3項），その受託者は他の受託者を代理して行為したこととなるため，たとえ取引において他の受託者の名前を出さなくとも，他の受託者も第三者に対して履行責任を負う。

(8) 職務分担型共同受託の特例

複数の者を受託者とする理由には，それぞれの受託者が異なる専門的能力を有するために，それを活用したいということがある。たとえば，財産の管理を得意とする信託銀行へ資産を集約し管理を任せ，運用を得意とする信託銀行へ運用を一任するため，2つの信託銀行を受託者として信託を行う場合がある。これがいわゆる「職務分担型共同受託」である。

この場合，一方の受託者が期待されている役割は，信託財産を安全にかつ効率的に管理することであり，他方の受託者が期待されている役割は，資産を効率的に運用することで，それぞれ異なる。

① 職務分担型共同受託における受託者の責任

このような信託の活用ニーズがあることから，信託法では，信託行為（信託契約）において職務の分掌がある場合，各受託者はその定められた

職務の分掌に従い信託事務の処理を決定し，執行することができることとした（信託法80条4項）。

この場合，各受託者がその決定に従い信託事務の処理のために行う行為については，その受託者は，他の受託者を代表する権限を有するため，当該受託者の行った行為や取引の効果は他の受託者にも及ぶ（信託法80条5項）。ただし，職務の分掌の定めのない信託とは異なり，その職務の分掌に従い信託事務を処理した受託者以外の受託者は，信託事務を行った際に生ずる第三者に対する債務について連帯して債務を負うことなく，「信託財産に属する財産のみ」をもって履行する責任を負うと規定している（信託法83条2項）。

この履行責任は，「信託財産に属する財産のみ」をもって履行する責任を負うとの定めから，自己の固有財産をもってまで履行をする必要はなく，民法上の連帯債務ではない。すなわち，各受託者は信託財産を合有として所有しているため，当然に信託財産の範囲でのみ履行する責任を負うことを定めたものにすぎない。具体的には，受託者の1人に対し，または同時にもしくは別々に受託者全員に対して履行の請求ができること（民法432条），1人に対する履行の請求は全受託者に対する請求と同一の効果があること（同法434条）を認めるにすぎないものと考える（信託法80条7項）。

したがって，職務分担型共同受託の場合，信託財産の範囲ではすべての受託者が履行責任を負い[91]，対外的な職務執行を行った受託者のみが固有財産を引当てにした履行責任を負う。すなわち，他の受託者は信託財産の範囲でのみ履行責任を負うこととなる。これも，職務分担型共同受託において受託者が信託事務の処理をする場合，その分掌を有する受託者名義で行動することから，その名義人の固有財産のみを履行の引当てにしておきさえすれば，取引の相手方の保護について問題はなく，契約上の当然のことを規定したものであるといえよう[92]。ただし，取引の相手方が，そ

---

[91] これは，信託財産が複数の受託者の合有であることから導かれ，信託の事務処理を行う受託者は，信託財産に取引の効果が帰属するという限度において他の受託者を非顕名で代理しているものとみなすことになる（補足説明第三四の二）。

[92] 能見・信託法163頁。

の取引が共同受託の信託の信託事務の処理に関して行われたことを知っており，かつその共同受託の信託が職務分担型共同受託であることを善意かつ無過失で知らなかった場合には，原則に戻り，受託者全員がその取引の履行責任を自己の固有財産を含めて連帯して負うこととなる。これは，受託者全員の固有財産が取引の引当てになるものと信じて取引を行った相手方を保護するものである。

② 職務分担の範囲と受託者の責任に関する実務上の問題点

実際の信託事務は複雑であり，どの部分をもって対外的な職務執行を行った受託者と判断するのか難しい事例もある。たとえば前述の例のように，「資産の管理に関する信託事務」と「資産の運用に関する信託事務」とを2つの信託銀行に職務を分担して信託した場合には，次のような論点が生ずる。

信託銀行が有価証券などで資産の運用を行う場合，証券会社や銀行などの業者との間で，取引に関する基本契約を締結することとなる。この場合，その基本契約は「資産の管理に関する信託事務」を職務の分掌とする信託銀行Xとその取引相手である証券会社Aとの間で締結される場合や，信託銀行Xと並んで「資産の運用に関する信託事務」を職務の分掌とする信託銀行Yが契約当事者に加わる場合がある。

個々の取引は，信託銀行Yが運用の裁量権を行使し，証券会社Aとの間で合意し，成立させている。そして，実際の取引に関する債務の履行，すなわち金銭の支払いまたは有価証券などの引渡しは，信託銀行Xが「資産の管理に関する信託事務」の職務の執行として行っている（**【図表10】**参照）。このような一連の取引において，たとえばその取引の履行時に信託財産内での金銭が不足している場合，その信託銀行Xと信託銀行Yのいずれが固有財産を引当てにした履行責任を負うのであろうか。

信託法の解釈として，「対外的な職務を行った受託者のみ」が固有財産を引当てにした履行責任を負うと解するならば，この事例の場合，信託銀行Yのみが固有財産を引当てにした履行責任を負うことになろう。逆に，個々の取引はあくまで信託銀行Xと証券会社間に成立するものであり，その取引の履行責任はあくまで信託銀行Xにしかないというように解釈する

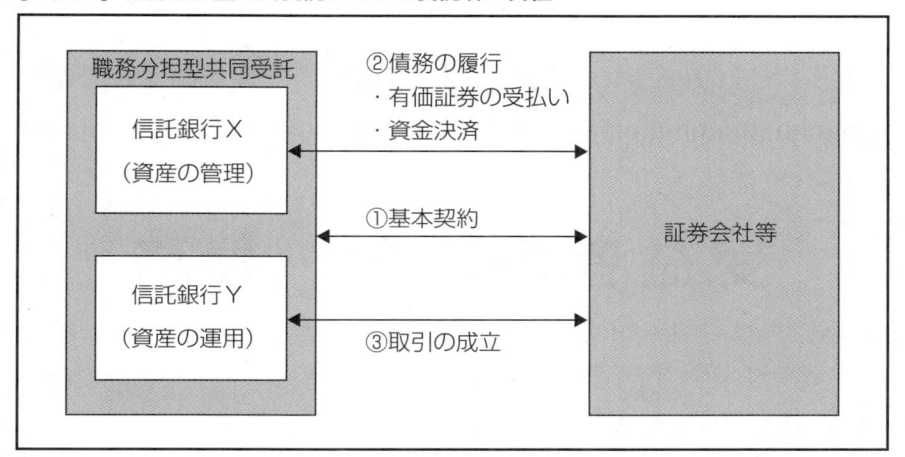

【図表10】職務分担型共同受託における受託者の責任

```
┌─────────────────────┐
│  職務分担型共同受託    │      ②債務の履行
│  ┌───────────────┐  │      ・有価証券の受払い
│  │  信託銀行Ｘ    │◄─┼──────・資金決済──────►┐
│  │ （資産の管理） │  │                        │
│  └───────────────┘  │                        │
│                     │      ①基本契約         │ 証券会社等
│                     │◄────────────────────►  │
│  ┌───────────────┐  │                        │
│  │  信託銀行Ｙ    │  │                        │
│  │ （資産の運用） │◄─┼──────③取引の成立─────►│
│  └───────────────┘  │                        │
└─────────────────────┘                        ┘
```

ならば，信託銀行Ｘのみが固有財産を引当てにした履行責任を負うことになろう[93]。

　なお，これらの規定はいずれも任意規定であり，信託行為（信託契約）に別段の定めを設ければそれに従うことになるので，実務としては，履行責任は信託財産の範囲に限る（責任財産限定特約）など，各基本契約書に履行責任に関する規定を設けるなどの対応を行う必要があろう（信託法80条6項）。

---

93) 共同受託においては，他の受託者へ信託事務の処理の権限を委任することは禁止されている（信託法82条）ので，信託銀行Ｘが個別契約（個々の取引）の締結権限を信託銀行Ｙへ委任しているという法律構成はとれない。

第 7 章

受益者の権利・義務

1 受益者の意義

(1) 受益者の地位

① 意 義

　受益者とは，信託行為に基づいて信託の利益を享受する者をいう。委託者本人が受益者となる自益信託と，信託行為により指定された者が受益者となる他益信託とがある。民法における第三者のためにする契約とは異なり，受益者に指定された者は，当人の受益の意思表示を待たずに受益者となる。

　受益者は，信託行為の当事者ではないが，信託の目的は受益者に対して信託の利益を享受させることにあるから，信託行為および信託行為によって設定された信託関係において，受益者はとくに重要な地位を占める。しかも受益者は，しばしば信託の終了時に信託財産が帰属する主体（残余財産受益者）ともなる。

　受益者はこのように，信託期間中に利益を受ける「受益者」と，信託終了の際に信託財産の帰属すべき受益者である「残余財産受益者」（信託法2条6号，182条1項2号）の2種類に分類することができる。

　② 受益者適格

受益者の資格について，信託法はとくに規定を設けていないので，民法の一般規定に従い，権利能力を有する者はすべて受益者となることができる。ただし，法令によりある財産権の享有を禁じられている者は，受益者として間接的にその財産権を享有するのと同一の利益を受けることは許されないという制限がある（信託法10条）。

③ 確定性

何人が受益者になるかは，信託設定の際に，委託者によって指定されるのが普通である。また，信託設定行為の時，受益者はかならずしも特定しかつ存在している必要はないが，受益者を指定するか，または確定し得る程度の指示を与えることは，信託行為の受益者に関する有効要件とされている。

もし信託行為において委託者がとくに受益者を指定しなかったときは，委託者自身が受益者になるという意思と推定すべきである。しかし，受益者に関する指示はあるが，委託者の指定した受益者の範囲が漠然としている場合や，特定させる具体的な指示がなく，かつ信託目的が不特定，または一般的もしくは恣意的なために受益者を決定することができない場合は，信託行為は無効と考えられる。

(2) 受益権

信託法は，受益権を有する者を受益者と定義し（信託法2条6項），(i)信託行為に基づいて受託者が受益者に対して負う債務であって信託財産に属する財産の引渡しその他の信託財産に係る給付をすべきものに係る債権，および(ii)これを確保するために，信託法の規定に基づいて受託者その他の者に対して一定の行為を求めることのできる権利を，受益権と定義している（同法2条7項）。

(i)は，信託法では「受益債権」と定義されている（信託法2条7項）。この権利は，株式会社制度の株主の自益権に相当する権利である。類似した性質を有する権利として株式の自益権があるが株主の自益権は，信託の受益債権に相当する剰余金の配当請求権（会社法453条）以外にも，株主の投下資本の回収を保証する目的の残余財産分配請求権（同法504条）および株式買取請求権（同法116条，469条，785条，797条，806条），株主が

第三者への株式譲渡により投下資本回収を図る目的に資する株主の名義書換請求権・株券発行請求権（同法130条1項，215条1項ないし3項，230条2項）など，株主が会社から直接に経済的利益を受ける権利を広く包含する概念であり，信託の受益債権より広い概念である。信託の場合，株式会社の株主の「共益権」に相当する信託および受託者の行為を監督是正する権利を包含する受益債権以外の受益権を実現するための権利が，(ii)の権利の内容である。

(3) 残余財産受益者と帰属権利者

受益者の概念のほかに，信託終了の際に信託財産の帰属すべき者，すなわち帰属権利者が受益者に含まれるかが問題となる。英米信託法では，わが国の信託法でいう帰属権利者に相当する特別な概念はなく，受益者の一種として取り扱っている[1]。

信託法は，信託終了の際に信託財産の帰属する者について，本来的な信託から利益を享受するものとされた受益者への給付が終了した後に残存する財産が帰属する者にすぎない「帰属権利者」（信託法182条1項2号）と，信託の終了前から受益者としての権利義務を有する「残余財産受益者」（同項1号）の2つを認めている。帰属権利者は，信託終了後についてのみ受益者と同様の権利・義務を有するが（信託法183条6項），残余財産受益者は，受益者の一類型である（同法182条1項1号）。

帰属権利者の例としては，規約型確定給付企業年金信託における従業員（当該年金制度加入者）がある。規約型確定給付企業年金信託は，確定給付企業年金の実施企業を委託者，その年金の受給権者を受益者とする信託である（確定給付企業年金法65条1項，同法施行令38条1項1号イ）[2]。制度の加入者は，確定給付企業年金制度の終了により，規約型確定給付企

---

[1] Restatement (2nd) of Trusts §344, 345. 能見・信託法269頁。
[2] 規約型確定給付企業年金信託と同じ他益型の企業年金信託である適格退職年金信託の受益者は，「従業員・年金受給権者」とするものもある。このように考えると，年金制度の加入者は信託法の残余財産受益者となる（三菱・法務と実務427頁，拝原宏明「信託で信託の併合をする場合の手順」金融法務事情1791号15頁（2006年））。なお，現行の信託契約においては「この信託の元本および収益の受益者は，年金規約に定める受給権者とします」と定めている。

業年金信託が終了したときの残余財産の分配を受ける権利者，すなわち帰属権利者である（確定給付企業年金法89条6項参照）。また，金融機関が自らの貸出債権を信託する場合に，劣後受益権として委託者である当該金融機関が保有する，当該信託の終了時に残余財産の分配を受ける劣後受益権が，残余財産受益者の代表例である。

2　受益者の権利

(1)　受益債権

①　物的有限責任

受益債権とは，受益者が信託行為に基づいて信託財産から一定の給付を受けることができる権利である（信託法2条7項）。受託者は，信託財産に属する財産のみによって受益債権にかかる債務を履行する責任を負っている（信託法100条）。したがって，受託者の受益債権に対する責任は物的有限責任である。

受託者は，信託財産に属する財産のみによって履行する責任を負うとすると，受託者が分別管理義務に違反して固有財産と信託財産を混在させ，識別不能にしてしまった場合には，何が信託財産であるかがわからなくなり，受益債権の内容が確定しないという問題が生じる。しかし受益者は，信託財産と受託者の固有財産との共有物について共有持分（信託法18条）に対して強制執行することができるほか，受託者に対して分別管理を請求し（同法19条1項，2項），信託財産の範囲が明らかになった後に信託財産に対して強制執行することもできるので，これらの手段によって受益債権の救済は十分に図られている。

また，受託者に対して分別管理の請求を行い，信託財産が損害を被っていることが明らかになった場合には，受託者に対し損失てん補の請求をすることができる（信託法40条4項）。この場合は，受託者は当然，自らの財産をもって信託財産のてん補を行わなければならない。

②　信託債権との優先関係

受益債権は，信託財産に関して，所有権や占有権などの権利と対比される，信託財産から得られる収益を享受する権利や期待権，いわゆるエクイティ上の権利である。

財産から得られる収益を享受する権利・期待権という意味では，受益債権は，株式会社の株式における抽象的剰余金配当請求権と類似した権利である。株式の場合，各基準日株主の会社に対し，配当決議により発生した具体的剰余金配当請求権は，当該株主を債権者とする具体的な債権（金銭債権）であるとされ，その株式の発行会社に対する一般債権と同順位である。

信託法は，信託行為に基づいて受託者が受益者に対して負う債務であって，信託財産に属する財産の引渡しその他の信託財産に係る給付をすべきものに係る債権を「受益債権」と定義し（信託法2条7項），受託者が信託財産に属する財産をもって履行する責任を負う債務に係る債権であって，受益債権でないものを「信託債権」と定義し（同法2条9項，21条2項），受益債権は信託債権に劣後すると定めている（同法101条）。

このように，信託法においては株式会社の株主権における剰余金配当請求権と異なり，具体的に権利として確定した債権についても他の債権者に劣後すると定められている。

なお，この受益債権と信託債権の優先・劣後関係は，信託の清算時における優先順位を意味するので（信託法177条，破産法244条の7），実体法上の優先順位に現れることはない。

(2) **受益債権以外の権利**

受益権の主な権利は，【図表1】に記載された権利および【図表2】の信託に係る意思決定権とがある。

(3) **受益権の行使**

① 受益権の制限

【図表1】の受益者の権利については，原則として信託行為によりその権利の内容を制限することができる。しかし，受益者の保護など，その権利の性質上信託行為の定めにより制限することが適当ではないものについ

【図表1】受益者の権利

類　型	権利の内容	条文（信託法）
利益を享受する権利等	信託の利益の受領権	100条
	受益権取得請求権	103条1項・2項
裁判所に対する請求権	信託の変更請求権	150条
	受託者の解任請求権	58条4項
	受託者の選任請求権	62条4項
	信託財産管理者の選任請求権	63条
	信託財産管理者の解任請求権	70条
	信託監督人の選任請求権	131条4項
	信託監督人の解任請求権	134条2項
	受益者代理人の解任請求権	141条2項
	検査役選任請求権	46条
	信託の終了請求権	165条1項
信託に関する情報入手権	帳簿等の閲覧等請求権	38条1項
	信託財産の状況に関する書類の閲覧等請求権	38条6項
	受託者に対する説明請求権	36条
	信託財産の状況に関する情報受領権	37条3項
	受益者となった事実の通知受領権	88条2項
	受益者名簿の閲覧等請求権	39条1項
信託違反行為の是正権	損失てん補請求権	40条，41条
	原状回復請求権	40条，41条
	介入権	32条4項
	受託者の違反行為の差止請求権	44条1項 59条5項 60条3項・5項
	権限違反行為の取消権	27条1項・2項 31条6項・7項
信託財産に関する権利	破産管財人等による信託財産の処分行為等の差止請求権	60条3項・5項
	受託者の固有債権者からの強制執行等に対する異議申立権	23条5項・6項
その他の権利	受託者交代時の受益者の計算の承認権	77条2項
	受託者の任務の終了時の通知受領権	59条1項 60条1項
	利益相反行為等に関する通知受領権	31条3項 32条3項
	信託の変更に関する通知受領権	149条2項・3項
	信託の終了時の受益者の計算承認権等	184条
	受託者に対する引受けの催告権	5条1項 62条2項

▨　…信託法92条の規定から信託行為で制限することのできない受益者の権利
▧　…権利の趣旨等から，信託行為で制限することのできない受益者の権利
☐　…当該権利を規定した条文において，明確に，信託行為での別段の定めを認めている権利

【図表2】受益者の意思決定権（主なもの）

権利の内容	条文（信託法）
忠実義務違反行為等の承諾権	31条2項2号，32条2項2号
受託者の責任の全部または一部の免除の合意権	42条
受託者の辞任に対する承諾権	57条1項
受託者の解任の合意権	58条1項
受託者の選任の合意権	62条1項
信託監督人の辞任に対する承諾権	134条2項
信託監督人の解任の合意権	134条2項
信託監督人の選任の合意権	135条1項
受益者代理人の辞任に対する承諾権	141条2項
受益者代理人の解任の合意権	141条2項
受益者代理人の選任の合意権	142条1項
信託の変更の合意権	149条1項，2項1号，3項
信託の併合の合意権	151条1項，2項1号
信託の分割の合意権	155条1項2項1号，159条1項，2項1号
信託の終了の合意権	164条1項

ては，信託行為による制限が禁止されている（信託法92条）。具体的制限は，【図表1】のとおりである。

② 受益者複数の場合の受益権の行使

受益者が複数存在する信託における受益権の行使は，次のとおりである（【図表3】参照）。

（ⅰ）単独受益者権

まず自益的な権利については，各受益者が単独で行使することができる。いわゆる単独受益者権とよばれるもので，信託法92条に定める権利がこれにあたる（信託法105条1項括弧内）。

（ⅱ）全員一致を原則とする受益者の権利

単独受益者権以外の受益権の行使に関する意思決定（主な権利は【図表2】参照）は，信託行為に別段の定めのない限り，受益者の全員一致を原則とする（信託法105条1項）。ただし，信託行為に別段の定めを置いた場合には，その信託行為の定めによる（同項但書）。その信託行為において，

【図表３】 受益者複数の場合の受益権の行使

権利の種類・内容		原　則	信託行為の定め	条　文（信託法）
単独受益者権		各受益者が単独で行使	制限禁止	92条, 105条1項
単独受益者権以外の権利	受託者のてん補責任の免除	・責任の全部免除 ・受託者に悪意または重大な過失がある場合の一部の免除 ・法人である受託者の役員の責任の一部免除	全員一致	信託行為の定め不可	105条4項
		上記以外	全員一致	受益者集会の多数決によるという信託行為の定めのみ有効	105条3項
	上記以外		全員一致	信託行為の定め可	105条1項

受益者集会（信託法106条以下）の多数決によると定めることもできるし，それ以外の方法を定めることもできる（同法105条2項）。

受益権者集会以外の方法としては，書面決議による方法や一定の期間内に反対の意思表示がない場合には賛成したものとみなす，いわゆるみなし賛成制度，特定の第三者や第三者機関に決定を委ねる方法などが考えられる。

(iii) 受託者のてん補責任の免除に関する受益者の意思決定

受託者の信託違反行為に起因する受託者等の責任の減免については，受益者集会における多数決によるという信託行為の定めのみが許される（信託法105条3項）。ただしその信託行為の定めも，その責任の全部を免除する場合，受託者が悪意または重大な過失がある場合，および法人受託者の役員の41条の責任の一部を免除する場合には適用できず，これらの場合には受益者の全員一致による免除のみが許される（信託法105条4項）。

(4) **受益権取得請求権**

信託法は，信託の変更や信託の併合，または信託の分割の方法について制限を設けていないことから，これら信託の変更等の方法に関する信託行為の定め次第では，個々の受益者の意思に反して変更等が行われることにより，個々の受益者に対して重大な影響を及ぼす可能性があるので，そのような場合には，当該信託の変更等によって損害を受けるおそれのある受

益者が，合理的な対価を得て信託から離脱することを認めることが合理的であるし，また受益者の保護においても必要である。そこで信託法は，重要な信託の変更，信託の併合，信託の分割によって，損害を受けるおそれのある受益者に対し，その受益者の有する受益権を公正な価格で取得することを受託者に請求する権利（受益権取得請求権）を与えている（信託法103条以下）。

　受益者が受益権の取得を請求できるのは，(i)信託目的の変更，(ii)受益権の譲渡制限，(iii)受託者の義務の全部もしくは一部の減免，(iv)受益権の内容の変更のいずれかに係る信託の変更（信託法103条1項），または(v)信託の併合もしくは(vi)信託の分割が行われる場合（同条2項）で，原則として，受益者が損害を被るおそれがある場合に限られる。ただし，信託事務の処理に関する基本的指針である信託目的の変更，および信託からの離脱を制限することとなる受益権の譲渡の制限については，受益者にその信託から離脱する機会を与える必要があることから，経済的な損害を受けるか否かにかかわらず，その受益者は受益権取得請求権を行使することができる（信託法103条1項但書，2項但書）。

　なお，信託行為の定めにより，(i)から(iv)以外の信託の変更の場合についても，受益権取得請求権を受益者に与えることは認められる（信託法103条1項5号）。

3　受益権の取得・消滅

(1) 受益権の発生

　信託とは，信託行為（信託契約，遺言，一定の要式による意思表示（自己信託））により，受託者が信託行為に定められた目的（信託目的）に従い，受託者に移転された財産（信託財産）の管理または処分およびその他の信託目的の達成のために必要な行為をすることをいい（信託法2条1項），その効力の発生は，信託行為の効力発生と同時に生じるとされている（同法4条）。そして，信託行為は，信託財産に目的的拘束を加えて受

託者に移す行為だから、受益権は、その目的的行為の反射的効果として、信託行為の効力発生と同時に発生する[3]。

　受益権の発生時期をこのように考えるならば、たとえば契約により信託を設定する場合には、受益権は、その信託契約の締結時に発生することになるが、信託契約の締結後信託財産の受託者への移転前に受益権が発生するのであろうか。立法担当者の解説では、契約による信託が契約の締結によってその効力を生じるとする理由の一つに、「財産の処分があるまでは、信託契約の効力が発生せず、したがって受託者に忠実義務などの各種義務も発生しないと構成する必要もないこと」[4]をあげていることから、契約による信託の場合、財産の移転前であっても、契約の締結によって受益権が発生すると考えることもできる。しかしながら、受益権の本質は、受託者が委託者から信託財産となるべき財産の引渡しを受けて、そのうえ信託の目的に従った管理・運用を行い、最終的には、その信託財産を受益者へ給付することを約束することである（信託法2条7項）。このように受益権を考えるならば、受益権は信託行為の効力発生時には発生せず、当初の信託財産が受託者に移転したときに発生すると考える方が妥当であろう。

　ただし、たとえば金銭を有価証券で運用するような信託の受託において、金銭の引渡しを受ける前でも、受託者はその金銭の運用に関する契約を証券会社等と締結することなど、信託財産の移転前であっても、信託事務を執行することができるので、立法担当者の解説のように、信託契約締結後直ちに受託者に忠実義務などの義務を負わせる必要性があるので、この観点において、信託を諾成契約とすることに意義があると考える。

(2) **受益権の取得**

　受益者は、いつの時点で、受益権を取得するのであろうか。受託者が、受益権の発生と同時に、その受益権を取得するとは限らない。たとえば、確定給付企業年金を実施している企業が委託者となる規約型の確定給付企業年金信託は、企業が掛金等を信託銀行へ振り込んだときに信託は成立す

---

[3] 四宮・信託法317頁。
[4] 補足説明第一の二。

第7章　受益者の権利・義務

るが，確定給付企業年金制度の加入者は，年金規約の要件を充足したとき，はじめてその信託の受益権を取得する[5]。このように，受益権の発生時期と受益者が受益権を取得する時期は，かならずしも同時ではない。

それでは，信託行為によって設定された信託において発生した受益権をいつ受益者が取得するのかを説明する。

① 信託行為の定めによる受益権の取得

自益信託の場合には，信託行為の効力発生と同時に，すなわち受益権の発生と同時に委託者自身が受益権を取得すると解するのが，信託設定者である委託者の意思に合致する。

他益信託の場合にも同様に，受益権の発生と同時に受益者は受益権を取得すると解するのが委託者の意思に合致するとともに，受益者として指定された者を保護するために[6]，受益者の意思表示を要しないで[7]，受益者は受益権を取得すると考えるのが妥当である[8]。たとえば前述の規約型確定給付企業年金信託の場合には，年金規約の要件に充足したときに加入者は当然に受益権を取得し，当該企業やその従業員の意思表示などを必要としない[9]。

信託法はこのような考え方から，受益権は信託行為の効力発生と同時に発生し，信託行為に別段の定めがない限り，受益者の意思表示を要しないで「信託行為の定めにより受益者となるべき者として指定された者」に受益権が帰属すると定めている（信託法88条1項）。

また，信託行為の定めにより受益者として指定された者の中には，指定のあったことを知らなかった者がいることもあり得る。このような場合には，受託者に受益者として指定された者への受益権取得の事実の通知義務

---

[5] 規約型確定給付企業年金信託の受益権の取得に関しては，天野佳洋＝折原誠＝谷健太郎編著『一問一答改正信託法の実務』477頁（経済法令研究会・2007年）。
[6] 補足説明第四三の一。
[7] 民法537条の「第三者のためにする契約」は，「第三者の権利は，その第三者が債務者に対して同項の契約の利益を享受する意思を表示した時に発生する」（同条2項）と定め，受益の意思表示を必要としている。
[8] 四宮・信託法317頁。
[9] 「裁定」などの年金受給のための手続はあるが，それは退職者本人，またはその遺族からの申し出により年金規約の要件を充足したかや，支払方法を確認するための手続にすぎない。

を課すことが，受益者の権利（監督権を含む）行使の機会を確保することにつながり，受益者保護に資する。このため信託法は，受益者が受益権を取得したことを知らないときには，信託行為に別段の定めがない限り，受託者がその者に対し，受益権を取得した旨を遅滞なく通知する義務を負うと定めている（信託法88条2項）。

なお，信託の終了時に信託財産に属する財産を取得する者として，信託行為に指定されている者も，受益者と同様になんらの意思表示をすることなく，当然に信託財産の給付を受ける債権を取得し，また受託者は，遅滞なくその旨を通知しなければならない（信託法183条1項，2項，88条2項）。

② 受益者指定権等行使による受益権の取得

信託行為により受益者として指定された者は，受益の意思を表示することなく，当然に受益権を取得し，その信託から生じる利益を享受することから，原則として，信託設定後には委託者等が受益権の帰属する者を変更することはできない。ただし，信託行為に別段の定めがあれば，受益権の帰属する者を指定（以下，「受益者指定権」という）したり，変更（以下，「受益者変更権」という）したりすることができる（信託法88条1項，89条）[10]。

(i) 受益者指定権および受益者変更権

たとえば，ある委託者S_1が，奨学金の給付を目的として，信託銀行Tへ金銭を信託する。その委託者S_1または第三者S_2は，申請のあった者の中からその時々の環境・条件によって受益者を指定するものとする。このような信託における委託者S_1，または第三者S_2の有する権利が受益者指定権である。

また，奨学金を受ける者（受益者B_1）の成績が不振の場合には，その奨学金を受ける権利（受益権）を剥奪し，他の者（受益者B_2）を新たな受益者とするような定めを信託行為に定めることができる。このように受益者を変更する権利を受益者変更権という。

この受益者指定権，および受益者変更権（以下，これらを総称して「受

---

[10] 信託行為に受益者変更権の定めがないが，受益者を変更する場合には，受益者が受益権を放棄し（信託法99条），信託をいったん終了させ（同法163条1号），新たな信託を設定するという方法，または当該受益権を譲渡（同法93条）する方法などがある。

益者指定権等」という）は，信託行為に別段の定めのない限り，相続によって承継されない（信託法89条5項）。受益者指定権を有する者が受益者指定権を行使せずに死亡した場合には，その信託は，受益者が指定されないことが確定するため，信託目的不達成で終了する（信託法163条1号）。また，受益者変更権を有する者が死亡した場合には，その信託の受益者が確定し，そのまま存続する。

(ii) 受益者指定権等の行使方法

受益者指定権等の行使は，信託行為に別段の定めがない限り，信託行為に定める者が受託者に対する意思表示により行う（信託法89条1項）。ただし，受託者が受益者指定権等を有する場合には，受益者となるべき者に対する意思表示により行う（同条6項）。前述の例でいえば，委託者S_1または第三者S_2が，B_1を受益者とすること，またはB_1の受益権を剥奪し，B_2を受益者とすることを受託者である信託銀行Tへ通知することにより行う。

信託法は，受益者指定権等の行使によって，受益者として指定された者も「信託行為の定めにより受益者となるべき者として指定された者」に含まれ，受益者として指定された者が受益権を取得するのにその受益者の意思表示を要しないことを明らかにしている（信託法88条1項括弧内）。

受益者指定権等の行使により，新たに受益者が受益権を取得した場合において，その受益者が受益権を取得したことを知らないときには，信託行為に別段の定めがない限り，受託者はその者に対し，受益権を取得した旨を遅滞なく通知しなければならない（信託法88条2項）。

また，受益者変更権の行使により受益者が受益権を失ったときは，信託行為に別段の定めがない限り，受託者はその者に対し，遅滞なく受益権を失った旨を通知しなければならない（信託法89条4項）。

なおこの受益者指定権等は，遺言によっても行使することができるが（信託法89条2項），この場合，受託者がこの行使の事実を知らなかったときには，この行使によって受益者になったことをその受託者に対抗することはできない（同条3項）。

(iii) 受益者指定権等の行使の効果

受益者指定権が行使されると指定された者が受益権を取得し，受益者変

更権が行使されると既存の受益者が受益権を失い，新たに指定された受益者が受益権を取得する。前述の例でいえば，委託者S_1または第三者S_2が受益者指定権を行使すると，B_1が受益権を取得し，委託者S_1または第三者S_2が受益者変更権を行使するとB_1は受益権を失い，B_2が受益権を取得する。

③　受益権の取得の特例
(i) 遺言代用の信託

委託者の死亡を始期として信託から給付を受ける権利を取得する受益者（以下，「死亡後受益者」という）の定めのある信託を，遺言代用信託という。たとえば，信託銀行に財産を信託して，委託者自身を自己の生存中の受益者とし，自己の子，配偶者その他の者を死亡後受益者とする信託が考えられる。

このような信託を設定することによって，自己の死亡後における財産分配を信託によって達成することができる。たとえば，高齢者が将来自らの判断能力が低下する事態に備えるとともに，自己の死後における財産の利用・分配等の方法を生前に定めておくために，その財産を信頼できる受託者に信託するなどの，高齢者や障害者のために財産管理のための信託や，障害者をもつ親が，自己の死後も子の福祉の保証を維持するために，自己の財産を信頼できる受託者に信託するなどの，親なき後の障害者などのケアを要する者のための信託などに活用できるものと思われる。

信託法は，「委託者の死亡の時に受益権を取得する旨の定めのある信託の特例」として，⒤委託者の死亡の時に受益者となるべき者として指定された者が受益権を取得する旨の定めのある信託，ⅱ委託者の死亡の時以後に受益者が信託財産に係る給付を受ける旨の定めのある信託という2つの類型を遺言代用信託として認めている（信託法90条1項）。なお条文では，「死亡の時」を始期または停止条件としているが，たとえば「委託者の死亡の三日後」とか「委託者の葬儀後」など，委託者の死亡を期に通常生じ得る事実の発生を始期，または停止条件とする場合を含むとされている[11]。

---

11) 補足説明第六一。

一般の信託においては，信託行為に別段の定めのない限り，受益権は信託の効力発生と同時に発生し，受益者に帰属し，それを失うことはないが，この遺言代用信託の場合には次のような例外が認められている。

まず，遺言代用信託においては委託者がいつでも受益者を変更することができるという意思を有するのが通常であると考えられることから，信託行為に別段の定めがなくても，委託者は死亡後受益者の変更権を有する（信託法90条1項本文）。また，⒤の遺言代用信託は，委託者が死亡する時まで受益者が不存在であり，ⅱの遺言代用信託は，委託者が死亡する時まで，受益者は受益権を行使できない（信託法90条2項）。したがって，委託者は，死亡後受益者の同意を得ることなく，いつでも受託者との合意のみで信託を終了させることや，信託行為の内容を変更することができる（信託法164条1項，149条1項）。遺言代用信託において，委託者の死亡前においても死亡後受益者が受益者としての権利を有することを認めた場合において，信託契約を変更し，あるいは信託を終了させるときには死亡後受益者の同意を要することになるが，このような考え方は，遺言代用信託における委託者の通常の意図に沿わないものと考えられることから，このような規律となっている[12]。

(ⅱ) 後継ぎ遺贈型信託

受益者の死亡により，その受益者の有する受益権が消滅し，他の者が新たな受益権を取得する旨の定めのある信託を後継ぎ遺贈型信託という。たとえば，委託者Aが生前は自らが受益者となり，Aの死亡後は第一受益者B（たとえばAの妻）を，Bの死亡後は第二受益者C（たとえばAの子）を受益者とする信託である。たとえば，生存配偶者その他の親族の生活保障の必要や，個人企業経営，農業経営等における有能な後継者の確保等のために，共同均分相続とは異なる財産承継を可能にする手段としてのニーズに応えられる信託である。

一般に，信託行為の定めにより受益権を複数の者に連続して帰属させる信託（受益者連続の信託）が有効であることについては異論がない[13]。

---

12) 補足説明第六一。

しかし，新受益者による受益権の取得が，全受益者の死亡によって生じるという点に特徴のある後継ぎ遺贈型の受益者連続の信託については，相続法の観点から疑問を呈する学説が多い[14]。

しかし，後継ぎ遺贈を民法上無効と考える見解の主要な論拠の１つは，存続期間を定めた所有権は認められないことであるが，信託法は，債権説の立場から，受益者は信託財産自体の所有権を取得するものではなく，一定の時期に受益者の地位を連続的に取得する旨の定めがなされるにすぎないとしてこの後継ぎ遺贈型信託の有効性を認めている[15]。

ただし，後継ぎ遺贈型の受益者連続の信託は，定型的・類型的に信託の存続期間や受益者の存在しない期間が長期間に及び得ることに鑑みれば，一定の合理的な期間制限を設けることが相当であると考えられることから[16]，信託法91条は，受益者死亡による受益者連続の定めのある信託の有効期間を定めている。そこでは，信託が設定された時から30年を経過した時以後に，現に存する受益者が信託行為の定めにより受益権を取得した場合であって，その受益者が死亡するまで，またはその受益権が消滅するまでの間，その効力を有するものと定められている。

なお，受益者連続の信託には，受益者の死亡を起因として順次新たな受益者が現れる後継ぎ遺贈型の信託だけではなく，再婚，破産，受益者変更権行使等の合理的な事由で順次，新たな受益者が受益権を取得する信託も考えられるが，受益者連続の信託について信託法で明らかにされているものは，後継ぎ遺贈型に限られており，また信託全般にわたる信託期間についてはなんら制限はない。

---

13) 四宮・信託法128頁，植田淳「わが国における連続受益者型信託」信託180号９頁（1994年），米倉明「信託による後継ぎ遺贈の可能性」ジュリスト1162号93頁（1999年），天野佳洋「遺言信託」ジュリスト1164号96頁（1999年），能見・信託法189頁。なお後継ぎ遺贈型信託の有効性については，信託法上の効力の問題と民法（相続法）上の効力の問題がある。
14) 後継ぎ遺贈型信託の有効性の議論について，四宮・信託法128頁，米倉・前掲論文87頁，能見・信託法187頁など。
15) 補足説明第六二。
16) 寺本・信託法259頁。

(3) 受益権の消滅

受益権の性質が債権か物権かについては議論があるが、一種の私権であることは確かである。したがって、受益権は私権の消滅事由があれば消滅するが、信託の特殊性によって変更が加えられている。

信託法では、受益権は「信託行為に基づいて受託者が受益者に対し負う債務であって信託財産に属する財産の引渡しその他の信託財産に係る給付をすべきものに係る債権（以下「受益債権」という。）及びこれを確保するためにこの法律の規定に基づいて受託者その他の者に対し一定の行為を求めることができる権利」と定義されている（信託法2条7項）。簡単にいえば、(i)受託者が管理している信託財産の引渡しを受ける権利（受益債権）と、(ii)それを実現するために必要な権利の総体が受益権である。そして信託法は、受益権の骨格的内容である「受益債権」に対する受託者の責任の範囲を「信託財産に属する財産」に限定している（信託法100条）。

このため、受益債権の対象である信託財産が不可抗力によって消滅した場合、受益権は当然に消滅することになる。不可抗力を原因とする消滅に限定するのは、受託者または第三者などの行為により信託財産が消滅した場合[17]には、受益債権を「確保するためにこの法律の規定に基づいて受託者その他の者に対し一定の行為を求めることができる権利」、たとえば受託者に対する損失てん補請求権（信託法40条）などの権利が残るためである。

信託法には受益権が消滅した場合の効果についての定めはないが、信託の目的が達成された場合、または達成することができない場合という信託の終了事由（信託法163条1号）に該当し、信託は終了する。

① 受託者と受益者の兼任

単独の受託者の地位と単独の受益者の地位が同一人に帰属したとしても、直ちに混同を生じて受託者が信託財産を取得するわけではない。しかし、旧信託法9条は、「受託者ハ共同受益者ノ一人タル場合ヲ除クノ外何人ノ名義ヲ以テスルヲ問ハス信託ノ利益ヲ享受スルコトヲ得ス」と定めていた。

---

[17] 信託財産が第三者の不法行為により滅失した場合には、その不法行為者に対する損害賠償請求権が信託財産を構成する（信託法16条1号）。

この規定の趣旨はかならずしも明らかではなく，(i)受託者が受益者を兼ねることによる混同（民法179条）を防止するもの，(ii)信託は他人のための制度であることを確認したもの，(iii)受託者を監督する者の欠如を防止するもの，(iv)債権者詐害を防止するもの，(v)受託者の忠実義務を定めたものなどがある[18]。

しかし，受託者が受益者の全部を兼ねる状態が生じたとしても，受益者がその受益権を受託者個人に譲渡しようとする意思を尊重し，新受託者の選任または受益権を譲渡することにより受託者がこの兼任の状態を解消することができる限りは，直ちに混同により受益権を消滅させ，信託を終了させる必要性は低い[19]。

また，資産の流動化を目的とする信託などにおいては，委託者を受益者と当初したうえで，受託者が委託者から受益権を買い取って委託者の資金調達ニーズを充足させ，受託者が，その後に投資家に対してその受益権を譲渡したり，またはすべての受益権を固有財産で保有したうえで，一定の期間の運用を行い，その実績（トラックレコード）を参考資料として当該受益権を販売するなどの実務のニーズがある[20]。

信託法では，受託者がその固有財産で自己を受託者とする信託の受益権を取得した場合には，当該債権債務は混同により消滅しないとして民法520条の混同の特例を定める一方（信託法20条3項3号）[21]，このように受託者が受益者の全部を兼ねる状態が1年間継続したときを信託の終了事

---

18) 補足説明第五。四宮・信託法123頁。
19) 補足説明第五。四宮・信託法299頁，335頁。
20) 整備法による改正前の資産の流動化に関する法律285条1項では，旧信託法9条の特例を定め，受託者が信託契約の定めに従い，固有財産で一時的に受益証券の全部を引き受けることを認め，またその2項では，この受益証券は相当の時期に処分しなければならないと定めていた。
21) 旧信託法では，受託者が債務者である債権が信託財産となった場合に民法520条の混同が適用されるか否かについて，明示的な規定が設けられていなかったが，新たな信託法では，民法179条の混同の例外（旧信託法18条）に加えて，一定の場合に信託財産に属する債権および信託財産責任負担債務が混同により消滅しないことを明らかにしている。なお学説においては，旧信託法のもとでも，信託財産の独立性，および旧信託法18条の類推から，債権と債務とが同一の受託者に帰属しても，信託財産に属するものと属さないものとの間では混同（民法520条）を生じないものとされていた（四宮・信託法192頁）。

由として定め，兼任する期間を制限している（同法163条2号）。ただし，受託者が受益者となること以外の第三者の名義をもって信託の利益を享受することについては，1年間に限定して受託者が受益者を兼ねることを認めた趣旨に反するので，1年間を待たずに信託は終了することが明らかにされている（信託法8条）[22]。

② 信託財産による受益権の取得
(i) ある信託の受益権を他の信託が取得した場合

　受託者が，信託財産の運用として，自己が受託者となっている他の信託の受益権を取得する場合（たとえば年金信託の受託者が，自らが受託者となる年金投資基金信託の受益権へ運用する場合），その受益者の地位は当該運用を行う信託財産に帰属するものであって，受託者の固有財産で取得する場合と異なり，受益権として存続させておく意義がある。このような理由から，信託法は，他の信託の信託財産に属する債権（この場合，年金投資基金信託の受益債権）に係る債務がある信託の信託財産責任負担債務（この場合，年金投資基金信託の受益債権に係る信託財産責任負担債務）となった場合，当該債権債務は混同により消滅しないとして，民法520条の混同の特例を定めている（信託法20条3項3号）。

(ii) 信託の受益権を当該信託が取得した場合

　たとえば，受託者がすべての受益者からの受益権取得請求（信託法103条）に応じて，受益権を当該信託の信託財産をもって取得した場合など，信託財産をもって当該信託の受益権を取得した場合には，信託法8条および163条2号の規定は適用されず，混同により受益権は消滅し（同法104条12項），信託は終了する（同法163条1号）。なぜなら，受益権は信託財産を引き渡す権利（受益債権）を骨格となす権利であり，すべての受益者へ信託財産を引き渡したならば，信託の目的を達成することが不可能になるからである。

　ただし，受託者がこの受益権取得請求に応じる場合でも，信託行為や当該重要な信託の変更等の意思決定において別段の定めがなされているとき

---

[22] この場合，信託法163条1号により終了するものと考えられる。

は，受託者が信託財産ではなく固有財産をもって当該受益権を取得することや，受託者が信託財産をもって取得した受益権が消滅しないとすることも可能である。前者の場合には，受託者が，当該受益権に係る受益者の立場を兼ねることになるだけで，当該受益権が消滅することはなく，後者の場合には，受託者が取得した受益権をさらに第三者に譲渡することによって，その対価を信託財産に補てんすることが可能となる[23]。

他方，受益証券発行信託の受託者が，当該信託の信託財産をもって当該信託の受益権（受益証券）を取得しても，その受益権は混同により消滅することはないものと考えられる[24]。

③ 受益権の放棄

(i) 権利の放棄

民法の原則では，物権・債権ともにその権利を放棄することができる。

たとえば債権の場合，債権者の債務者に対する一方的意思表示によってその債権を消滅させることができるというのが民法の原則である。これによって債権は消滅するが，当該債権が第三者の権利の目的となっているときには，その免除（放棄）の効果をもって当該第三者に対抗することはできない（民法519条）[25]。物権に関しては総則的な放棄に関する明文の規定はないが，物権についても一般に放棄ができると解されている[26]。物権の放棄によっても第三者を害することはできない[27]。

(ii) 信託法における受益権の放棄の特則

信託の受益権は一般に，受託者に対する債権であるとされているので[28]，

---

23) 寺本・信託法290頁。
24) 有価証券は，たとえ自己に対する債権を表章する有価証券であっても，一個の客観的財産としてこれを取得保有し得るものと認められるから，債務が消滅するに至らない（鈴木竹雄『手形法・小切手法〔新版〕』281頁（有斐閣・1992年））。なお，信託法104条12項では，受益権取得請求により取得した受益権は消滅するとされているが，これは民法520条の混同の規定が適用されることを確認するために定められたものであるのか定かではない（寺本・信託法399頁注1参照）。
25) 於保不二雄『債権総論〔新版〕』431頁（有斐閣・1972年）。
26) 地上権については民法268条1項にその放棄の規定がある。なお，民法398条参照。
27) 舟橋諄一『物権法』53頁（有斐閣・1960年），内田貴『民法Ⅰ　総則・物権総論〔第3版〕』422頁（東京大学出版会・2005年）。
28) 四宮・信託法315頁。

前述の民法の原則が適用される。ただし旧信託法のもとでは，受益者は受益債権等の権利を有するとともに，費用等の償還義務や信託報酬の支払義務を負う可能性があり（旧信託法36条2項，37条），かならずしも純粋な債権とはいえない権利であった。

これに対し，現行の信託法では，この受益者の償還義務等は，信託行為の外側において受託者と受益者間で個別に締結される契約に基づくものであること，すなわち受益権とは別の債権債務関係であることが明らかにされたことから（信託法48条5項，54条4項），受益権は純粋な権利といえるようになった。

そこで信託法は，受益権を放棄することができることを明文化している（信託法99条1項）。この受益権の放棄の場合も，民法の原則のとおり，第三者の権利を害することはできない（信託法99条2項但書）。

債権などの権利の放棄は，第三者を害さない限り，権利者の自由に行うことができるというのが民法の原則である。しかし，この民法における権利の放棄の効力は遡及せず，将来に対してのみ効力を生ずると考えられるため，受益者として指定されてから放棄をするまでの間の信託の利益を享受することは強制されてしまう。このような問題があることから，信託法は，受益権の放棄の効力は，民法の原則と異なり遡及すると定めている（信託法99条2項本文）。したがって，受益者が信託から利益を受けている場合には，不当利得としてその利益を返還しなければならない。そして，当該信託に他の受益者がいない場合には，その信託は信託の目的の不達成により終了する（信託法163条1号）[29]。

信託法の受益権の放棄は，受益者が自らの意思に反して受益権を強制的に取得させられることに対する救済策として認められたものであることから，受益者が信託行為の当事者，すなわち委託者または受託者である場合には，この放棄を行うことができないとされている（信託法99条1項但書）。

　(iii)　民法の原則に基づく受益権の放棄

当然のことながら，受益権も債権であることから，民法の原則に従い，

---

29)　寺本・信託法273頁。

遡及効のない権利の放棄は認められる。そして，受益者が1人しかいない信託の場合，委託者が受益者を兼ねる信託（自益信託）における将来的な受益権の放棄は，合意による信託の終了（信託法164条1項）に相当し，他益信託における受益権の放棄は，受益者不存在に帰することによる信託の目的の不達成による終了（同法163条1号）に該当するであろう。

④　時効による消滅

(i)　受益債権の消滅時効

受託者が信託事務遂行義務を履行せず，受益者もまたそれを放置しておいたとしても，そのために受益権自体が消滅して信託が終了することはない[30]。しかし，受益権から発生する具体的な請求権（受益債権）は，その不行使によって消滅する[31]。そして，受益者の有するすべての受益債権が消滅時効によって消滅したときは，受益権はその基本的な部分を構成する権利が失われるため，存続し得ず，消滅する[32]。

旧信託法のもとでは，受益債権の消滅に関する規定はなく，学説上，受益権の性質が債権か物権であるかによって，民法167条1項が適用または類推されて10年間で消滅するとする見解や，同条2項が適用されて20年間で消滅するという見解[33]等が主張されていた[34]。

現行の信託法のもとでは，受益者の有する権利（または権利義務）の総体を受益権と定義し，そのうち「信託財産に属する財産の引渡しその他の信託財産に係る給付をすべきものに係る債権」を受益債権と定義したことから（信託法2条7項），その受益債権の消滅時効は民法の規定に従うと

---

30)　四宮・信託法335頁。
31)　四宮・信託法336頁。
32)　最高裁平成7年9月5日判決（民集49巻8号2733頁，金融・商事判例989号3頁）は，預託金会員制ゴルフクラブの利用権について，その主たる権利である施設利用権が時効により消滅するとその基本的な部分を構成する権利が失われることから，もはや包括的な権利としては存続し得ないと判示した。
33)　四宮・信託法336，354頁。
34)　実務では四宮教授の学説を採用し，20年間を受益債権の消滅時効と考えている。ただし，信託行為によって20年より短い権利行使期間を定めることは可能であると考えられているので（幾代・民法総則549頁），貸付信託約款では，信託契約期間の満了後10年間，受益者が受託者に対して権利を行使しなかったときは，その権利は失うと定められていた（三菱・法務と実務〔4訂版〕121頁）。

された（信託法102条1項）。具体的には，民法167条1項，168条1項前段，169条，174条の2第1項，商法522条に従うこととなる。また，除斥期間は20年と定められている（信託法102条4項）。

たとえば金融機関が貸付債権などの金銭債権を流動化するために設定した信託の場合，その信託の受益者（投資家）の受益権は，ⅰ信託行為で定められた一定の日にその金銭債権の回収金（元本）および利息を配当として給付を受けることを内容とする権利（定期金債権[35]），ⅱⅰの定期金債権に基づきその一定の期日に発生する権利（定期給付債権[36]），ⅲ貸付債権の弁済期日（満期日）に回収金（元本）の給付を受けることを内容とする権利（金銭債権）という3つの受益債権を内包するものである。また，規約型確定給付企業年金信託の場合，年金規約の要件を充足した加入者は，信託の受益権を取得する。この受益権は，ⅳ一定期間の金銭の給付を受ける権利（定期金債権）と，ⅴこの定期金債権に基づき3か月に1回の給付日に金銭の給付を受ける権利（定期給付債権）の2つの種類の受益債権を内包するものである[37]。

このような信託の各受益債権の消滅時効は【図表4】のとおりである。ただし，信託銀行がこれらの信託の受託者となる場合については，商法522条の特則が適用される[38]。

---

[35] 定期金債権とは，一定または不定の期間にわたって金銭その他の代替物を給付させることを内容とする債権である。定期ごとに一定の給付を請求し得る債権（支分権）を生み出していく基礎となる包括的な債権をいう。定期金債権の例としては，終身年金および一定の有期年金における年金債権，扶養料債権，地上権の地代債権等があげられる（幾代・民法総則513頁）。

[36] 定期給付債権とは，基本権たる定期債権から発生する毎期の支分権たる債権であって，1年以内の区分ごとに（1年以内の周期をもって）定期に支払われるべき利息・賃貸料・地代・俸給・給料・年金・扶養料などの債権をいう（幾代・前掲（注5）515頁，川島武宜編『注釈民法』339頁〔平井宜雄〕（有斐閣・1967年））。定期給付債権には，定期金債権から発生するもののほか，利息，賃貸料などが含まれる。ちなみに，利息や賃貸料を発生させる「基本権」も観念することできるが，いずれも元本債権そのものや賃貸借と独立に時効消滅することは認めるべきではないから，定期金債権にはならない（内田貴『民法Ⅰ　総則・物権総論〔第3版〕』309頁（東京大学出版会・2005年））。

[37] 補足説明第四八脚注89参照。

[38] 支分権たる定期給付債権については，民・商法いずれも5年である。また，基本権たる定期金債権は，民法168条2項の20年ではなく，商法522条の5年の消滅時効が適用される。

【図表４】 受益債権の消滅時効

事　例	債権の性質	時効期間	起算点	根拠条文（民法）
① ⅳ	定期金債権（※１）	20年 10年	最初の支払期日（※２） 最後の支払期日	168条１項前段 168条１項後段（※３）
ⅱ ⅴ	定期給付債権	5年	支払期日	169条
ⅲ	金銭債権	10年	支払期日	167条１項

(※１) 定期金債権については，各種の特別法により，時効の特則が設けられている。たとえば，厚生年金に関する保険給付を受ける権利（受給権など）は５年（厚生年金保険法92条１項）で消滅する。ただし，その支分権にその特則が及ぶかについては，法律には規定がない。また，適格退職年金の受給権，規約型確定給付企業年金の受給権については，特別な法律はなく，民法または商法の原則に従うことになる（年金規約で，民法の原則に従うという規定がある場合がある。また，別の定めをおくことも可能である）。したがって，厚生年金基金信託，適格退職年金信託，規約型確定給付企業年金信託の受益権は，これらの年金の受給権者に与えられることから，受給権が時効により消滅した場合，その受給権者が保有する受益権も同時に消滅するものと考えられる。

(※２) ここでの起算点は，文字どおり，定められて本来の第１回目の支払期日を意味するが，１回でも支払いがなされれば，その際に時効の中断（債務の承認（民法147条３号））を生ずるから，結局，最後の支払日から20年ということとなる。

(※３) ただし，最後の支払期日が到来すると，毎期分の支分権たる債権はすべて独立の債権となるから，それぞれが民法167条の原則によって10年（商法522条の場合５年），場合によっては民法169条によって５年（年金の場合，１年以内の周期をもって定期的に支払われる債権なので，これに該当する）の時効にかかる。

　以上のように，多くの信託の受益権は，一定の規則に従って定期的に給付を受ける権利（基本権）である受益債権とその基本権から具体的に生じた個々の権利（支分権）である受益債権を内包するので，各受益権がどのような受益債権から構成されているかを分析することが実務において重要になる。

(ⅱ) 消滅時効の起算点の特則

　受益者となる者として指定された者は，原則として，受益の意思表示をすることなく，当然に受益権を取得するものとされていることから（信託法88条１項），受益者自身が受益権を取得していることを知らないこともあり得るが，それにもかかわらず受益債権の消滅時効が進行してしまうことになれば，当該受益者にとって酷である。そのため信託法は，受益者保

護の観点から受益債権の消滅時効は受益者が受益者としての指定を受けることを知ったときを起算点とすると定めている（信託法102条2項）。

ただし，除斥期間についてはこのような特例の定めがないことから，受益債権を「行使することができる時」という客観的時点が起算点となる（信託法102条4項）。

(iii) 消滅時効の援用

受託者がある受益者の有する受益債権について消滅時効を援用したときは，当該受益者は損失を被る反面，他の受益者等の第三者が利益を享受することになるため，受益債権についての消滅時効の援用は，忠実義務または公平義務に反することにもなる。

もっとも，受益者が受益債権の行使を怠っている場合や，受益者の所在が不明であるため，受託者が受益者に信託財産を引き渡すことができない場合を想定すると，受託者が受益債権の消滅時効を援用することは常に禁止されるべきものであるとする必要もなく，一定の要件のもとで消滅時効の援用を認める必要がある。

そこで信託法は，⒤「消滅時効の期間経過後，遅滞なく，受益者に対し受益債権の存在及びその内容を相当の期間を定めて通知し，かつ，受益者からその期間内に履行の請求を受けなかったとき」または⒤⒤「消滅時効の期間の経過時において受益者の所在が不明であるとき，その他信託行為の定め，受益者の状況，関係資料の滅失その他の事情に照らして，受益者に対し前号の規定による通知をしないことについて正当な理由があるとき」に限り，受益債権の消滅時効を援用することができると定めている（信託法102条3項）。

また，信託が終了した時に信託財産に属する財産の給付を受ける権利（以下，「残余財産分配請求権」という）についても同様である（信託法183条5項）。

(iv) 受益権消滅後の信託財産の帰属

受益債権，および残余財産分配請求権が消滅時効により消滅したことにより，信託に受益者（残余財産受益者を含む）および帰属権利者がいなくなった場合，信託財産がだれに帰属するかについては，無主物になるとい

う見解[39]がある。しかし，信託財産は受託者に帰属するという建前をとっており，固有財産と信託財産との区別は，このような建前を前提としつつ，信託財産に関する対内的・対外的法律関係を律するためにされているにすぎないものであるから，受益権等が消滅したことによって信託財産が無主物になると解することは困難であることから，信託法は，信託財産は受託者に帰属すると定めている（信託法182条3項）。

4 受益権の譲渡

(1) 受益権の譲渡性

① 譲渡の方法——指名債権譲渡との類似性

信託法のもとでは，受益権は「信託行為に基づいて受託者が受益者に対して負う債務であって信託財産に属する財産の引渡しその他の信託財産に係る給付をすべきものに係る債権」，いわゆる受益債権とこの受益債権を「確保するためにこの法律の規定に基づいて受託者その他の者に対し一定の行為を求めることができる権利」の総体であると定義されている（信託法2条7項）。

たとえば規約型確定給付企業年金信託の場合，年金規約の要件を充足した加入者（受益者）は，信託の受益権を取得する。そしてその受益者は，受益権の一部として(i)一定期間の金銭の給付を受ける権利（定期金債権）と，(ii)この定期金債権に基づき3か月に1回の支払日に金銭の給付を受ける定期給付金債権の2つの種類の受益債権を取得する。

旧信託法における学説は，このような性質を有する受益権を指名債権，または指名債権に類するものとしたうえで，一身専属的な権利でない限り[40]，その譲渡性を承認している[41]。

信託法は，受益権の譲渡性を明らかにするため，受益者の権利の総体である受益権の譲渡に関する規律を定めている。

---

39) 四宮・信託法354頁。

まず，受益者は，受託者の承諾を要することなく[42]，受益者と譲受人との間の合意により，受益権を譲渡することができることと，民法における指名債権の譲渡の場合と同様に（民法466条1項但書），受益権の性質上その譲渡が許されないときは[43]譲渡をすることができないことを定めている（信託法93条1項）。

　次に，民法における指名債権の譲渡の場合と同様に（民法466条2項），信託行為の定めによって，受益権の譲渡を禁止することができると定めている。ただしこの禁止は，善意の第三者に対抗することはできない（信託法93条2項）。なお，受益権を譲渡することが信託の目的に反する場合には，受益権の譲渡を禁止する旨の黙示の合意がなされているものと考えられる。

② 受益権譲渡後の費用等償還請求権

　受託者が信託事務を処理するのに必要となる費用を自らの財産から支出した場合，信託財産から償還を受けることができる（信託法48条1項）。

　旧信託法では，この費用等の償還は，受益権の内容の一部として受益者に対しても請求することができたが（旧信託法36条2項），信託行為の当事者となっていない受益者が，当然にこの費用等償還請求権にかかる債務を負担すべきものとする必要性は低いため，現行の信託法では，この受益者に対する費用等償還請求権は，信託行為とは別に，すなわち受益権の内容

---

40) 特別障害者扶養信託の受益権などがある。また，企業年金信託などの受益権もその裏付けとなる受給権の譲渡等が禁止されているので，一身専属的な権利である（確定給付企業年金法34条，40条など）。ただし，年金規約の定めにより，年金の給付を受けている者が死亡したときに，その者の遺族が年金の給付（遺族年金）を受けることができる（同法29条2項2号，47条）。この場合，受益権が承継（相続）されるのではなく，死亡により受益権がいったん消滅し，新たな受益権が遺族に付与される（高木多喜男「死亡退職金・遺族給付」判例タイムズ688号79頁（1989年），川井健『民法概論　親族・相続』160頁（有斐閣・2007年））。

41) 四宮・信託法322頁，能見・信託法189頁。民法466条1項参照。

42) 受益権の譲渡について，受託者の承諾を不要とするのは，①旧信託法と異なり，受益権を受益者の有する権利の総体と定義し（信託法2条7項），受託者は受益者に対する費用等償還請求権や報酬請求権などを受益権とは別の債権債務関係としたこと（同法48条5項，54条4項），②指名債権譲渡と異なり，受益権の譲渡の対抗要件を具備するまでに旧受益者（譲渡人）に生じた事由について，受託者は新受益者（譲受人）に対抗できると定めたこと（同法95条）を理由とする（寺本・信託法267頁）。

43) 40) 参照。

でなく，個々の受益者との合意によって発生するとされた（信託法48条5項）。

したがって，受託者と受益者の間で受益者が費用等の償還義務を負うことが合意された場合に，その後受益者が受益権を譲渡したとしても，受託者との間で別途，費用等の償還義務を譲受人（新受益者）が負う旨の合意がなされない限り，譲渡人（旧受益者）が引き続き当該義務を負担し，譲受人（新受益者）は当該義務を負担することはない。

また，受託者が，ある受益者との合意により，当該受益者から信託報酬を受け取る特則を定めることは可能である。この場合も，この合意は信託行為とは別の合意であることから，当該受益者が負担する信託報酬支払債務は，当該受益者が保有する受益権の譲渡に付随して譲受人に移転することはない（信託法54条4項による同法48条5項の準用）。

このように，受益者に対する費用等償還請求権や受益者の信託報酬支払義務は受益権とは別の独立した権利義務であることから，消滅時効も当該信託の受益権（受益債務）の消滅時効とは別に進行する。

③ 受益権の分割およびその一部譲渡
(i) 受益権の分割

受益権の譲渡に関連して，受益権を分割し，その一部を受益者が単独で自由に譲渡することができるかが問題となる。

たとえば，資産の流動化に関する信託のように，収益の分配率が異なる複数の受益権に分けて複数の投資家に帰属させたり，規約型確定給付企業年金信託のように，年金規約の要件を充足する都度，その要件を充足した者にその受益権を帰属させるように，1つの信託行為に基づき複数の受益権を発生させて複数の者に帰属させることは，その信託の目的上，当然に許される。

しかし，受益権は法律行為の当事者としての地位に類するものと位置付けることもできるうえ，受益者のみの意思による受益権の分割，およびその一部譲渡を幅広く認めることとすると，法律関係が複雑化するのみならず，受託者の事務処理に多大な負担を及ぼし，受益者の意思決定のあり方[44]にも影響を及ぼすおそれが大きい。したがって，受益権の分割およびその一部譲渡は，信託の変更に類するものであって，譲渡人たる受益者のみの

意思によってすることは許されないものと考えられる。もっとも，委託者および受託者の同意を得た場合や，事後的に受益権の分割を行うことが信託行為において予定されている場合には，受益者の事後的な分割は当然に許容される[45]。

(ii) 受益債権の譲渡

たとえば貸付債権などの金銭債権を流動化するために設定された信託の場合，その信託の受益者（投資家）の受益権は，(a)信託行為で定められた一定の日にその金銭債権の回収金（元本）および利息を配当として給付を受けることを内容とする権利（定期金債権[46]）と，(b)(a)に基づきその一定の期日に発生する権利（定期給付債権[47]）という2つの受益債権を内包するものであるが，(b)の受益債権のうち，すでに期日が到来した受益債権のみを譲渡できるかが問題となる。

株式会社の株式の場合，株主総会決議により確定した剰余金の配当支払請求権は，決議時の株主を債権者として具体化した金銭債権と考えられている。そして，この配当支払請求権は，株式と別個独立に処分（譲渡・差押え等）の対象となり，株主の「債権者（第三者）的権利」とよばれ，株式の一内容をなす権利（たとえば株主総会決議前の抽象的な「剰余金の配

---

[44] 受益者が複数の場合の意思決定方法は，信託法105条以下にその定めがある。信託行為の当事者である委託者および受託者の意思とはかかわらず，委託者または受託者が，なんらかの都合により受益者の意思の確認が必要となった場合，この規定に基づく受益者の意思決定の手続を経ることを求められる。

[45] 補足説明第四八の一。

[46] 定期金債権とは，一定または不定の期間にわたって金銭その他の代替物を給付させることを内容とする債権である。定期ごとに一定の給付を請求し得る債権（支分権）を生み出していく基礎となる包括的な債権をいう。定期金債権の例としては，終身年金および一定の有期年金における年金債権，扶養料債権，地上権の地代債権等があげられる（幾代・民法総則513頁）。

[47] 定期給付債権とは，基本権たる定期債権から発生する毎期の支分権たる債権であって，1年以内の区分ごとに（1年以内の周期をもって）定期に支払われるべき利息・賃貸料・地代・俸給・給料・年金・扶養料などの債権をいう（幾代・民法総則515頁，川島武宜編『注釈民法』339頁〔平井宜雄〕（有斐閣・1967年））。定期給付債権には，定期金債権から発生するもののほか，利息や賃貸料などが含まれる。ちなみに，利息や賃貸料を発生させる「基本権」も観念することできるが，いずれも元本債権そのものや賃貸借と独立に時効消滅することは認めるべきではないから，定期金債権にはならない（内田貴『民法Ⅰ〔第3版〕総則・物権総論』309頁（東京大学出版会・2005年））。

当請求権」）とは区別される[48]。

　他方，信託の受益権は，信託法2条7項が定めるように，「信託行為に基づいて受託者が受益者に対して負う債務であって信託財産に属する財産の引渡しその他の信託財産に係る給付をすべきものに係る債権」，いわゆる受益債権（債権的権利）と，この受益債権を「確保するためにこの法律の規定に基づいて受託者その他の者に対し一定の行為を求めることができる権利」（債権的および物権的権利）の総体と定義されていることから，株式会社の株式とは異なり，また法律関係を複雑化させないためにも，すでに期日が到来した受益債権のみを分割して譲渡することはできないという説，または受益債権が支払期日を到来したとき以降は信託債権[49]となり，支払期日が未到来の受益債権，すなわち受益権とは別個独立した権利であり，その債権のみの譲渡が可能であるという説に分かれよう[50]。

　支払期日の到来した受益債権も，信託行為に基づき受託者が受益者に負う債務であり，かつ信託財産の引渡債務であるという信託法の定義する受益債権の要件を充足すること，および受託者が信託財産を受益者に引き渡すまでは，受託者に受益者に対する信託法の義務を負わせておくことが受益者保護の観点からは望ましいと考えられることから，前者の説をとるべきと考えるが，今後の実務の積み上げを待つこととしたい。

④　受益権譲渡の対抗要件

　受益権は，指名債権または指名債権に類するものと考えられている[51]。

　民法は，指名債権の譲渡について，譲渡そのものは譲渡人と譲受人との間の合意（譲渡契約）のみで効力を生ずるものとしつつ，第三者に対する対抗要件では，不動産や動産のように対抗要件主義をとり，対抗要件を先に備えたほうが勝つという方式を採用している。すなわち，債権譲渡は譲

---

48) 上柳克郎ほか編『新版注釈会社法』36頁〔龍田節〕（有斐閣・1988年），江頭・株式会社法618頁。
49) 信託財産責任負担債務に係る債権であって，受益債権でないものをいう（信託法21条2項2号括弧内）。
50) 四宮教授は，「受益権は量的に分割して一部を譲渡することは可能だが，債権的部分と物権的部分とを分離して譲渡することは許されない」と述べている（四宮・信託法322頁）。
51) 四宮・信託法322頁，能見・信託法189頁。

渡人からの債務者への通知，または債務者の承諾がなければ，債務者その他の第三者に対抗できないと定め，通知または承諾は，確定日付のある証書[52]でなされないと債務者以外の第三者に対抗できない（民法467条）。

信託法は，この民法の指名債権の譲渡の対抗要件と同様に，受益権の譲渡は，譲渡人が受益権の債務者である受託者に通知をし，または受託者が承諾をしなければ，受託者その他の第三者に対抗することができず，その通知または承諾は確定日付のある証書でなされないと受託者以外の第三者に対抗できないと定めている（信託法94条）。

また，指名債権の債権譲渡は，指名債権の同一性を変えることなく，譲渡人から譲受人に指名債権を移転させるものであるから，譲渡人の通知または債務者の承諾は，指名債権の譲渡に対抗力を生ぜしめるにとどまり，指名債権の同一性に何ら影響を及ぼさない。したがって，指名債権が譲渡され，通知または承諾がなされたときは，その指名債権の債務者は，その通知または承諾がなされるまでに，譲渡人に対して生じた事由をもって譲受人に対抗することができる（民法468条2項）。たとえば，債務者が債権譲渡の通知を受けた当時，譲渡人に対して相殺適状にある反対債権を有していた場合には，債務者は譲受人に対してもその債権をもって相殺することができる。ただし，債務者が，譲渡される債権の不成立，成立における瑕疵，債権の消滅その他何らかの抗弁を有しているにもかかわらず，その債権の譲渡に関して異議を留めない承諾を行った場合には，譲受人を保護するため，それらの抗弁を譲受人に対しても主張できないとされている（民法468条2項）。

しかし，受益権は単純な指名債権ではなく，信託の利益を享受する権利（複数の受益債権）や，受託者の行為を監督し是正する権利（信託法92条に定める権利）などを含む包括的な地位であり，受益権の譲渡はその包括的な地位を移転するものである。このため，信託法は，民法の指名債権譲渡の定めと異なり，受益権の譲渡に関する受託者への通知，または受託者による承諾がなされるまでに譲渡人に対して生じた事由をもって，常に譲

---

52) 民法施行法5条に列挙されている証書をいう。

受人に対抗することができるとし，受託者の異議を認めないとしている（信託法95条）[53]。

(2) 受益権の質入れ

① 受益権に対する質権の法的位置付け

「財産権」たる受益権は，動産，不動産と同じく，質権の目的とすることができる（民法362条1項）。この「財産権」に対する質権を「権利質」といい，効力，設定方法，対抗要件などは民法に規定がある（民法362条以下）。信託の受益権に対する質権もこの「権利質」の1つである。

受益権は譲渡性があることから，質権の対象となる財産権である（信託法96条1項，民法344条）。ただし，性質上譲渡性のない受益権，法律上処分または担保設定が禁止されている受益権などについては，質権の設定は許されない（信託法96条1項但書）。また，受益権の譲渡や受益権に対して質権の設定の禁止が信託行為に定められている受益権には，質権は設定できない（信託法96条2項）。ただし，このような信託行為による特約は，善意の第三者には対抗できないとされている（信託法96条2項但書）。

② 受益権に対する質権の設定方法

受益権に対する質権の設定方法，対抗要件および実行方法について，信託法には特段の定めはなされていないので，民法の権利質についての規定に従うことになる（民法363条，364条，366条）。

質権は一般的に，質権の目的物を引き渡すことによって成立する（民法344条）。しかし，目的物を観念できない指名債権などの債権に対する質権の設定は，質権者と質権設定者との間の合意（質権設定契約）のみによって行われる。したがって，信託の受益権に対する質権の設定は，受益者と質権者との間の合意（質権設定契約）によって行われる（民法363条）。

また，質権の対抗要件は質権の目的物によって異なり，動産については「占有の継続」（民法352条），不動産については登記である（同法361条）。指名債権については，債権の譲渡と同じく，質権設定者から第三債務者へ

---

[53] 補足説明第四八の三，寺本・信託法269頁。

の通知または承諾，第三債務者以外の第三者に対しては，その通知または承諾が確定日付ある証書によってなされなければならない（民法364条）。信託の受益権に対する質権の設定の対抗要件について，信託法は特別の規定を設けていないことから，民法の指名債権に関する質権設定と同様に，目的物の譲渡，すなわち受益権の譲渡に関する対抗要件の規定（信託法94条）に従うことになる。

③　受益権に対する質権の効力
（i）　優先弁済的効力

信託法は，受益権に対する質権について優先弁済を受ける方法について特段の定めはなされていないので，民法の権利質についての規定に従うことになる（民法366条，民事執行法143条，167条）。

前者は，質権者が質権の目的物である受益権（受益債権）を自己の名において直接に取り立て，その引渡しを請求し，質権者は，その取り立てた受益権（受益債権）を自己の債権の弁済に充当する方法である（民法366条1項，信託法98条1項）。ただし，質権の目的物となっている受益権（受益債権）が金銭を給付する債権のときには，質権者は，自己の債権額に対応する部分に限り，取立てを許され（民法366条2項），質権の目的物となっている受益権（受益債権）が金銭以外を財産を給付する債権であるときには，質権者は，弁済として受け取った物について質権を有する（同条4項，信託法97条1号）。また，民法の権利質の効力と異なり，質権の対象となっている受益権から生じた金銭等（【図表5】参照）についても質権の効力が及ぶことが明らかにされているので（信託法97条各号）[54]，当該受益権の質権者は，それら金銭等についても，自己の債権の弁済に充当することができる。

後者は，質権者が担保権として質権を実行することである。すなわち「債権」[55]（民事執行法143条）および「その他の財産権」[56]（同法167条）

54）　株式の質入れの効力に関する規定である会社法151条に準じて整備されたものである（寺本・信託法270頁）。
55）　金銭の支払い，または船舶もしくは動産の引渡しを目的とする債権。
56）　不動産，船舶，動産および債権（民事執行法143条でいう債権）以外の財産権。

【図表5】受益権の質権の効力（信託法97条）

号数	内容
1号	当該受益権を有する受益者が受託者から信託財産に係る給付として受けた金銭等
2号	受益権取得請求によって当該受益権を有する受益者が受ける金銭等
3号	信託の変更による受益権の併合または分割によって当該受益権を有する受益者が受ける金銭等
4号	信託の併合または分割によって当該受益権を有する受益者が受ける金銭等

についての担保権の実行である。

(ii) 質権設定の拘束力[57]

債権質においては，自己の債権を質入れした以上，質権設定者（債務者）がその債権を消滅させない義務を負うものと考えられ，民法481条1項の類推により，債権の取立て，相殺，免除など，債権を消滅・変更（期限の猶予，利率の引下げなど，質権者に不利益な内容の変更を含む）させる行為は質権者に対抗できないと考えられている（担保関係に基づく担保価値維持義務）[58]。また，第三債務者もこの担保価値維持義務を原則として負う。ただし，質権者による追認・同意により，かかる拘束力に反する行為も許されると解されている。

権利質の一種である受益権の質入れにおいても同様に，質権設定者（受益者）がその受益権を消滅させない義務を負うものと考えられる。したがって，質権設定者である受益者が行う受益権の放棄や受益権に係る受益債権の取立て，免除（放棄），相殺など，受益権や受益債権を消滅・変更させる行為は質権者には対抗できないものと考えられる。

---

57) 詳しくは金融法委員会「信託受益権に対して設定された質権の効力」金融法務事情1722号71頁（2004年）。
58) 近江幸治『民法講義Ⅲ　担保物権〔第2版補訂〕』334頁（成文堂・2007年）。

第 8 章

信託管理人・信託監督人・受益者代理人

　信託では，まだ生まれていない子供を受益者として指定することができるが，このような場合には，信託に関する受益者の権利を受益者が行使することは不可能である。同様に，信託では，特定の団体の構成員を受益者として指定することができるが，構成員が時々刻々と変わる場合には，信託に関する受益者の権利を受益者が行使することは困難な場合があり得る。
　このようなことから，信託法は，信託管理人，信託監督人，受益者代理人という受益者に代わって受益者の権利を行使する3つの制度を設け，受益者の権利の保護を図っている（【図表1】）。

1　信託管理人

　受益者として権利を行使できる者がいない信託の場合，信託の受益者の利益を守る必要がある。このため，信託の受益者に代わって受益者の利益を守るために信託行為によって設置される者が信託管理人である。
　信託管理人が設置される信託の例としては，信託型ライツプランがある。信託型ライツプランは，敵対的買収の防衛策として，上場企業などが委託者となり，敵対的買収者が現れたときの全株主を受益者とする信託であるが，この信託は，敵対的買収者が現れるまで受益者が不存在であることから信託管理人が設置される。

【図表１】 信託管理人・信託監督人・受益者代理人

	選任できるケース	選任方法	権　限	行使の方法	事　例
信託管理人	受益者として権利を行使できる者がいない場合	信託行為の定め，または裁判所の決定	受益者の有する信託法上のすべての権限（原則）	自己の名もって	信託型ライツプラン
信託監督人	受益者が高齢者や未成年であるため，受益者が受託者を監視・監督することが困難である場合	信託行為の定め，または裁判所の決定	受益者の有する受託者の監督のための権限（原則）	自己の名もって	―
受益者代理人	受益者が変動し，または多数であることから，受益者による権利行使が困難な場合	信託行為の定め	受益者の有する信託法上のすべての権限（原則）	受益者の名をもって	加入者保護信託顧客分別金信託規約型確定給付企業年金信託退職給付信託社内預金引当信託

(1) 設置の要件

　信託法は，受益者が現に存しない場合に[1]，信託行為において，信託管理人となるべき者を指定する定めを設けることができるとしている（信託法123条１項）。

(2) 選任・任務の終了

① 選　任

　信託管理人は，信託行為の定め[2]により選任される（信託法123条１項）。
　信託管理人は，信託行為において信託管理人として指名された者が，就任の承諾をして初めて就任する（信託法123条２項以下参照）。信託行為によって信託管理人の定めがある場合，利害関係人は，この者に対して，相

---

[1] 複数の受益者の一部が未存在である場合は，信託法123条１項における「受益者が現に存しない場合」にはあたらないので，信託管理人を設置することができない（寺本・信託法313頁）。
[2] 信託管理人の選任方法を指定するのでもよい（四宮・信託法338頁）。

当の期間を定めて，その期間内に就任の承諾をするかどうかを確答すべき旨を催告することができる（信託法123条2項）。信託管理人となるべき者がこの催告を受けた場合，期間内に委託者に対し確答をしないときは，就任の承諾をしなかったものとされる（信託法123条3項）。

　受益者として権利を行使することのできる者がいない信託の場合において，信託行為に信託管理人に関する定めがないとき，または信託管理人となるべき者として指定された者がその就任を承諾しなかったときは，裁判所は，利害関係人の申立てにより[3]信託管理人を選任することができる（信託法123条4項）。

　いずれの選任方法においても，信託管理人は，その職務の重要性から，受託者や信託管理人と同じように未成年者，または成年被後見人もしくは被保佐人であってはならない。また，信託管理人は受託者を監督する権限を有することから，受託者からの独立性を確保するため，当該信託の受託者であってはならない（信託法124条）。

　② 任務の終了

　信託管理人の任務は，(i)死亡，(ii)後見開始もしくは保佐開始の決定，(iii)破産手続開始の決定，(iv)解散（合併に基づくものを除く），(v)辞任もしくは解任，または(vi)信託行為において定めた事由により終了する（信託法128条1項）。ただし(iii)の場合においても，信託管理人の任務を終了しないことを信託行為で定めることができる（信託法56条1項但書）。

　また，(a)受益者が存するに至ったとき，(b)委託者が信託管理人に対して事務の処理を終了する旨の意思表示をしたとき，(c)信託行為において定めた事由が生じたときには，信託管理人による事務の処理は終了する（信託法130条）。

　なお，受益者が存するに至ったときにおいて，信託管理人がその事実を後に知った場合には，信託管理人は，遅滞なく事務の経過および結果を当

---

[3] 裁判所が職権をもって信託管理人を選任することを認めないこととしたのは，裁判所が信託管理人の選任の必要性を独自に認識することは困難であるし，私的自治の尊重という観点からは，利害関係人の申立権を認めることで十分であり，それによって受益者の利益の保護に支障が生じるおそれはないと考えられるからである（寺本・信託法314頁）。

該受益者へ報告しなければならない（信託法130条2項）。

(3) 法律上の地位

信託管理人は，受益者の代理人ではなく，信託の機関である。

信託管理人は，信託の利益を享受する受益者のために，自己の名をもって受益者の権利に関する一切の裁判上，または裁判外の行為をする権限を有する。ただしこの権限は，信託行為によってその範囲の特約を定めることができる（信託法125条1項）。また，受益者に対して行われる通知は，すべて信託管理人に対して行わなければならない（信託法125条3項）。

2 信託監督人

年少者や高齢者，あるいは知的障害者等を受益者として財産の管理や生活の支援等を行うことを目的とする福祉型の信託の利用の促進を図る等の観点から，受益者のために第三者が受託者を監視・監督する制度が有益である。この第三者を信託監督人という。

(1) 設置の要件

信託監督人は，受益者が現に存する場合に選任される（信託法131条1項）。

制度の趣旨は前述のとおりであるが，受益者が年少者，高齢者，または知的障害者等であることは要件とされていない。

(2) 選任・任務の終了

① 選 任

信託監督人は，信託行為の定めにより選任される（信託法131条1項）。信託監督人は，信託行為において信託監督人として指名された者が，就任の承諾をして初めて就任する（信託法131条2項以下参照）。信託行為によって信託監督人の定めがある場合，利害関係人は，この者に対して，相当の期間を定めて，その期間内に就任の承諾をするかどうかを確答すべき

第8章　信託管理人・信託監督人・受益者代理人

旨を催告することができる（信託法131条2項）。信託監督人となるべき者がこの催告を受けた場合，期間内に委託者に対し確答をしないときは，就任の承諾をしなかったものとされる（信託法131条3項）。

受益者が受託者の監督を適切に行うことができない特別の事情がある場合において，信託行為に信託監督人に関する定めがないとき，または信託監督人となるべき者として指定された者がその就任を承諾しなかったときは，裁判所は，利害関係人の申立てにより信託監督人を選任することができる（信託法131条4項）。

いずれの選任方法においても，信託監督人は，その職務の重要性から，受託者や信託管理人と同じように未成年者，または成年被後見人もしくは被保佐人であってはならない。また，信託監督人は，受託者を監督する権限を有することから，受託者からの独立性を確保するため，当該信託の受託者であってはならない（信託法137条，124条）。

② 　任務の終了

信託監督人の任務の終了については，信託管理人と同様である（信託法134条）。

(3)　**法律上の地位**

信託監督人は，受益者の代理人ではなく，信託の機関である。

信託監督人は，受益者のために，自己の名をもって，信託法92条各号（受益権の放棄（17号），受益権取得請求権（18号），受益権原簿記載事項を記録した書面の交付または提供の請求権（21号），および受益権原簿記載事項の記載または記録の請求権（23号）を除く[4]）に掲げる権利に関する一切の裁判上，または裁判外の行為をする権限を有する。ただしこの権限は，信託行為によってその範囲の特約を定めることができる（信託法132条1項）。

なお，信託監督人は受益者が現に存する場合に選任される者であるから，

---

[4]　これらの権利は，いずれも受益者の個人的な利益を目的とした権利であって，受託者の監督のための権利を行使すべき者である信託監督人の立場にはそぐわないことから除外されている（寺本・信託法318頁）。

受益者自身による権利の行使と信託監督人による権利の行使との競合の問題が生じる。信託法92条各号に掲げる権利，すなわち受託者の監督に係る権利については，各受益者が単独で行使することのできる権利（単独受益者権）と位置付けられており，これらの権利を受益者と信託監督人とが重畳的に行使できることとしても，信託事務の円滑な処理を妨げることはない。したがって，信託監督人が選任されている場合であっても，受益者自身が権利の行使の機会を失うものではない[5]。

3 受益者代理人

　受益者が時々刻々と変更したり，特定多数であったりするために受益者による権利行使が困難な場合，信託行為の定めにより，受益者の代わりに信託に関する受益者の権利を行使する者を選任することを認めることが，受益者保護，および信託事務の円滑な処理を図るという観点から有益である。この受益者の代わりに信託に関する受益者の権利を行使する者を受益者代理人という。

　受益者代理人が設置される信託の例としては，顧客分別金信託がある。顧客分別金信託は，金融商品取引業者等が顧客に返還すべき額に相当する金銭を，当該金融商品取引業者等の固有の財産と分別して管理することと，それを顧客へ返還することを目的とするため，金融商品取引業者等を委託者，顧客を（元本）受益者とする信託である[6]。この信託は，受益者が当該金融商品取引業者等の顧客という特定多数の集団であることから，受益者代理人が設置される[7]。

(1) 設置の要件

　受益者代理人は，受益者が現に存する場合に選任される（信託法139条

---

[5] 寺本・信託法317頁。
[6] 金商法43条の2，金商業府令141条1項1号。
[7] 金商業府令141条1項2号。ただし，契約において委託者が金融商品取引業等を廃止した場合における顧客を受益者として定めた場合には，信託管理人の設置が可能となる。

第 8 章　信託管理人・信託監督人・受益者代理人

1 項）。制度の趣旨は前述のとおりであるが，受益者が時々刻々変更されること，または多数であることは要件とされていない。

(2)　選任・任務の終了

①　選　任

受益者代理人は，信託行為の定めにより選任される（信託法138条 1 項）。

受益者代理人は，信託行為において受益者代理人として指名された者が，就任の承諾をして初めて受益者代理人に就任する（信託法138条 2 項以下参照）。信託行為によって受益者代理人の定めがある場合，利害関係人は，この者に対して，相当の期間を定めて，その期間内に就任の承諾をするかどうかを確答すべき旨を催告することができる（信託法138条 2 項）。受益者代理人となるべき者がこの催告を受けた場合，期間内に委託者に対し確答をしないときは，就任の承諾をしなかったものとされる（信託法138条 3 項）。

なお，信託管理人や信託監督人の場合と異なり，受益者代理人においては利害関係人の申立てによる裁判所の選任は認められていない[8]。このため，信託行為に受益者代理人が任務を終了した場合における新たな受益者代理人の定めがあるときは，委託者または受益者代理人に代理される受益者のみが，新たに受益者代理人となるべき者に対し，相当の期間を定めて，その期間内に就任の承諾をするかどうかを確答すべき旨を催告することができる（信託法142条 1 項，62条 2 項）。

受益者代理人は，その職務の重要性から，受託者，信託管理人，信託監

---

[8]　受益者代理人について裁判所の決定による選任が認められていないのは，次の理由からである（寺本・信託法323頁）。
　①　信託管理人の場合には，そもそも受益者が現に存しない場合であるから，信託管理人の権限と受益者の権利の競合という問題が起こらないこと，また信託監督人の場合には，その権限に係る受託者の監督に関する権利について，現存する受益者も重畳的に権利を行使することができること（信託法132条参照）から，裁判所の決定により信託管理人または信託監督人を選任できることとしても，受益者の権利は害されないこと。
　②　受益者代理人の場合には，受益者代理人が選任されると，当該受益者代理人に代理される受益者は，原則として信託に関する意思決定に係る権利を行使することができなくなることから，裁判所の決定により受益者代理人を選任できることとすると，受益者の利益を著しく害することになりかねないのみならず，当該信託を設定するにあたり受益者代理人を選任しなかった委託者の合理的な意思にも反すること。

督人と同じように，未成年者，または成年被後見人，もしくは被保佐人であってはならない。また，受益者代理人は受託者を監督する権限を有することから，受託者からの独立性を確保するため，当該信託の受託者であってはならない（信託法144条，124条）。

② 任務の終了

受益者代理人の任務の終了については，信託管理人と同様である（信託法141条）。

(3) **法律上の地位**

受益者代理人は，その代理する受益者のために，その受益者の権利（受託者の責任免除に係るものを除く）に関する一切の裁判上，または裁判外の行為をする権限を有する。ただしこの権限は，信託行為によってその範囲の特約を定めることができる（信託法139条1項）。

なお，個々の受益者が受託者に対し，損失のてん補または原状の回復の請求権（信託法40条，41条）を行使することは妨げられないことから，この特約において，受託者の責任免除に関する権限（同法42条）を授権することはできない。

また，受益者代理人が選任されている場合においては，受益者は信託法92条各号において定められた権利を除き，その権利の行使をすることができない（信託法139条4項）。

# 第 9 章

委 託 者 の 権 利

1　委託者の意義

　委託者は，受託者に対し，財産の譲渡，担保権の設定，その他の財産の処分をなし，受託者に対して一定の目的に従い，当該財産の管理，または処分，その他の信託の目的の達成のために必要な行為をさせる者で，信託の当事者として信託の設定に重要な役割を果たす（信託法 2 条 4 項）。しかし，信託の利益を直接に享受するのは受益者であり，その受益者に対して各種の義務・責任を負う者は受託者であるというのが信託の基本的な構成である。

　このように考えるならば，この受託者と受益者との関係に加え，委託者に対しても受託者がなんらかの義務・責任を負うものと考えることは，いたずらに法律関係を複雑なものとすることになると考えられる。

　また，委託者の契約上の地位を重視し，委託者と受託者との間に独自の権利義務関係を観念するならば，たとえば受託者の忠実義務等を解除し，または義務違反を免除するためには，受益者のみならず，委託者の同意をも要することになるなど，信託事務の遂行に関するすべての事項について，委託者と受益者の双方の意思を問う必要が生じるうえに，その意思に対立が生じた場合の解決に苦慮し，信託事務の遂行に無用の混乱を生じることが考えられる。

以上の理由から，わが国の信託法においては，委託者は，信託契約もしくは遺言信託，または自己信託（信託行為）の当事者ではあるものの，信託の成立後，信託に関する権利義務関係は，原則，受託者と受益者との間で形成されるものとして，委託者は信託に関する権利義務を有さないものとしている。ただし委託者は，これらの信託行為の当事者として信託の目的が達成されるか否かにつき相応の利害を有することから，最低限度の権利が認められるものとしている。

2　委託者適格

　委託者となる資格については特別な規定は設けられていないので，民法の一般規定に従うこととなる。
　まず自然人についていえば，原則として何人でも委託者となれる。ただし信託設定のためには，その対象となる財産の権利移転，その他の処分という法律行為を行うことから，民法総則の規定に従ってその財産を処分する能力が必要となる。この能力を欠くときは「取り消すことができる行為」（民法120条）となるので，未成年者などの制限行為能力者が委託者となる場合には，民法所定の有効要件に注意する必要がある（同法4条以下）。遺言による信託設定の場合には委託者の行為能力を必要とせず，その遺言のなされるときに委託者に遺言をする資格（遺言能力）（民法961条以下）がなければならない。
　法人が委託者の場合は，定款，または寄附行為により定められた目的の範囲内で信託行為を行うことができる（民法34条）。

3　委託者の権利

(1) 委託者の有する権利

　委託者は，受益者と同等の権能を有することは相当ではないが，自己の設定した信託の目的が達成されるか否かにつき，委託者は相応の利害を有

することから，委託者が利害関係者として有する「貸借対照表・損益計算書等の閲覧等請求権」などの権利のほかに，信託事務の処理の状況についての情報入手に係る権利（「受託者に対する報告（説明）請求権」），受託者や信託管理人，信託監督人，および受益者代理人などの信託事務の処理にかかわる者の選解任および辞任等に関する権利など，委託者固有の権利を有している（【図表】参照）。

　また，信託の変更，併合もしくは分割，または信託の終了は，信託の枠組み自体に重大な影響を与える行為であり，受益者等が自由に行うことができるとした場合には，信託目的に反することが行われかねない。そこで，委託者が信託目的の設定に最も深く関与した信託行為の当事者であることに鑑み，信託目的に反しないことが明らかとはいえない信託の変更，併合もしくは分割，または信託の終了を行う場合には，委託者の合意（合意権）を要するものとしている（【図表】参照）。

　もっとも，委託者がこれらの権利を放棄することを望む場合には，これを禁止する理由はないことから，委託者は，これらの権利の全部または一部を有しない旨を信託行為に定めることができる（信託法145条1項）。

(2) 信託行為に定めることができる委託者の権利

　委託者は信託行為の当事者であるから，委託者が信託に関する各種の権能を自ら保持することを望む場合には，これを否定する合理的な理由はない。そこで，受益者が有する信託の監視・監督的機能に関する権利のうち，信託行為の定めによって，受益者とともに委託者がその権利の全部または一部を有することとすることができる（信託法145条2項，4項）。

　なお，受益者に対して各種の義務・責任を負う者は受託者であることが，信託の基本的な構成である。したがって，受託者が，受益者に加えて委託者に対しても各種の義務・責任を負うとするならば，信託事務の処理が無用に混乱するおそれがあることから，信託法は，信託行為による委託者への権利の付与を制限している。しかし，たとえば特定金銭信託などの信託における，委託者が受託者に対して信託財産の運用指図を行う権利など，受益者の権利に競合しない権利であれば，そのような権利を委託者に付与

3　委託者の権利

【図表1】委託者の権利・義務

権利主体		権利の内容	根拠条文（信託法）	受益証券発行信託に関する特例
信託行為に定めなくとも有する権利	委託者	受託者に対する報告（説明）請求権	36条	○
		受託者の辞任に対する承諾権	57条1項	
		受託者の解任の合意権	58条1項	
		裁判所に対する受託者の解任申立権	58条4項	○
		受託者の選任の合意権	62条1項	
		裁判所に対する信託財産管理者の解任申立権	70条、58条4項	
		裁判所に対する信託財産管理者の解任申立権	74条6項、70条	
		信託管理人の辞任に対する承諾権	128条2項、57条1項	
		信託管理人の解任の合意権	128条2項、58条1項	
		裁判所に対する信託管理人の解任申立権	128条2項、58条4項	
		新信託管理人の選任の合意権	129条1項、62条1項	
		信託監督人の辞任に対する承諾権	134条2項、57条1項	
		信託監督人の解任の合意権	134条2項、58条1項	
		裁判所に対する信託監督人の解任申立権	134条2項、58条4項	○
		新信託監督人の選任の合意権	135条1項、62条1項	
		受益者代理人の辞任に対する同意権	141条2項、57条1項	
		裁判所に対する受益者代理人の解任申立権	141条2項、58条1項	
		裁判所に対する受益者代理人の解任申立権	141条2項、58条4項	○
		新受益者代理人の選任の合意権	142条1項、62条1項	
		受益者代理人の職務の引受催告権	142条1項、62条2項	
		裁判所に対する受益者代理人の選任申立権	142条1項、62条4項	
		信託の変更（信託目的に反するもの）合意権	149条1項	
		信託の変更（受託者の利益に反せず信託目的に反するもの）請求権	149条3項1号	
		裁判所に対する信託の変更申立権	150条1項	○
		信託の併合（信託目的に反しないもの）合意権	151条1項	
		吸収信託分割（信託目的に反するもの）合意権	155条1項	
		新規信託分割（信託目的に反しないもの）合意権	159条1項	
		信託の終了の合意権	164条1項	
		裁判所に対する信託の終了申立権	165条1項	○
		裁判所に対する公益の確保のための信託の終了請求権	166条1項	○
		裁判所に対する公益の確保のための保全処分請求権	169条1項	○
		裁判所に対する新受託者の選任の申立権	173条1項	○
		信託終了時に帰属権利者が存しない場合における信託財産の帰属権	182条2項	
		受益証券発行信託における受益権原簿の閲覧等請求権	190条2項	○
		会計監査人設置信託における会計監査人の選任の合意権	250条1項	
	利害関係人	遺言信託における信託の引受催告権	5条1項	
		遺言信託における裁判所に対する受託者の選任申立権	6条1項	
		貸借対照表・損益計算書等の閲覧等請求権	38条6項	

201

第 9 章　委託者の権利

権利主体		権利の内容	根拠条文（信託法）	受益証券発行信託に関する特例
信託行為の定めにより付与することのできる権利	委託者	新受託者の職務の引受催告権	62条2項	○
		裁判所に対する受託者の選任申立権	62条4項	○
		裁判所に対する財産管理命令申立権	63条1項	○
		裁判所に対する信託財産法人管理人による管理を命ずる処分請求権	74条2項	○
		信託管理人の職務の引受催告権	123条2項	
		裁判所に対する信託管理人等の選任申立権	123条4項	
		信託管理人の職務の引受催告権	129条1項，62条2項	
		裁判所に対する新信託管理人の選任申立権	129条1項，62条4項	
		信託監督人の職務の引受催告権	131条2項	○
		裁判所に対する信託監督人の選任申立権	131条4項	○
		裁判所に対する新信託監督人の選任申立権	135条1項，62条4項	○
		受益者代理人の職務の引受催告権	138条2項	○
		信託財産の保全処分に関する資料の閲覧等請求権	172条1項ないし3項	○
		遺言の方法による受益者の定めのない信託における裁判所に対する信託管理人の選任申立権	258条6項	
		受託者の固有債権者からの強制執行等に対する異議申立権	145条2項1号（23条5項，6項）	
		受託者および全受託者の権限違反行為の取消権	145条2項2号（27条1項，2項，75条4項）	
		受託者の利益相反行為の取消権	145条2項3号（31条6項，7項）	
		受託者の競合行為の介入権	145条2項4号(32条4項)	
		帳簿閲覧等請求権	145条2項5号(38条1項)	
		他の受益者の氏名等の開示請求権	145条2項6号(39条1項)	
		任務違反等に係る受託者に対する損失填補等請求権	145条2項7号(40条1項)	
		法人である受託者の役員の連帯責任追及権	145条2項8号(41条)	
		受託者の違法行為の差止請求権	145条2項9号(44条)	
		裁判所に対する検査役の選任申立権	145条2項10号(46条1項)	
		前受託者に対する違法行為差止請求権	145条2項11号(59条5項)	
		受託者の相続人または破産管財人に対する信託財産処分行為差止請求権	145条2項12号（60条3項，5項）	
		限定責任信託において制限を超えて受益者へ違法な給付をした場合における責任追及権	145条2項13号（226条1項）	
		限定責任信託において受益者の給付により信託財産に欠損を生じた場合における責任追及権	145条2項14号（228条1項）	
		受益証券発行限定責任において信託会計監査人の損失填補責任等を追及する権利	145条2項15号（254条1項）	
		受託者が受益者に報告すべき事項を委託者が報告を受ける権利	145条4項1号	
		受託者が受益者に通知すべき事項を委託者が通知を受ける権利	145条4項2号	
		前受託者または清算受託者のする計算承認を行う権利	145条4項3号	

する旨を信託行為に定めることは，信託法145条2項および4項の定めにかかわらず，可能であるものと考える。

(3) 特殊な信託の特例

① 受益証券発行信託の特例

受益証券発行信託においては，受益者が不特定多数に上ることが予想されるところ，受益証券を譲渡した場合にあっても，譲渡人が引き続き委託者として権利を行使できることとすると，一般の信託の場合に比べて法律関係が複雑になるおそれが類型的に高いと考えられる。

そこで信託法は，受益証券発行信託における委託者の権利の一部（【図表】参照）について，委託者は行使できず，受益者のみが行使できると定めている（信託法215条）。ただし，明文の規定はないが，信託行為の定めにより，受益者が行使できる委託者の権利の一部または全部を制限することができると考える（信託法145条1項）。

② 遺言代用信託の特例

遺言代用信託（信託法90条1項）では，委託者が死亡するまでの間，受益者としての権利を有する者が誰も存しないことがあり得るが，このような信託においても，受託者による適切な信託事務の処理を確保する必要性は当然認められることから，受託者に対する監督的権利を行使できる者が存することが望ましい。

そこで信託法は，このような類型の信託において，受益者が存しない場合，または受益者としての権利を行使することができない場合（信託法90条2項）には，受益者に代わって委託者がこのような監督的権利を行使できることが相当であるとの観点から，受益者の存する通常の信託の場合とは逆に，信託行為に別段の定めがない限り，委託者は受託者に対する監督上の権利を有し，また，受託者は委託者に対する通知等の義務を負うとしている（同法148条）。

第9章 委託者の権利

4 委託者の地位の移転

(1) 特定承継の場合

委託者の地位は，他の委託者（委託者複数のとき），受託者，および受益者の同意を得るか，または信託行為において定めた方法により移転することができる（信託法146条）。

なお，委託者と受益者の地位が同一人に帰属する場合（自益信託）において単に受益権を譲渡したにすぎないときは，受益者の地位が移転するのみである。

しかし，自己の財産を管理するために行われるにすぎない自益信託の場合には，特別の事情がない限り，受益者の権利に付随して委託者の権利を移転するのが一般的であるものと考えられる。この場合に，委託者の地位が付随して移転しないとするならば，委託者に一部の権利が留保されたまま受益者の地位のみが移転することとなり，委託者の地位と受益者の地位が一致していることを前提としている自益信託においては，委託者，受益者，および受託者の間に複雑な法律関係が生ずるおそれがある。

したがって，受託者における実務対応としては，信託契約（信託行為）に受益権が譲渡されるときには委託者の地位も承継される旨の特約を設けるか，受益権が譲渡される譲渡契約に委託者の地位も譲渡される旨を規定するかのいずれかの対応が必要となる。また同様の理由から，銀行が融資を行う場合に，借入人が委託者兼受益者である土地信託や，有価証券の運用を目的としている特定金銭信託などの受益権を担保として取得するときは，委託者の地位の取扱いについて注意が必要となる[1]。

なお，受益証券発行信託については，委託者の権利を制限することにより，委託者と受益者の地位が分離することによる弊害が生じないようにし

---

1) たとえば，委託者は信託の終了の合意権を有することから，信託契約の定めにもよるが，債権者である銀行が受益権を取得しても，当該信託を終了することができないことも想定される（信託法164条1項）。また，委託者は法定帰属権利者でもあること（信託法182条2項）から，信託終了時に受益者ではなく，委託者に残余財産が交付されることも考えられる。

ている（信託法215条）。

(2) 包括承継の場合

　法人である委託者の合併については原則として，包括承継者（存続・新設会社）が委託者の地位を当然に承継する。

　個人の委託者の地位が相続されるかについては，(i)委託者または受託者の死亡によっても信託は終了しないことに鑑みれば，委託者の地位をもって受託者との間の個人的な信頼関係に基づく一身専属的な権利義務であるとはいい難いこと，(ii)信託行為という法律行為の当事者としての委託者の権利義務，または信託終了時の残余財産の法定帰属権利者（信託法182条2項）としての地位については，相続による承継を認めることが相当であることなどの理由から，委託者の一定の権利義務については，相続による承継が認められるべきであると考えられる。しかし，委託者の権利義務を相続が認められる権利義務と認められない権利義務とに区別することが困難であることから，信託法は原則として，相続人が委託者の地位を承継するものとしている（信託法147条）。

(3) 特殊な信託の特例

① 遺言信託の特例

　信託法の原則は，委託者の地位の相続性を肯定しているが，相続が数代続いた場合などを想定すると，委託者の地位を有する者が多数に上り，複雑な法律問題を生ずるおそれがあること，委託者としての権利は信託を設定した者のみが適切に行使し得るのであって，委託者の相続人にはその適切な行使を期待し難いこと等の理由から，委託者の合理的な意思としては，信託行為に別段の定めがない限り，委託者の死亡により委託者の権利を消滅させる旨の定めが置かれているものと考えるべきであるという考え方もある。他方，委託者において委託者の相続人の関与を排除したければ，信託行為にその旨を定めることによって対処が可能であるという考え方もある。

　また，遺言信託（信託法3条2号）の場合には，法定相続分とは異なる

財産承継を，信託をもって実現しようとするものであるから，委託者と受益者とは，信託財産に関して典型的に利害が対立する関係にあるものといえる。

　これらの理由から，遺言信託の場合には，信託行為に別段の定めがない限り，委託者の相続人は委託者の地位を相続により承継しないものとされている（信託法147条）。

　② 　貸付信託法，投資信託及び投資法人に関する法律，および資産の流動化に関する法律における特例

　貸付信託，投資信託および特定目的信託の受益証券は委託者の地位までを表章するものではないから，本来であれば，受益証券を交付しただけでは委託者の地位は移転しない。

　しかし，受益者の地位が移転するのに委託者の地位が譲渡人に残り，委託者が受託者に対して権利を行使することができるのは，適当ではない。そこで，貸付信託，投資信託および特定目的信託の受益権の譲渡においては，受益証券の取得者は委託者の地位を承継するものとしている（貸付信託法10条，投信法51条，資産流動化法237条）。

　ただし特定目的信託は，委託者の資産を流動化することが特定目的信託の目的であることから，当該特定目的信託の委託者（オリジネーター）にも一定の責任を負わせることが受益者の保護に資する場合があるので，その契約の定めにより，委託者の義務を承継させないことができるものとしている（資産流動化法237条）。

第 10 章

信託の変更，併合および分割

1 信託の変更

(1) 信託の変更の必要性

　土地信託や年金信託，そして遺言信託など，信託の仕組みが利用されるのは長期にわたる財産管理を目的とする場合が多い。このように信託の仕組みが利用される場合には，当然に信託銀行などの専門家がその仕組みを周到に考えて信託を設定することはいうまでもない。

　しかしながら，どんなに周到に設計された信託の仕組みであっても，その信託の長期の存続期間において，信託の設定当時に想定できないような経済変動，社会構造の変革や技術革新等が生じることから，信託行為の定めた方法により信託の管理を行うことがかならずしも効率的ではなくなったり，信託の存続自体が危ぶまれる状態が生じることがあり得る。そのような場合には，委託者の意図した信託の目的を達成し，受益者の利益を確保するために，信託の内容を柔軟かつ迅速に変更する必要がある。

　もっとも，信託が変更されると，ある者が利益を受ける代わりに他の者が不利益を受けるという具合に，委託者，受託者，受益者等の信託の利害関係人に影響を与える可能性がある。そのため，信託の変更に際しては，誰の利益をどの程度保護するのかが重要になる。そこで信託法は，事後的

な信託の変更に関するルールを定めている。

(2) 信託の変更のルール

① 原　則

　信託法は，信託の変更について原則，委託者，受託者および受益者の三者の合意が必要であるとしている（信託法149条１項）。この場合，信託行為が契約で行われているのであれば，信託の変更後の姿を明らかにするため，その信託契約の変更を委託者，受託者，および受益者の三者で合意する必要がある。

　なお，信託の変更時に委託者が存しない場合には，受託者と受益者の二者で信託行為の変更を合意すればよい（信託法149条５項）。

② 例　外

　常に委託者，受託者，および受益者の三者の合意で信託の変更を行わなければならないとしたならば，必要以上の時間または費用がかかる等の理由から，適切な信託の変更を行う時機を逸してしまう可能性がある。とくに合同運用の信託や規約型確定給付企業年金信託など，受益者が多数の信託の場合には，受益者の合意をまとめる時間と費用がかかるという問題がある。

　そこで信託法は，委託者，受託者，および受益者の利害に配慮しながら柔軟かつ迅速に信託の変更を可能とするため，(i)委託者の意思である「信託の目的に反しないことが明らかである」こと，(ii)信託の管理者である「受託者の利益を害しないことが明らかである」こと，(iii)信託の利益を享受する者である「受益者の利益に適合することが明らかである」ことという３つの要件により，これらの信託の関係者の一部の合意を得ることなく信託を変更することができるとしている（信託法149条２項，３項）（【図表１】参照）。

　なお，信託の変更時に委託者が存しない場合には，委託者の合意は不要となる（信託法149条５項）。

③ 信託行為における別段の定めの有効性

　受託者の利益を害しないことが明らかな場合には，受託者の合意を得る

1 信託の変更

【図表1】信託の変更（例外）

要件			決定権者	条　文 （信託法）
信託の目的に反しないことが明らかであること	受託者の利益を害さないことが明らかであること	受益者の利益に適合することが明らかであること		
○			受託者，受益者	149条2項1号
○		○	受託者	149条2項2号
	○		委託者,受益者（※）	149条3項1号
○	○		受益者（※）	149条3項2号

（※）受託者への通知が要件となる。

ことなく信託の変更が可能であることから，信託銀行等が受託する信託の信託契約（信託行為）においては，信託の変更には受託者の合意が必要となる旨の定めをおくことが多いが，信託は受益者の利益のために設定されることから，この特約の有効性が問題となる。

信託法の立法過程では，受益者が受託者に比較して相対的に弱い立場にあることを考慮すれば，その地位を保護する必要があるのではないかという問題意識から，信託行為の定めが無制限に許容されるわけではなく，当該定めにも一定の限界があるのではないかとの指摘がなされた[1]。

しかしながら，信託の変更について制限を加えるならば，合同運用の信託や規約型確定給付企業年金信託など，受益者が多数の信託の場合には，受益者の合意をまとめる時間と費用がかかるという問題があり，このような信託商品の開発や運営において，自由度が相当程度，損なわれかねない。

このような議論を踏まえた結果，信託法は，信託行為により信託の変更方法を自由に定めることができることを明確化したうえで（信託法149条4項），受益者の有する一定の権利については信託行為で制限することができないもの（単独受益権）とすることや（同法92条），一定の重要な事項に関する信託の変更については，受益者が受託者に対し自己の有する受益権を公正な価格で取得することを請求できる権利（受益者取得請求権）

1）補足説明第五四の三

を認めることで（同法103条1項），受益者の利益の保護を図っている。これにより，受益者が多数の信託において信託の変更を行う場合には，受益者の過半数の合意で行うことができるという特約や，顧客分別金信託，年金信託，退職給付信託など，委託者の受益者に対する債務を担保として資産を委託者の外部に拠出しているような信託の場合には，委託者の信託の変更権を制限する内容の特約を当該信託の信託契約（信託行為）に特約として定めることができることが明らかにされた。

④ 信託の変更を命ずる裁判

これまでに説明した方法は，信託の関係当事者の意思に基づいて信託の変更を行う場合であるが，信託の設定後に信託行為の当時予見することができなかった特別の事情が生じたために自主的な変更ができない場合が想定し得る。そのような事態に備え，信託法は，裁判所が，委託者や受託者または受益者の申立てにより信託の変更を命じることができることを定めている（信託法150条）。

しかし，信託の変更は，信託の当事者の自主的な合意により行われるべきことが原則であることから，裁判所の関与により信託の変更が行われる範囲には，おのずと限界があるものと考えられる。そこで信託法は，「信託事務の処理の方法に係る信託行為の定め」に限定して裁判所の関与を認めている（信託法150条1項）。

たとえば，(i)有価証券の管理を目的とする信託において，有価証券の保管については受託者が行う旨の定めが信託行為（信託契約）にある場合に，当該有価証券の決済制度が技術革新や制度の大幅な改定が行われたことから，受託者自身が当該有価証券を管理することがかならずしも効率的でなくなったため，裁判所がこの自己執行義務の定めを変更して当該有価証券の保管の委託を可能にすること，(ii)遺言信託において，不動産の管理を行っている場合に，当該信託の信託行為（遺言）では当該不動産の処分が禁止されているが，当該信託行為の当時には想定できないような周辺の環境悪化が生じたため，当該不動産を売却して現金化したほうが受益者の利益に適合するに至ったとき，裁判所がこの処分の禁止の定めを変更して，処分を可能とすること等ができるものと考えられる。

【図表2】重要な信託の変更

変更内容		受益者への影響	保護の制度	
			信託法	信託業法（受託者＝信託銀行等）
重要な信託の変更	信託目的の変更	—	受益権取得請求権	公告または個別催告（※）・異議を述べる受益者の個数が総受益権の個数の過半数以上の場合、信託の変更ができない。
	受益権の譲渡制限			
	受託者の義務の全部もしくは一部の免除	損害を受ける受益者		
	受益権の内容の変更			

（※）ただし、以下の場合には、この手続が免除される。
① 「信託目的に反しないこと」および「受益者の利益に適合すること」の2点が明らかな場合
② 信託行為に受益者集会のおける多数決による旨の定めのある場合
③ ②以外の方法で受益権の総個数の過半数以上の承認を得た場合
④ 定型的信託契約、公益信託、投資信託、貸付信託、特定目的信託、加入者保護信託、確定給付企業年金信託における信託の変更の場合

この受益者の裁判所に対する信託の変更を命じる申立権は、受益者が2人以上ある信託においても、各受益者が単独で行使することができ（単独受益者権（同法105条））、また、信託行為で制限することはできない（信託法92条)[2]。他方、委託者の申立権は、信託行為により制限することができる（同法145条1項）。

なおこの申立権は、受益者代理人が選任されている場合においても、各受益者が行使することができる（信託法139条4項）。

(3) 重要な信託の変更（受益権取得請求権（【図表2】参照））

信託法は、信託の変更について、その内容および方法について制限を設けていないことから、信託の変更の内容や方法次第では、個々の受益者に対して重大な影響を及ぼす可能性がある。このような場合には、当該信託の変更等によって損害を受けるおそれのある受益者が、合理的な対価を得て信託から離脱することを認めることが合理的であるし、また受益者の保護においても必要である。

---

2) 受益証券発行信託の特例の場合は除く（信託法213条2項1号、3項）。

そこで信託法は，(i)信託目的の変更，(ii)受益権の譲渡制限，(iii)受託者の義務の全部もしくは一部の減免，(iv)受益権の内容の変更の4つの事項にかかる信託の変更（「重要な信託の変更」）においては，この信託の変更により損害を受けるおそれのある受益者に対し，その受益者の有する受益権を公正な価格で取得することを受託者に請求する権利（受益権取得請求権）を与えている（信託法103条）。

ただし，信託事務の処理に関する基本的指針である，(i)信託目的の変更，および信託からの離脱を制限することとなる，(ii)受益権の譲渡制限については，受益者にその信託から離脱する機会を与える必要があることから，経済的な損害を受けるか否かにかかわらず，その受益者は受益権取得請求権を行使することができる（信託法103条1項但書，2項但書）。

なお，信託行為の定めにより，(i)ないし(iv)以外の信託の変更の場合についても受益権取得請求権を受益者に与えることは許容される（信託法103条1項5号）。

この受益権取得請求権は単独受益者権であることから，信託行為（信託契約等）によって制限することはできない。また，受益者代理人が選任されていても，各受益者は単独でこの権利を行使できる（信託法92条18号，139条4項）。

(4) 特別法による信託の変更

① 信託会社および信託兼営金融機関の特例（【図表2】参照）

信託会社および信託兼営金融機関が受託する信託において「重要な信託の変更」をしようとする場合は，受託者は，信託目的に反しないこと，および受益者の利益に適合することが明らかである場合を除き，公告または各受益者への個別の催告をして，異議を述べる受益者の有する受益権の個数が総受益権の個数の半数を超えるときは，当該信託の変更を行うことができない（信託業法29条の2，兼営法2条1項）。ここでいう「重要な信託の変更」とは，信託法103条1項各号に掲げる事項（(3)の(i)ないし(iv)）に係る信託の変更をいう。

ただし，信託行為に受益者集会における多数決による旨の定めがある場

合，別の方法で受益権の総個数の過半数以上の承認を得た場合には，この信託の変更に関する定めは適用されない（信託業法29条の2第4項，兼営法2条1項）。これは，個別の受益者の承認を得ているために受益者の権利を害するおそれがないからである。

したがって，信託の変更を行う場合に，ファンド・トラストや証券信託などの単独運用の自益信託などのように，委託者（兼受益者）と受託者が個別に信託の変更契約を締結するときには問題とならない（受益権の全部を有する委託者が信託の変更を承諾している）。

なお，以上の信託の変更に関する定めは，定型的信託契約（兼営法5条1項），公益信託，投資信託，貸付信託，特定目的信託，加入者保護信託，確定給付企業年金信託には適用されない。これらの信託については，それぞれを規制する法律にその要件が定められている（信託業法29条の2第1項，信託業法施行規則41条の2，兼営法2条1項，兼営法施行規則24条）。

② 信託兼営金融機関における定型的信託契約の変更

信託兼営金融機関は，貸付信託または投資信託の契約を除く，たとえば合同運用の指定金銭信託などの多数人を委託者または受益者とする「定型的信託契約」の信託の変更を行うときは，当該信託の委託者および受益者全員の同意を得る方法のほかに，金融庁長官（兼営法14条により内閣総理大臣から権限が委任されている）の認可を受け，当該信託の変更に係る公告を行うことにより，信託の変更を行うことができる（同法5条1項）。

この場合，その公告に委託者または受益者が異議を述べなければ，その信託の変更が承認されたものとみなされることとなっている（同法5条3項）。

なお，異議を申し出た受益者は，当該受託者に対し，その変更がなかったならば有したであろう公正な価格で受益権を買い取ることを請求できる（兼営法5条4項）。

③ 公益信託における信託の変更

公益信託における信託の変更については，原則として受益者の定めのない信託と同じである（信託法261条）。ただし，主務官庁の許可が必要となる（公益信託ニ関スル法律6条）。

また公益信託は，主務官庁の監督に服する趣旨から，主務官庁は公益信

第10章　信託の変更，併合および分割

託における信託の変更を命じることができることとなっている。したがって，信託法の信託の変更を命じる裁判の制度に関する規定（信託法150条）の適用は排除されている（公益信託ニ関スル法律5条2項）。

④　投資信託約款の変更

　信託の変更は，原則，委託者，受託者，および受益者の合意によって行われるが，信託行為で特則を定めることができる（信託法149条4項）。委託者指図型投資信託は，この規定を受け，一般的に「委託者と受託者の合意によって，投資信託約款を変更することができる」と投資信託約款に定めている。

　しかし，投資信託は，一般投資家を受益者とする信託であることから，投資家保護のため，投資信託約款の変更を行う場合には，投資信託委託会社はあらかじめその内容を金融庁長官（投信法225条により内閣総理大臣から権限が委任されている。以下同じ）に届け出なければならない（投信法16条）。

　投資信託約款の変更のうち，その変更の内容が重大なものとして内閣府令で定めるものについては，投資信託約款を締結するときと同様に，金融庁長官にあらかじめ届出をし，また書面による決議を行わなければならない（投信法17条）。この書面による決議は，議決権を行使することができる受益者の半数以上であって，当該受益者の議決権の3分の2以上にあたる多数をもって行う（同条8項）。

　なお，知れている受益者が議決権を行使しないときには，書面による決議に賛成したものとみなす旨を投資信託約款に定めることができる（投信法17条7項）。この書面決議の手続については，信託法における複数の受益者による意思決定の方法に関する規定の一部が準用される（同条9号）。

　この準用規定においては，信託法122条が準用されていないので，書面決議の費用は投資信託委託会社が負担する。

　この書面による決議に反対した受益者は，受託者に対して公正な価格で受益権をその投資信託財産をもって買い取ることを請求することができる（投信法18条1項）。この権利を「受益権買取請求権」という。これは，信託法の受益権取得請求権（信託法103条以下）の特則である。

なおこの手続においては，信託法における受益権取得請求権の規定の一部が準用されている（投信法18条2項）。

⑤ 貸付信託約款の変更

貸付信託については，定型的信託契約の変更の手続に類似する手続が貸付信託法の定めにある（貸付信託法5条，6条）。

⑥ 特定目的信託契約の変更

(i) 信託の変更の制限

資産流動化法では，資産流動化計画で信託の変更ができない旨の定めがある場合（資産流動化法269条2項3号），ならびに資産信託流動化計画に記載され，または記録された事項のうち，信託財産の内容および価額その他，信託財産に関する事項として内閣府令で定める事項（同法226条1項2号），受益権の収益分配の方法に関する事項として内閣府令で定める事項（同項3号イ），種類受益権の内容に関する事項（同項3号ロ），その他受益権に関して内閣府令で定める事項（同項3号ハ），信託財産の管理および処分に係る方法として内閣府令で定める事項（同項4号），ならびに信託財産の信託事務を処理するために受託者が行う借入れ，または費用の負担に関する事項として内閣府令が定める事項（同項5号）については，信託の変更を認めていない（資産流動化法269条2項）。

(ii) 信託の変更の方法

信託の変更が禁止されている事項以外の事項に関する特定目的信託における信託の変更については，(a)委託者，受託者，および受益者の3者の合意に基づく場合，(b)受益者の権利集会の承諾を得た場合，(c)信託の変更が裁判所により命ぜられた場合，(d)信託の変更内容が内閣府令（資産流動化法施行規則123条1項）の定める軽微な内容である場合，(e)その他，投資者の保護に反しないことが明らかな場合として内閣府令（資産流動化法施行規則123条2項）で定められた場合に限り，信託の変更が許されるとしている（資産流動化法269条1項，2項，6項）。

⑦ 加入者保護信託の変更

加入者保護信託における信託の変更については，原則として受益者の定めのない信託と同じである（信託法261条）。ただし，主務官庁の許可が必

要となる振替法65条による公益信託ニ関スル法律6条の準用)。

また,社債等の振替機関は,主務官庁の監督に服する趣旨から,加入者保護信託契約の締結する場合には内閣総理大臣の認可を受けなければならない(振替法57条)。このため,内閣総理大臣は信託の変更を命じることができることとなっている。したがって,信託法の信託の変更を命じる裁判の制度に関する規定(信託法150条)の適用は排除されている(振替法65条による公益信託ニ関スル法律5条2項の準用)。

2 信託の併合・分割

(1) 信託の併合

① 意　義

信託の併合とは,受託者を同一とする2つ以上の信託の信託財産の全部を,1つの新たな信託の信託財産とすることをいう(信託法2条10項)(【図表3】のケース1)。

たとえば,A株式会社とB株式会社とがM信託銀行に年金信託を信託している場合において,それらの企業が合併するときに,M信託銀行が受託している2つの年金信託を,信託の併合により1つの年金信託に統合することができる。

また,信託の併合は受託者を同一とすることを条件としているが,受託者の辞任(信託法57条),解任(同法58条),およびそれに続く新受託者の選任等の手続を経て受託者を同一とすれば,信託の併合をすることができる(【図表3】のケース2)。

② 手　続
(i) 手続の原則

信託の併合も信託の変更の一形態であるから,併合することとなる各信託の委託者,受託者,および受益者の合意が必要となる(信託法151条)。この場合,信託の併合を行うことについて委託者,受託者,および受益者が合理的な判断のできる情報を得られるよう次の事項を明らかにしなけれ

【図表 3】信託の併合

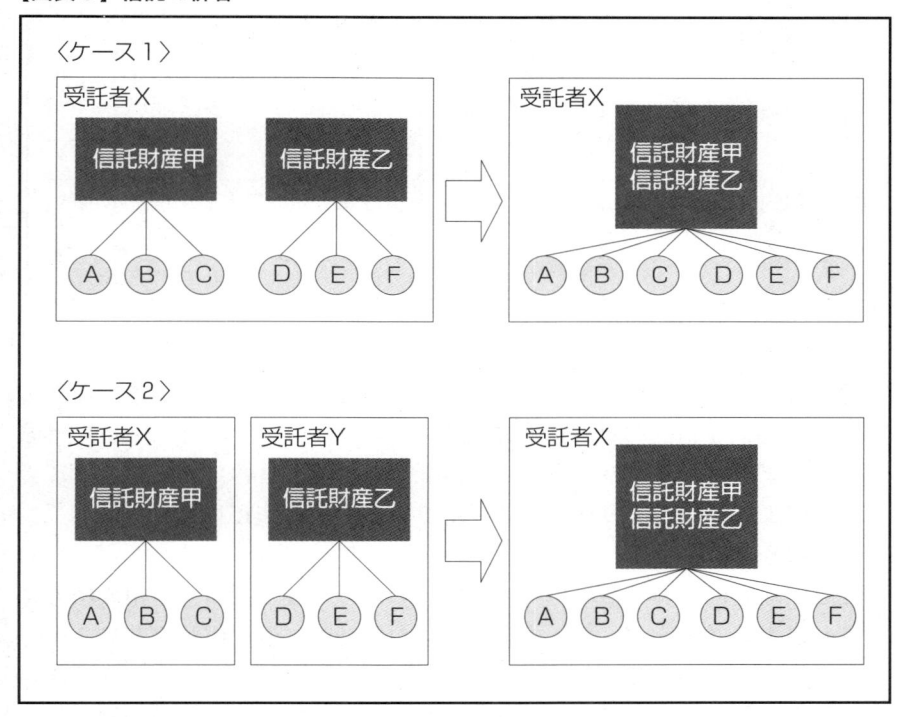

〈ケース 1〉

受託者X: 信託財産甲（A, B, C）、信託財産乙（D, E, F） → 受託者X: 信託財産甲・信託財産乙（A, B, C, D, E, F）

〈ケース 2〉

受託者X: 信託財産甲（A, B, C）、受託者Y: 信託財産乙（D, E, F） → 受託者X: 信託財産甲・信託財産乙（A, B, C, D, E, F）

ばならない（信託法151条1項）。
- (a) 信託の併合後の信託行為の内容
- (b) 信託行為において定める受益権の内容に変更があるときは，その内容および変更の理由
- (c) 信託の併合に際して受益者に対し金銭その他の財産を交付するときは，当該財産の内容およびその価額
- (d) 信託の併合がその効力を生ずる日
- (e) その他法務省令（信託法施行規則12条）で定める事項

(ii) 手続の例外

常に委託者，受託者，および受益者の3者の合意で信託の併合を行わなければならないとしたならば，必要以上の時間または費用がかかる等の理

【図表 4】 信託の併合，信託の分割の手続の例外

条　件	手　続	理　由
信託の目的に反しないこと	受託者および受益者の合意	委託者の意思である「信託の目的」に反しないから，委託者の合意を得ることなく，信託の併合をすることができる。
信託の目的に反しないことおよび受益者の利益に適合すること	受託者の書面または電磁的記録によってする意思表示	委託者の意思である「信託の目的」に反しないし，また受益者の利益にもかなっているから，受託者が単独で信託の併合をすることができる。

由から，適切な信託の変更を行う時機を逸してしまう可能性がある。

　そこで信託法は，委託者，受託者，および受益者の利害に配慮しながら，柔軟かつ迅速な信託の併合の方法を定めている（信託法151条 2 項）（【図表 4 】）。またこれら以外の方法も，信託行為にその旨の定めをすれば，その方法により信託の併合をすることができる（信託法151条 3 項）。

　③　債権者保護手続

　たとえば先ほどの例において，A株式会社の年金信託は，運用成績もよく資産が潤沢にあるが，B株式会社の年金信託は，運用成績が芳しくなく資産規模が小さい場合，この 2 つの年金信託を併合したならば，A株式会社の年金信託の信託財産を責任財産とする債権者は，その債権の回収の可能性に悪影響を受ける可能性がある。

　このため，信託の併合を行う場合には，信託財産責任負担債務に係る債権を有する債権者を保護するための手続が必要となる。

　具体的には，受託者は，信託の併合をすること，債権者が一定の期間内に異議を述べることができること，その他法務省令（信託法施行規則13条）で定める事項を官報で公告し，かつ知れている債権者には個別に催告しなければならない（信託法152条 2 項）。そして債権者が異議を述べたときは，受託者は，その債権者に対して弁済や相当の担保を提供する等の措置をとる必要がある。ただし，これらの債権者の利益を害するおそれのないことが明らかな場合には，この手続が免除される（信託法152条）。

　なお，受益債権も信託財産責任負担債務に係る債権の 1 つではあるが

(信託法21条1項1号), 受益者は, 原則として信託の併合の意思決定に関与できること (同法151条1項, 2項1号) や, 信託の併合により損害を受けるおそれのある受益者には, 受益権取得請求権が認められることから, 受益債権は, 債権者保護手続における信託財産責任負担債務に係る債権には含まれない。ただし, すでに期日が到来して具体的に金額が確定している受益債権[3]は受益権取得請求権の対象とはならないことから, 債権者保護手続における信託財産責任負担債務に係る債権に含まれるものと考える。

④ 効果

信託の併合を行うと, 従前の各信託は終了するとともに新たな1つの信託が成立し, 従前の各信託の信託財産は, 清算が行われずにその信託に承継される (信託法163条5号, 175条)。株式会社の新設合併に類似した制度である (会社法753条以下)。

また, 従前の各信託の信託財産を責任財産とする信託財産責任負担債務は, 自動的に新たに信託の併合によって成立した信託の信託財産を責任財産とする信託財産責任負担債務となる (信託法153条)。

同様に, 従前の各信託の信託財産のみを責任財産とする信託財産限定責任負担債務は, 自動的に新たに信託の併合によって成立した信託の信託財産のみを責任財産とする信託財産限定責任負担債務となる (信託法154条)。

⑤ 実務対応およびその留意点

実務においては, この債権者保護手続が煩雑であることや事務手続が煩雑となることから, 信託の併合が必要となる場合には, いったん既存の取引を清算し, 未決済の取引がないようにしてから信託の併合を行っている[4]。

また, 現在では各種の規制が緩和されたことから, 年金信託などを中心に, このような信託の併合という手続をとらず, いったん従前の信託を終了し, 帰属権利者へ交付される信託財産をもとに新たな信託を設定するということも多く行われている。

⑥ 投資信託の併合

いつでも購入ができるオープンエンド型の投資信託のうち, 一定の解約

---

3) 受益債権が支払期日を到来した以降は, 信託債権に転化したと考えることもできる。
4) 年金投資基金信託などの信託において, 信託の併合が行われることがある。

禁止期間（クローズド期間）が設けられている投資信託では，投資信託の新規設定時に集中的に投資家を募って投資資金を集めるため，そのクローズド期間が明けると徐々に解約がなされて残高が減少していく。それが進むと，投資信託の信託財産が減少し，当初に予定した運用が効率的にできなくなることがある。整備法により改正される以前の投資信託及び投資法人に関する法律（昭和26年6月4日法律第198号，以下，「投信法」という）や旧信託法では投資信託の併合という手続がなかったため，そのような投資信託においては，投資信託の純資産が一定の金額を下回ったときには運用を中止し，その投資信託の信託財産を投資家に返還するという規定を約款に設けることが多かった。

　しかしながら，現行の信託法において信託の併合の手続が整備されたため，この信託法の改正と同時に改正された投信法においても，投資信託の併合の手続が整備された（投信法16条，17条）。ただし，複数の委託者指図型投資信託を併合する以外は認められていない（同法8条）。

　このように，資産残高が減少した場合においては，複数の投資信託を併合して運用の効率性を高めることは可能であるが，実際は，運用方針や運用方法が異なる投資信託を併合させるのは投資家保護や投資家のニーズの観点から適切とは考えられないので，投資信託の併合が行われるのは，シリーズ化された投資信託商品を併合する場合などに限られると思われる。

(2) **信託の分割**

① 意　義

　信託の分割には，「吸収信託分割」と「新規信託分割」がある（信託法2条11項）。

　吸収信託分割とは，ある信託の信託財産の一部を，受託者を同一とする他の信託の信託財産として移転することをいい（【図表5―1】），新規信託分割とは，ある信託の信託財産の一部を，受託者を同一とする新たな信託の信託財産として移転することをいう（【図表5―2】）（信託法2条11項）。

　たとえば，A株式会社がM信託銀行に運用を委託している年金信託（以下，「M₁年金信託」という）と，Ｉ投資顧問に運用を委託している年金

2 信託の併合・分割

【図表5－1】吸収信託分割

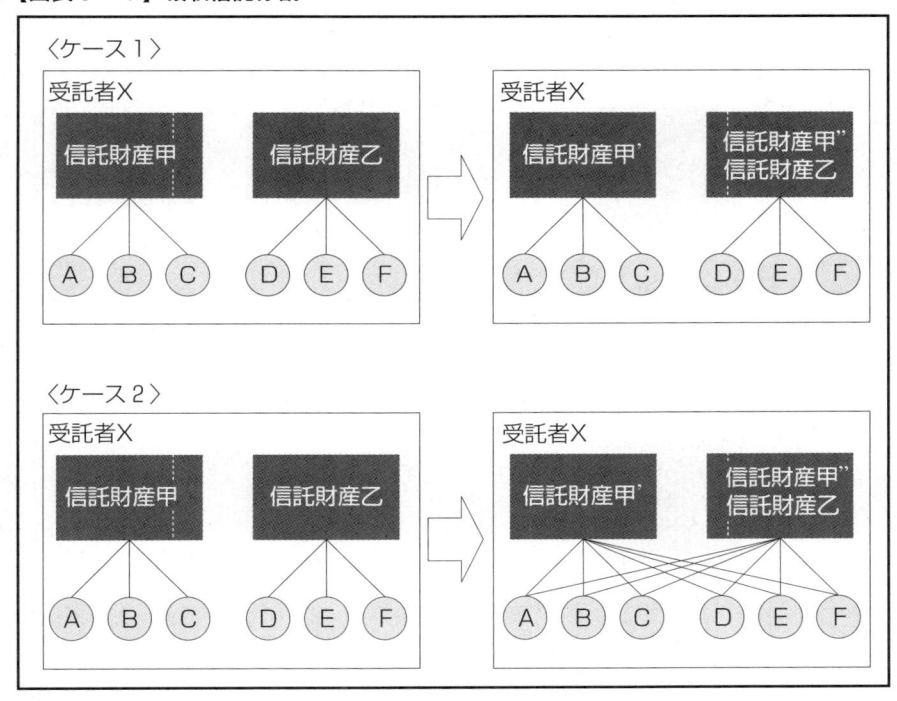

〈ケース1〉

〈ケース2〉

信託（以下，「Ⅰ年金信託」という）を信託している場合において，Ⅰ年金信託の運用が芳しくないため，そのシェアの一部をM₁年金信託に移換するときに，Ⅰ年金信託を吸収信託分割するという手法が考えられる。

また，A株式会社がM信託銀行に運用を委託している年金信託（以下，「M₂年金信託」という）を信託していたが，運用の多様化を図るためにその一部をⅠ投資顧問へ運用を委託しようとする場合には，M₂年金信託を新規信託分割し，その信託財産（金銭）の一部をもって新たにⅠ投資顧問を運用者とする年金信託をM信託銀行へ信託するという手法が考えられる。

このような事例の場合，現在では，従前の信託の一部を解約し，その信託財産を他の信託財産へ追加信託したり，またはその信託財産をもって新たな信託を設定したりしている。

【図表 5 − 2】 新規信託分割

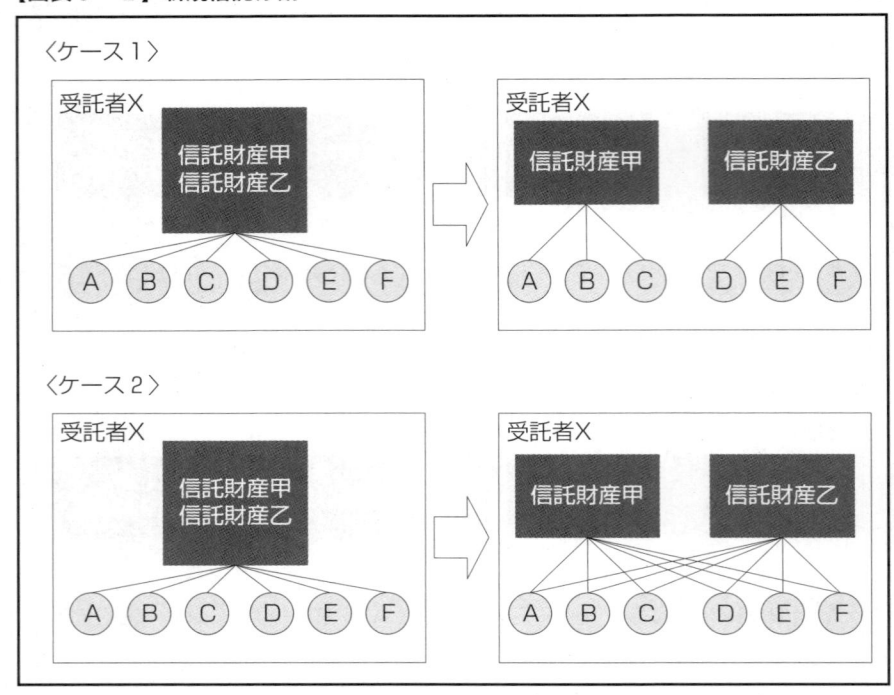

〈ケース 1〉

〈ケース 2〉

② 手　続
(i) 手続の原則

　信託の分割も，信託の併合と同様に信託の変更の一形態であるから，分割することとなる各信託（以下，「分割信託」といい，分割信託からその信託財産の一部の移転を受ける信託を「承継信託」，移転を受けるために設立される信託を「新設信託」という）の委託者，受託者，および受益者の合意が必要となる（信託法155条，159条）。

　この場合，信託の分割を行うことについて，委託者，受託者，および受益者が合理的な判断のできる情報を得られるよう，次の事項を明らかにしなければならない（信託法155条 1 項，159条 1 項）。

(a) 信託の分割後の信託行為の内容

(b)　信託行為において定める受益権の内容に変更があるときは，その内容および変更の理由
　(c)　信託の分割に際して受益者に対し金銭その他の財産を交付するときは，当該財産の内容およびその価額
　(d)　信託の分割がその効力を生ずる日
　(e)　移転する財産の内容
　(f)　信託の分割のよって分割信託の信託財産責任負担債務からはずれて，承継信託または新設信託の信託財産責任負担債務となる債務に係る事項
　(g)　その他法務省令（信託法施行規則14条，15条）で定める事項
　(ii)　手続の例外
　常に委託者，受託者，および受益者の3者の合意で信託の併合を行わなければならないとしたならば，必要以上の時間または費用がかかる等の理由から，適切な信託の分割を行う時機を逸してしまう可能性がある。
　そこで信託法は，信託の併合と同様に，委託者，受託者，および受益者の利害に配慮しながら，柔軟かつ迅速な信託の分割の方法を定めている（信託法155条2項，159条2項）（【図表4】）。また，これら以外の方法も，信託行為にその旨の定めをすれば，その方法により信託の分割をすることができる（信託法159条3項）。
　③　債権者保護手続
　信託の分割の場合にも，信託の併合と同様の理由から，信託財産責任負担債務に係る債権を有する債権者を保護するための手続が必要となる。
　具体的には，受託者は，信託の分割をすること，債権者が一定の期間内に異議を述べることができること，その他法務省令（信託法施行規則15条，17条）で定める事項を官報で公告し，かつ知れている債権者には個別に催告しなければならない（信託法156条2項，160条2項）。そして信託債権者が異議を述べたときは，受託者は，その信託債権者に対して弁済や相当の担保を提供する等の措置をとる必要がある（信託法156条5項，160条5項）。ただし，これらの債権者の利益を害するおそれのないことが明らかな場合には，この手続が免除される（信託法156条，160条）。
　なお，ここでも信託の併合と同じ理由から，「信託財産責任負担債務に

係る債権」には，受益債権は含まれないものと考える。
　④　効　果
　(i)　吸収信託分割の場合
　分割信託から承継信託に移転する信託財産を責任財産とする信託財産責任負担債務は，自動的にその分割信託の信託財産を責任財産とする信託財産責任負担債務でなくなる一方，承継信託の信託財産を責任財産とする信託財産責任負担債務となる（信託法157条）。同様に，分割信託から承継信託に移転する信託財産を責任財産とする信託財産限定責任負担債務は，自動的にその分割信託の信託財産を責任財産とする信託財産限定責任負担債務でなくなる一方，承継信託の信託財産を責任財産とする信託財産限定責任負担債務となる（信託法157条）。
　(ii)　新規信託分割の場合
　分割信託から新設信託へ移転する信託財産を責任財産とする信託財産責任負担債務は，自動的にその分割信託の信託財産を責任財産とする信託財産責任負担債務でなくなる一方，新設信託の信託財産を責任財産とする信託財産責任負担債務となる（信託法157条）。同様に，分割信託から新設信託へ移転する信託財産を責任財産とする信託財産限定責任負担債務は，自動的にその信託の信託財産を責任財産とする信託財産限定責任負担債務でなくなる一方，新設信託の信託財産を責任財産とする信託財産限定責任負担債務となる（信託法157条）。
　⑤　実務対応およびその留意点
　信託の併合と同様に，実務においては，この債権者保護手続が煩雑であることや事務手続が煩雑となることから，信託の分割が必要となる場合には，既存の取引をいったん清算して，未決済の取引がないようにしてから信託の分割を行っている。
　また，現在では各種の規制が緩和されたことから，年金信託などを中心に，このような信託の分割という手続をとらず，従前の信託の一部を解約し，その信託財産を他の信託財産へ追加信託したり，またはその信託財産をもって新たな信託を設定したりすることにより，実質的に信託の分割と同じ効果を得ている。

第11章

信託の終了

1　信託の終了

(1)　意　義

　信託は，受託者が委託者との間で定めた一定の目的に従い，財産の管理，または処分，およびその他の当該目的，すなわち信託の目的の達成のために必要な行為をすべきものと定義されている（信託法2条1項）。したがって，この信託の目的が達成された場合や，逆にこの信託の目的を達成することができないことが確定した場合には，信託を存続させる意義はなく，当然終了させるべきである。

　また，信託は比較的長期間にわたるものが多いことから，その間の経済状況の変動，または信託の関係当事者の状況もしくはその者たちを取り巻く環境の変化などから，信託の目的が達成できないことが確定しないまでも，この信託を存続させるよりも将来に向かって信託を終了させるほうが合理的な場合もあり得る。

　そこで信託法は，将来に向かって信託を終了させるための規定を整備している。

(2) 信託法の定める事由の発生による終了

信託は，次の事由の発生により終了する（信託法163条）。

① 信託の目的の達成

第一は，信託の目的を達成したとき，または信託の目的を達成することができなくなったときである（信託法163条1号）。これは，これ以上，信託を存続させる意義がなくなることから，当然に信託が終了することを定めたものである。建物を管理することを目的とする信託において，管理の対象となっている建物が火災で焼失した場合がこれにあたる。

② 受託者と受益者の兼任

第二は，受託者が受益権の全部を固有財産で有する状態が1年間継続したときである（信託法163条2号）。他人の財産を管理することが信託の意義であることから，この信託の意義を欠く信託は終了させるべきとするものである。

ただし，資産の流動化を目的とする信託等においては，委託者を受益者と当初したうえで，受託者が委託者から受益権を買い取り，委託者の資金調達ニーズを満たした後で，受託者が投資家に対して当該受益権を販売するという実務上のニーズがあることから，受託者が受益権の全部を固有財産で保有したら直ちに信託を終了させるのではなく，そのような状態が一定期間，すなわち1年間継続したときに終了するものとしている。

なお，この1年間の期間を信託行為に定めることによって期間を延長することは，信託の本質的な構造に反し，あるいは受益者の利益を害することとなるので許されない。これに対し，期間を短縮することは可能であるが，これは「信託行為に定めた事由の発生」により終了するものである（信託法163条9号）。

③ 受託者の不存在

第三は，受託者が欠けた場合にあって，新受託者が就任しない状態が1年間継続したときである（信託法163条3号）。受託者が不存在の状態が長く継続することは，信託の関係者のいずれにとっても望ましい状態ではなく，信託を存続させておくことは適当ではないと考えられるからである。

なお，この一年間の期間の延長・短縮については，②の「受託者と受益者の兼任」と同様である。

④ 費用等の償還等の不履行

第四は，受託者が，信託事務を処理するための費用等の償還等に信託財産が不足していることを理由として信託を終了させる場合である（信託法163条4号）。信託を継続するための費用が不足する状況のもとでは，信託を継続させることは困難であることから，受託者は，委託者および受益者に対し，費用が不足すること，および相当の期間内にその費用等の償還または前払いをしない場合，あるいは信託は終了する旨を通知したにもかかわらず，その費用等の償還または前払いがない場合には，信託を終了させることができる（信託法52条1項）。

⑤ 信託の併合

第五は，信託の併合によって，信託財産および信託財産責任負担債務が清算されることなく，新たに設定された信託にそのまま承継された場合である（信託法163条5号）。①の「信託の目的の達成」と同様に，併合される信託の信託財産，および信託財産責任負担債務は，すべて新たに設定される信託が承継し，併合される信託には管理されるべき信託財産や信託財産責任負担債務がなく，当該信託を存続させる意義がないことから，当該信託は終了することになる。また，帰属権利者に交付される財産もないことから清算も行われない（信託法175条）。

⑥ 裁判所の命令

第六は，特別の事情により，あるいは公益の確保のため，信託の終了を命ずる裁判があったときである（信託法163条6号，165条，166条）。当初予期しない事情によって，信託行為の内容が信託の本旨に適合しない状況に至った場合においては，信託を終了させることが委託者の意図に適うことも想定される。このような状況を「信託の目的の不達成」であると認定して信託を終了させることができる場合もあると思われる。

しかし，かならずしもそのような場合ばかりとは限らないこと，また，受託者などの信託の関係者がそのように認定して信託を終了させた場合，受益者保護上，問題の生じるおそれや，また無用な紛争が生じるおそれも

第11章　信託の終了

あることから，第三者機関である裁判所にその判断を委ねる意味で，このような終了事由を設けている。

⑦　信託の破産

第七に，信託財産につき，破産手続開始の決定があったときである（信託法163条7号）。信託財産について破産手続開始の決定があった場合，信託財産は，破産法の規定に従い，清算が行われて信託財産は破産債権者に配当される。したがって，①の「信託の目的の達成」と同様に，信託を存続させておく意義がなくなることから，信託は終了するものである。

⑧　委託者の破産手続開始等による双方未履行債務契約としての信託契約の解除

第八は，委託者が破産手続開始，民事再生手続開始，または会社更生手続開始を受けた場合において，双方未履行債務契約の解除の規定（破産法53条1項，民事再生法49条1項，会社更生法61条1項）により信託契約が解除されたときである（信託法163条8号）。

現行の信託法の立法当時，資産の流動化を行う実務家からは，オリジネーター（委託者）からの独立性が強固であるとして，資産の流動化に利用されている信託契約においては，この信託の独立性の法的安定性を害する委託者の破産管財人等の有する双方未履行債務契約の解除権の行使を制限すべきであるとの指摘があった[1]。

ところで，資産の流動化などの実務において実際に生じる可能性のある委託者および受託者の債務のうち，信託期間中に未履行状態にあるものとして想定できるのは次のような債務である。

(i)　委託者の債務
　(a)　信託報酬や信託事務処理の費用の支払債務
　(b)　追加信託義務（信託財産に瑕疵がある場合の瑕疵担保義務や追加で信託財産を追加する義務など）
　(c)　信託財産の引渡義務（(諾成的)信託契約締結後における信託財産の引渡義務など）

---

1)　補足説明第一三の三。

(ii)　受託者の債務
　　(d)　信託事務遂行義務
　　(e)　法定帰属権利者たる委託者に対する残余財産の支払義務
　もっとも，通常の信託契約では(b)の特約が付されることは少なく，通常は(c)についても信託契約の締結直後にその義務が履行される。また(a)については，それに相当する金額の金銭を信託することによりその債務の発生を防ぐことができる。さらに(d)については，委託者に対する債務といえるか疑義があるところであり，(e)の義務については，資産の流動化という仕組みにおいては，信託存続中に発生する性質のものではなく，また信託契約において排除することもそれほど困難なこととはいえない。
　また，仮にこれらの債務の履行が不履行の状態にある場合において破産手続が開始された場合に，破産法53条1項等の解除権を破産管財人等が行使できないとするならば，逆に不合理な結果が生じてしまうことも想定される。他方，解除権の行使により著しく不合理な結果が生じる場合には，解除権の行使ができないことになると考えられる（最高裁平成12年2月29日判決（民集54巻2号553頁，金融・商事判例1090号4頁））。
　以上のようなことから，委託者の破産管財人等による双方未履行債務契約の解除権の行使については，これを制限する特段の規定は設けられていない。したがって，委託者の破産管財人等による双方未履行債務契約の解除権が行使された場合には，信託は終了し，清算が開始される[2]。
　⑨　信託行為において定めた事由の発生
　最後は，信託行為において定めた事由が生じたときである（信託法163条9号）。具体的には，信託行為中に定められて存続期間が満了した場合や，たとえば信託財産の価額が一定金額未満になった場合に終了するなど，信託行為に定めた事由の発生した場合などが考えられる。
　なお，信託行為の定めにより，委託者や受益者などに終了権を付与する

---

[2]　破産管財人等によって双方未履行契約の解除権が行使されたときは，契約関係は遡及的に消滅すると一般に解されているが（伊藤眞『破産法・民事再生法』260頁（有斐閣・2007年）），信託契約の解除の場合には，将来に向かって信託の終了の効果が発生し，信託の清算の手続に移行することになる。

ことなども認められるものと思われる（信託法164条3項参照）。

(3) 委託者と受益者の合意による終了

　委託者は，信託の設定後には基本的に信託関係から離脱し，何ら権利義務を有しないのが原則であるが，他方，信託の設定者として，信託の目的の達成には最も利害を有することも事実である。そのため，信託の枠組みの変更である信託の変更，信託の併合，および信託の分割においては委託者の意思が尊重される。このことから，信託の終了の場合においても，信託設定者としての委託者と信託の利益の享受者である受益者との合意があれば，信託を終了することができるものとされている（信託法164条1項）。委託者が存在しない場合には，受益者のみでは信託を終了させることはできない（信託法164条4項）。

　ただし，たとえば商事信託などが典型であると思われるが，信託銀行などが受託している資産の流動化の信託や有価証券の運用の信託などのように，個別性が強く，かつ信託事務について手間のかかる信託においては，限られた経営資源の中で計画的に信託の受託を行っている場合がある。このような状況において，委託者と受益者との間の合意により信託が終了した場合，この当該信託の受託のために，それ以外の信託の受託の機会が奪われることがある。

　したがって，この受託の機会が奪われ，予定できたであろう他の収益を逸した場合など，委託者と受益者との合意により信託を終了させたことにより受託者に損害が生じているときには，その損害を委託者および受益者が賠償すべきものとされている（信託法164条2項）。ただし，その時点で信託を終了させることについてやむを得ない事由があったときは，委託者および受益者は損害を賠償する必要はない（信託法164項但書）。これは民法の委任に関する規定（民法651条2項）と同趣旨の規定である。

　また信託の終了についても，信託の変更，信託の併合，または信託の分割などと同様に，「信託法の定める事由」（信託法163条）に反しない限り，信託行為で別段の定めをすることができる（同法164条3項）。たとえば，信託の終了権限を委託者，受益者，または第三者などに付与したり，受託

【図表1】裁判所への申立てによる終了

項目	内容
要件	以下のすべての要件を満たした場合 ・信託設定の当時に予見することのできなかった特別の事情の発生 ・受益者の利益に適合すること
申立権者	委託者，受託者または受益者

者の信託報酬の収受を考慮し，委託者や受益者の信託の終了権限を制限したりすることは可能である。

(4) 裁判所への申立てによる終了

① 特別の事情による信託の終了を命ずる判決

信託の関係者のいずれかが信託関係の終了を望んだとしても，たとえば他益信託において委託者がすでに死亡している場合や，自益信託において信託契約でその者の終了権が排除されている場合において，信託の目的や受益者の利益に照らせば当該信託を存続させる意義がもはや失われているようなときであっても，これまで説明してきたような信託法の規定により信託を終了させることができないことが予想される。そのような場合には，受益者保護の観点から，信託の関係者ではない裁判所に信託を終了させる権限を付与することにも合理性がある。

そこで信託法は，委託者，受託者，または受益者の申立てにより，裁判所が信託の終了を命じることができる制度を設けている。

この制度の内容は【図表1】のとおりである（信託法165条）。

② 公益の確保のための信託の終了を命ずる判決

信託が脱法の目的をもって設定された場合には，公益的観点から終了の判断を下すべきであるとして，信託法は会社の解散命令（会社法824条）を参考にして，法務大臣または委託者・受益者・信託債権者その他の利害関係人の申立てにより，裁判所が信託の終了を命ずることができると規定している（信託法166条）。

この信託の終了の申立てについては，申立権者の範囲が広くとられてい

第11章　信託の終了

るので，法務大臣以外による申立てについては，その悪意を受託者が疎明した場合，裁判所は申立人に担保提供を命ずることができるものとされ，悪意者による申立てを排除する制度を採用している（信託法166条6項，7項）。

2　信託の清算

(1)　意　義

　信託が終了した後においては，それ以降，信託を存続させる必要がなくなる。そのため受託者は，信託の目的に係る信託事務を終わらせ，その時に存する信託財産に属する債務を弁済した後，信託の併合により信託財産が他の信託に承継される場合や信託の破産のように別の法律の手続に従い処理される場合を除き，残余の信託財産を信託行為の定めに従い分配しなければならない。

　このような信託終了事由発生後の手続を「信託の清算」という（信託法175条）。そして，信託の清算が終了するまでは，信託はなお存続するものとみなされる（信託法176条）。

(2)　清算の事務

　信託の清算とは，信託事務の終了，信託財産に属する債権の取立ておよび信託債権に係る債務の弁済，受益債権に係る債務の弁済，残余財産の受益者等への給付，ならびに信託事務の最終計算を行い，終了した信託の法律関係を終結させることである。

　これらの信託の清算の職務を遂行するのは，信託が終了した時点での受託者（以下，「清算受託者」という）である（信託法177条）。清算受託者は，信託行為に別段の定めのない限り，信託の清算のために必要な一切の行為をなす権限を有する（信託法178条1項）。

(3)　残余の信託財産の帰属

① 残余の信託財産の帰属の順位

　清算受託者は，信託財産および受益債権（残余の信託財産の給付を内容

とする受益債権を除く）に係る債務を弁済した後でなければ，残余の信託財産の給付を内容とする受益債権に係る受益者（以下，「残余財産受益者」という），および残余の信託財産が帰属する者[3]（以下，「帰属権利者」という）に信託財産を交付することはできない（信託法181条）。

また受益債権は，信託債権に係る債務の弁済をした後でなければ弁済を受けることができない（信託法101条）。すなわち，信託の清算においては，信託債権に係る債務の弁済，受益債権（残余財産受益者に係る受益債権を除く）に係る債務の弁済の順序で行われ，その後にもまだ残余の信託財産が存する場合，その残余の信託財産が残余財産受益者または帰属権利者に交付される。

② 残余財産受益者および帰属権利者が不存在の場合

残余財産受益者および帰属権利者が存せず，またはこれらの者が権利を放棄した場合，残余の信託財産は，委託者またはその承継人に帰属する（信託法182条2項）。それでも残余財産の帰属が定まらない場合には，清算受託者に帰属することになる（信託法182条3項）。

委託者またはその承継人は，一定の目的の達成のために信託財産を出捐したものであることから，この信託財産の帰属する権利を放棄することはできない。

③ 費用等償還請求権等と他の信託債権との順位

信託の清算時において，未払いの受託者の費用等償還請求権に係る債務（信託法48条1項）や信託報酬に係る債務（信託法54条）が存する場合には，その債務と他の信託債権に係る債務の優劣が問題となる。

ところで費用等償還請求権においては，「信託財産に属する財産の保全のために支出した費用その他の当該財産の価値の維持のために必要であると認められる費用」（以下，「必要費用」という）の場合はその金額，「信託財産に属する財産の改良のために支出した金額その他の当該財産の価値

---

3) 残余の信託財産の帰属すべき者には，本来的な信託から利益を享受するものとされた受益者への給付が終了した後に残存する財産が帰属する者にすぎない「帰属権利者」（信託法182条1項2号）と，残余の信託財産の給付を内容とする受益債権に係る「残余財産受益者」（同項1号）の2つがある。後者は，信託の終了前から受益者としての権利義務を有する。

の増加に有益であると認められる費用」(以下,「有益費用」という)の場合はその金額または現に存する増加額のいずれか低い金額について,信託債権者に優先する。

受託者が信託債権者の「共同の利益のためされた信託財産に属する財産の保存,清算又は配当に関する費用等」[4](以下,「共益費用」という)を支出した場合,その信託の信託財産への強制執行,または担保権の実行の手続において,受託者は,受託者の支出によって利益を受けた信託債権者に優先して債権の弁済を受けることができる。ただしこの場合の優先順位は,民法の共益費用に関する一般先取特権(民法307条1項,329条ないし332条)の優先順位となる(信託法49条6項)[5]。

また,以上の必要費用,有益費用および共益費用以外の信託事務を処理するために必要として支出した費用については受託者の費用等償還請求権は認められるが,優先順位は信託債権と同順位となる。

これらの優先順位に関する定めは信託の清算においても適用されるものと考えられるので,清算受託者は,信託の清算においてはこれらの順位に従い,清算受託者を債権者とする信託債権を含む信託債権に係る債務の弁済を行うことになる。

④　費用等償還請求権等と残余財産受益者および帰属権利者に対する給付に係る債務との順位

清算受託者は,自らが有する費用等償還請求権に係る債務等が履行されるまで,残余財産受益者および帰属権利者への信託財産の給付に係る債務の履行を拒むことができるとされている(信託法51条,民法533条)。

この場合,たとえば残余の信託財産を給付することが信託の目的である場合(一般的には,残余財産受益者が残余の信託財産の給付を受ける権利を有する場合)など,残余の信託財産を処分することにより信託の目的を

---

4) 財産の保存とは財産関係の整理(たとえば債権の取立て,債務の弁済),配当とは財産を債権者間に分配する行為(たとえば配当表の作成,配当の実施)をいう。
5) 登記をしていない一般の先取特権は,不動産について登記をした第三者に対してはこれを対抗することができない(民法336条但書)。登記をした第三者とは,抵当権者,第三取得者,不動産質権者,不動産上の先取特権者などを意味する。したがって,これらの者に劣後する。

達成できない場合を除き，清算受託者は，すみやかに信託財産を換価してその費用等の償還を受けることになると考える（信託法49条1項，2項）。

残余の信託財産を処分することにより信託の目的を達成できない場合には，信託財産責任負担債務につき，信託財産に属する財産をもって完済することができない状態（債務超過）とされると思われるので，清算受託者は，信託財産の破産への移行の手続を進めることになると考える。

⑤ 残余の信託財産の帰属時期

残余の信託財産が残余財産受益者，または帰属権利者にいつ帰属するかについては明文の規定はなく，解釈に委ねられている。清算が完了するまで信託が存続することや，特別な意思表示がないのに物権変動が生ずるとすると物権変動の時期が不明確になることから，信託の終了時ではなく引渡等の行為が行われたときと考えるべきである[6]。

(4) 清算受託者の職務の終了

清算受託者は，信託の清算に関する事務のすべてが終了した時に信託事務に関する最終の計算を行い，信託の終了したときにおける受益者（信託管理人が存する場合には信託管理人。なお，残余財産受益者を含む）および帰属権利者（以下，「受益者」と併せて「受益者等」という）に報告しなければならない（信託法184条1項）。

受益者等がこの計算を承認すれば，清算受託者が不正をした場合を除き，清算受託者の清算事務の責任が解除される（信託法184条2項）。また，多数の受益者が存在する集団信託の場合のように，個々の受益者等が積極的に承認をすることは期待しがたい場合もあることから，清算受託者が承認を求めてから1か月以内に異議を述べなかった場合には，この計算が承認されたものとみなされる（信託法184条3項）。

なお，この受益者の計算承認権については信託法上に明文の規定はないが，制度の趣旨から，信託行為に定めによっても制限することはできない

---

6) 四宮・信託法352頁。なお道垣内教授は，移転すべき信託財産が特定している場合には，信託終了と同時に帰属権利者へ移転が生ずると述べている（道垣内弘人「最近信託法判例批評」金融法務事情1593号24頁（2000年））。

ものと考えられる。

　受益者代理人が選任されている場合において，受益者代理人にこの報告を行い，承認を求めることが許されるかが問題となるが，それを特別に制限する理由はないことから，認められるべきものと考えられる[7]。ただし，受益者代理人の事務は信託の清算の結了とともに終了するので，受益者代理人は遅滞なく，自らが行った承認について受益者に報告しなければならない（信託法143条1項，2項）。ここで受益者代理人の承認の判断に誤りがあった場合には，受益者代理人は清算受託者の責任の解除に伴って生じた責任を負うことになる（信託法140条参照）。

(5) 清算時における信託財産の破産

　信託の清算過程で，信託財産が信託債権および受益債権（残余財産の給付を内容とする受益債権を除く）に係る債務[8]を完済するに足らないことが明らかになったときは，清算受託者は，信託財産について直ちに破産手続開始の申立てをしなければならない（信託法179条1項）。

(6) 信託財産の交付の特則

　不動産流動化のための信託では，信託の終了にあたって，清算手続を経ることなく，信託財産である不動産を，これらに関するすべての契約関係，債権・債務とともに，現状のままで帰属権利者に引き渡すと定めるのが一般的である。

　信託財産および受益債権（残余財産受益者に係る受益債権を除く）に係る債務を弁済した後でなければ，信託財産に属する財産を残余財産受益者，および帰属権利者に交付することはできないという信託法の定めは（信託法181条），信託財産を引当てに取引を行っていた信託債権者の保護を目的とするものであるから，信託債権者すべての同意がある場合には，信託債

---

[7] 寺本・信託法383頁。
[8] 信託法179条1項は「その債務」と定め，受益債権が「その債務」の範囲に含まれるか不明確ではあるが，破産法247条の7第2項の定めなどから，受益債権も含まれるものと考える。

権に係る債務を含めて，信託財産を残余財産受益者や帰属権利者へ交付することも可能である。したがって不動産のための信託などにおいては，信託契約および当該不動産に係る賃貸借契約などの契約に，信託終了時における取扱いを別途定めることにより，信託法の定めと異なる方法による清算，たとえば当該不動産とともにそれらに係る債権・債務のすべてを清算することなく，残余財産受益者や帰属権利者へ帰属させることなどの清算の仕方も認められる。

3 信託財産の破産

(1) 意 義

信託は，一定の目的に従って財産権を管理し，その信託財産からの利益を受益者が享受するものである。そのため，信託財産の財務状況が徐々に悪化している場合には，信託財産の財務状況が改善することを待つより，より悪化する前に信託を終了し，残余の信託財産を分配することが，受益者を含めた信託関係者の利益になることもあり得る。そのため信託法は，「信託財産についての破産手続開始の決定があったとき」を信託の終了事由として定め（信託法163条7号），破産法にはその手続規定（破産法244条の2以下）が設けられている。

(2) 破産手続の概略

信託財産の破産手続の概略は次のとおりである。
① 破産原因
破産手続開始の原因は，(i)信託財産による支払能力を欠くために，受託者が，信託財産責任負担債務のうち，弁済期にあるものにつき，一般的かつ継続的に弁済することができない状態（支払不能），または(ii)信託財産責任負担債務につき，信託財産に属する財産をもって完済することができない状態（債務超過）とされる（破産法244条の3，15条）。
② 破産手続の申立権者

申立権者は，信託債権を有する者，受益者，受託者，信託財産管理者などである（破産法244条の4第1項）。なお，清算中の信託が債務超過であることが明らかになった場合には，受託者は，信託財産について破産開始手続開始の申立ての義務を負う（信託法179条1項）。

③　破産財団の範囲

破産財団の範囲は，破産手続開始時において信託財産に属する一切の財産である（破産法244条の5）。

④　信託債権を有する者および受益者の地位

信託債権を有する者および受益者は，破産手続開始時において有する債権の全額について破産手続に参加することができる（破産法244条の7第1項）。

破産手続においては，信託債権は受益債権に優先し，受益債権と信託財産について破産手続が開始された場合において当該破産手続におけるその配当の順位が劣後的破産債権に後れる旨の合意がされた債権（以下，「約定劣後破産債権」[9]という）と受益債権は，同順位とされる（破産法244条の7第3項本文）。ただし，信託行為の定めにより，約定劣後破産債権を受益債権に優先させることができる（破産法244条の7第3項但書）。

⑤　受託者の有する債権

受託者の費用等償還請求権（信託法49条1項），損害賠償請求権（同法53条2項）および信託報酬請求権（同法54条4項）は，破産手続との関係においては金銭債権，すなわち破産債権とみなされ，破産債権として権利行使が認められる（破産法244条の8）。

また，費用等償還請求権のうち，民法の共益費用に関する一般先取特権（民法307条1項，329条ないし332条）の優先順位が与えられている債権

---

9) 約定劣後破産債権は，実質的には受益債権に近いものである。たとえば，不動産の投資を行う信託において，運用利回りは低水準でもいいが，毎年確定の運用収益を得たいという投資家と，より高い運用収益を得たいという投資家がいる場合において，前者の投資家からは信託社債（会社法施行規則99条2項）の発行により資金を調達し，後者の投資家には信託受益権の発行（譲渡）により資金を調達するような仕組みを採用することが考えられる。この場合において，前者の社債をいわゆる劣後特約付社債（劣後債）とすれば，仮にこの仕組みが破綻した場合において，投資対象の不動産の売却代金は，これらの投資家に平等に分配されることになる。

【図表2】破産管財人の権利

権利の内容	条文（信託法）
損失てん補請求権	40条，41条
原状回復請求権	40条，41条
損失てん補責任および原状回復義務の免除権	42条
介入権	32条4項
権限違反行為の取消権	27条1項・2項，31条6項・7項
権限違反行為の追認権	31条5項
限定責任信託において給付可能額を超えた配当がなされた場合または欠損が生じた場合の受託者等の責任追及権	226条，228条
受益証券発行責任信託の会計監査人の損失補填責任等の追求権	254条

（信託法49条6項）は，破産手続において優先的破産債権の地位が与えられ（破産法98条1項），優先して弁済が受けられる。

⑥　否認権

否認権に関する規定の適用に関しては，受託者や信託財産管理者等が信託財産に関して行った行為は，破産者の行った行為とみなされる（破産法244条の10第1項）。

また，受託者および会計監査人（受益証券発行限定責任信託の会計監査人）はいわゆる内部者として取り扱われ，隠匿等の処分をする意思をもって行われた不動産などの処分行為の否認（破産法161条），およびその否認によって原状回復を求める権利（同法168条），ならびに偏頗行為の否認（同法168条）については，主観的要件についての証明責任が転換される（同法244条の10第2項ないし4項）。

⑦　破産管財人の権限

信託財産の破産管財人は，【図表2】に示したような権限を有するものである（破産法244条の11第1項）。

第 12 章

受益証券発行信託

1　受益証券発行信託とは

　旧信託法には,受益権の有価証券化[1]に関し,特段の規定を設けていない。これに対して学説上は,受益権を記名証券または無記名証券に表章させることは可能であるとする見解[2]が有力であるものの,法律の規定または慣習法が存する場合にのみ権利の有価証券化は許されるとの見解[3]も有力である。そのため実務上は,特別法[4]の定めがある場合を除き,受益権の有価証券化は行われていなかった。

　しかし,信託は多様な形態で利用されるものであり,受益権を有価証券化するニーズは特別法にその定めのある信託(投資信託,貸付信託,特定目的信託)に限られないので,受益権の有価証券化を一般的に認める規定を信託法に定めることにより,信託の利用がさらに促進されるものと考えられていた[5]。

　そこで,現行の信託法は,信託行為において受益証券を発行する旨の定

---

[1]　いわゆる私法上の有価証券化のことであり,受益権の発生・移転・行使の全部または一部が証券によってなされることを要することを意味する。また,権利と証券とを結合することによって権利の行使を円滑安全にするとともに,権利の流通性を高めることでもある。
[2]　田邊宏康『有価証券と権利の結合法理』84頁(成文堂・2002年)。
[3]　田邊・前掲書78頁。
[4]　貸付信託法 8 条,投信法 6 条,50条,資産流動化法234条。

めのある受益証券発行信託の制度を設けている（信託法185条以下）。

2　受益証券の発行

　信託法では，受益証券の発行されない信託を原則的な形態としたうえで，とくに信託行為において，受益権を表示する有価証券，すなわち受益証券を発行する旨を定めた場合に限り，受益証券を発行することができることとしている（信託法185条1項）。そして，このような定めのある信託（内容の異なる数種の受益権が存する信託において，その全部または一部についての受益証券を発行する定めをした信託を含む）は，「受益証券発行信託」（信託法185条3項）として，186条から215条までの規定が適用される。

　受益証券の発行の定めは，当該信託のすべての受益権について受益証券を発行することを定める必要はなく，特定の種類の受益権に限り，受益証券を発行する旨の定めをすることもできる（信託法185条2項）。ただし，内容の異なる数種の受益権が存する場合において，同一種類の受益権の全部について受益証券を発行する旨の定めをすることはできるが，その一部についてのみ受益証券を発行する旨の定めをすることはできない。

　なお，受益証券発行信託である旨の信託行為の定めは信託設定時になされる必要があり，信託設定後に信託の変更によりその旨を定めたり，またはその旨の規定を削除することはできない（信託法185条3項，4項）。受益証券発行信託である場合には信託法における受益証券発行信託の特例に関する規定が適用されることから，信託設定後に受益証券発行信託であるか否かを変更すると法律関係が複雑化し，法的安定性を害するからである。

　受益証券の記載事項については，株券（会社法216条），社債券（同法697条1項）その他の有価証券と同様に法定されている（信託法209条）。受益証券の種類としては「無記名式」と「記名式」とがあり，信託行為に別段の定めのない限り，相互への転換が自由に行える（信託法210条）。

5）　資産流動化法における特定目的信託の制度によらない資産の流動化の信託，会社の事業部門につきその収益力を活用した資金調達を目的の事業の信託，資金調達を目的とした会社が保有する知的財産の信託など。

第12章　受益証券発行信託

3　受益権原簿

　受託者は，受益者とその受益者が保有する受益権の内容に関する事項を記載または記録するための帳簿を作成しなければならない（信託法186条）。この帳簿を受益権原簿という。受託者は，受託者に代わって受益権原簿の作成・備置その他受益権原簿に関する事務を行う者（受益権原簿管理人）を定め，当該事務を行うことを委託することができる。

(1)　記載事項

　受益権原簿に記載すべき事項は【図表1】のとおりである。
　受益証券発行信託において受益証券の発行されない受益権を有する受益者は，自らの権利を証明するために，受益権原簿に記載された事項を証明した書面の交付（電磁的記録を含む）を請求することができる（信託法187条1項）。

(2)　受益権原簿の記載事項の記載または記録の手続（無記名式受益証券を除く）

　① 受益者の請求によらない場合

　受益証券発行信託の受託者は，自らが受益証券を取得し，その受益証券を消滅させない場合，およびその取得した受益証券を処分した場合，受託者自身で受益権原簿の記載または記録の手続（以下，「名義書換手続」という）をしなければならない（信託法197条1項）。
　また，受益証券発行信託の受託者は，受益権の併合または分割が生じた場合，受託者自身で併合または分割された受益権の受益者に係る名義書換手続をしなければならない（信託法197条2項）。

　② 受益者の請求による場合

　受益証券発行信託の受託者以外の第三者から受益証券発行信託の受益権を取得した者は，受託者（受益証券の発行されていない受益権については受託者その他の第三者）へその取得を対抗するため（信託法195条1

3 受益権原簿

【図表1】 受益権原簿の記載事項

記載事項	根拠条文（※）
受益債権の給付の内容，弁済期その他の受益債権の内容	法186条1号，規則18条1号
受益権の譲渡制限があるときは，その旨およびその内容	法186条1号，規則18条2号
当該受益証券発行信託において，受益債権の内容が同一である受益権が複数ある場合においては，それらの受益権について，受益者として有する権利の行使に関して内容の異なる信託行為の定めがあるときは，その定めの要旨	法186条1号，規則18条3号
各受益権に係る受益証券の番号，発行日，記名・無記名の区分および無記名式の受益証券の数	法186条2号
各記名受益権に係る受益者の氏名または名称および住所	法186条3号
受益者が各記名受益権を取得した日	法186条4号
当該受益証券発行信託の委託者の氏名または名称および住所（委託者が存しない場合は，その旨）	法186条5号，規則19条1号
受益権発行信託の受託者の氏名または名称および住所	法186条5号，規則19条2号
信託監督人が存する場合，その氏名または名称および住所，および信託監督人の権限について信託行為に定めがあるときは，その定めの内容	法186条5号，規則19条3号
受益者代理人が存する場合，その氏名または名称および住所，および受益者代理人の権限（複数存する場合のそれらの権限を含む）について信託行為に定めがあるときは，その定めの内容	法186条5号，規則19条4号
不発行の受益証券がある場合は，その定めの内容	法186条5号，規則19条5号
受益権原簿管理人が存する場合，その氏名または名称および住所	法186条5号，規則19条6号
限定責任信託であるときは，その名称および事務処理地	法186条5号，規則19条7号
受益権発行信託の信託の条項	法186条5号，規則19条8号
振替受益権の場合，社債，株式等の振替に関する法律が適用されること	社債，株式等の振替に関する法律127条の26

（※）「法」は信託法，「規則」は信託法施行規則を指す。

項，2項），名義書換手続を受託者に対して請求することができる（同法198条1項，2項）。

　③　基準日

　一定時点における受益権に係る特定の権利の行使をすることができる者を確定する目的で，受託者は，一定の日（基準日）に受益権原簿上に記載または記録された者を受益者または質権者とみなし，その者に後の時点で

権利を行使させる手続をすることができる（信託法189条）。ただしこの制度は，記名式受益証券にかかる受益者のみに適用される（信託法189条2項，振替法127条の31）[6]。

基準日は，権利行使日の前3か月以内の日でなければならない（信託法189条3項）。基準日前に名義書換をする機会を保証する必要があるので，信託行為に当該基準日，当該基準日の受益者が行使できる権利内容につき定めている場合を除き，受託者は，基準日の2週間前までに当該基準日・当該基準日の受益者が行使できる権利内容を官報で公告しなければならない（信託法189条4項）。

なお，基準日にかかる信託法の定めは任意規定であり，信託行為で別段の定めをした場合は，それに従う（信託法189条5項）。

(3) 受益権原簿の備置きおよび閲覧

受益権原簿は，受益者の権利行使等のため，受託者が法人である場合にはその主たる事務所，受益権原簿管理人がいる場合にはその営業所に備え置かれる（信託法190条1項）。

委託者，受益者，その他の利害関係人[7]は，理由を明らかにして受託者に受益権原簿の閲覧および謄写を請求することができる（信託法190条2項）。ただしこの閲覧および謄写の請求は，委託者，受益者などの利害関係人の権利の確保・行使に関する調査以外の不当な意図・目的に基づく濫用的なものである場合には，その請求を認める必要はない。そのため信託法は，閲覧および謄写の請求が濫用的な場合を限定列挙し，それ以外の場合には，受託者は利害関係人からの閲覧・謄写の請求を拒絶できないとしている（信託法190条3項）。

受益権原簿の記載事項のうち，各受益権に係る受益者の氏名または名称

---

[6] 無記名式受益証券の受益者が権利を行使する場合は，その受益証券を受託者その他の者に提示しなければならない。また，当該受益者が受益者集会において権利を行使しようとするときは，受益者集会の日の1週間前までに当該受益証券を受益者集会の招集者に提示しなければならない（信託法192条）。

[7] 利害関係人には，信託監督人，受益者代理人，受益者集会の招集権者，登録された受益権の質権者，受益権を譲り受けようとする者などが含まれる（寺本・信託法393頁）。

および住所，当該受益者が受益権を取得した日については，信託行為の定めによりこの閲覧・謄写の請求の対象から除外することができる（信託法190条4項）[8]。

(4) 受益者に対する通知

受益権発行信託における受託者が記名式受益権証券の受益者に対してする通知・催告は，受益権原簿に記載された受益者（受益権原簿に登録してある質権者を含む）の住所に宛てて発すれば，たとえ到達しなくとも，通常到達すべきであった時に到達したものとみなされる（信託法191条，203条）。

信託法の規定に基づき，無記名式受益証券の受益者に対して行わなければならない通知は，当該受益者のうち，当該受託者に氏名または名称および住所の知れている者に対してすれば足りる。この場合，当該受託者はその通知すべき事項を官報に公告しなければならない（信託法191条5項）。

4 受益証券の譲渡（【図表2】参照）

受益証券が発行されている受益権の譲渡は，受益証券を交付しなければその効力を生じない（信託法194条）。すなわち，受益証券の交付が受益証券の譲渡の効力発生要件である。また，受益証券の占有者にはいわゆる資格授与的効力を付与し（信託法196条1項），かつ受益証券についての善意取得の制度を認めている（同条2項）。

記名式受益証券の譲渡については，受益証券を取得した者が名義書換をすることをもって受託者にそれを対抗できる（信託法195条）。受託者以外の第三者へは，受益証券の占有が受益証券の対抗要件となる。

受益証券発行信託のうち，受益証券が発行されていない受益権の譲渡については，受益者と譲受人との合意により譲渡の効力が生じ，受益権を取得した者が名義書換をすることをもって受託者その他の第三者にそれを対抗できる（信託法195条2項）。

---

[8] 信託法39条参照。

第12章　受益証券発行信託

【図表２】受益権の譲渡・質権設定（※）

		受益権		受益証券発行信託					
				記名式（略質）		無記名式		振替受益権		不発行(信185条2項)	
譲渡	効力発生要件	受益者と譲受人との合意	民555条	受益証券の交付	信194条	受益証券の交付	信194条	譲受人の口座の保有欄への記載または記録	振替法127条の16	受益者と譲受人との合意	信194条
譲渡	対抗要件（受託者）	受託者への通知、または受託者の承諾	信94条1項	受益権原簿への記載または登録	信195条1項	受益証券の占有	信195条3項	譲受人の口座の保有欄への記載または記録	振替法127条の16	受益権原簿への記載または登録	信195条2項
譲渡	対抗要件（受託者以外の第三者）	確定日付のある受託者への通知、または受託者の承諾	信94条2項	受益証券の占有	信195条1項	受益証券の占有	信196条	譲受人の口座の保有欄への記載または記録	振替法127条の16	受益権原簿への記載または登録	信195条2項
質権	効力発生要件	受益者と質権者との合意	民363条	受益証券の交付	信199条	受益証券の交付	信199条	質権者の口座の質権欄への記載または記録	振替法127条の17	受益者と質権者との合意	信199条
質権	対抗要件（受託者）	受託者への通知、または受託者の承諾	信94条1項	受益証券の占有	信200条1項	受益証券の占有	信200条1項	質権者の口座の質権欄への記載または記録	振替法127条の17	受益権原簿への記載または登録	信200条2項
質権	対抗要件（受託者以外の第三者）	確定日付のある受託者への通知、または受託者の承諾	信94条2項	受益証券の占有	信200条1項	受益証券の占有	信200条1項	質権者の口座の質権欄への記載または記録	振替法127条の17	受益権原簿への記載または登録	信200条2項

（※）「民」は民法，「信」は信託法，「振替法」は社債，株式等の振替に関する法律を指す。

　無記名式受益証券の譲渡については受益権原簿に受益者の氏名等が記載または記録されないことから（信託法186条3号），受益証券の占有が受託者その他の第三者に対抗要件となる（同法195条3項）。

5　受益証券の質入れ（【図表2】参照）

　受益証券が発行されている受益権の質入れは，受益証券を交付しなければその効力を生じない（信託法199条）。すなわち，受益証券の交付が受益証券の質入れの効力発生要件である。また，受益証券の質権者は，その受益証券を占有しなければその質権を受託者その他の第三者に対抗することができない（信託法200条1項）。

　受益証券発行信託のうち，受益証券が発行されていない受益権の質入れについては，受益者と譲受人との合意により譲渡の効力が生じ，その質権者の氏名等を受益権原簿に記載または記録することをもって，受託者その他の第三者にそれを対抗できる（信託法200条2項）。

　受益証券発行信託の記名式受益証券の質権者は，受託者に対し，質権者の氏名または名称および住所，質権の目的である受益権であることを受益権原簿に記載または記録することを請求することができる（信託法201条）。

　このように受益権原簿に質権の対象である旨の記載または記録された質権者を，登録受益権質権者という（信託法202条1項）。登録受益権質権者は，受益権原簿の記載事項を記載した書面（電磁的記録を含む）の交付を請求できる権利，受託者からの各種の通知・催告，受益権の併合または分割の場合の受託者による受益権原簿の記載または記録，および受益証券の登録受益権質権者への交付などの特則が適用される（信託法202条ないし205条）。

6　振替受益権（【図表2】参照）

　受益証券は，社債，株式等の振替に関する法律の適用を受ける旨を信託行為に定めることにより，それを発行せず，振替機関・口座管理機関が作成する振替口座の記載・記録により受益権に関する権利の帰属を定めることができる（振替法127条の2）。

　振替機関が取り扱う受益証券（振替受益権）の譲渡は，譲渡人である加

入者の振替の申請により，譲受人が自己の口座の保有欄に増加の記録・記載を受けることにより効果を生ずる（振替法127条の16）[9]。加入者は，その口座に記載または記録された振替受益権についての権利を適法に有するものと推定される（振替法127条の19）。

振替受益権の質入れは，質権者である加入者の口座の質権欄への記載または記録により質権が成立する（振替法127条の17）。

振替受益権の場合，受益権原簿に受益権に係る受益者の氏名または名称および住所，受益権の取得日の記載は省略されるため，受益権の譲渡に伴う受益権原簿の記載または記録事項の変更は行う必要はない（振替法127条31による126条3号，4号，197条1項ないし3項，198条1項および2項の適用の排除）。振替口座簿が受益権原簿の代わりをなす。

7 受益者および委託者の権利の特例

(1) 受託者の義務の軽減の禁止

受益証券発行信託においては受益権が有価証券化されて流通性が強化されるため，不特定多数の一般投資家が受益権を取得して受益者となることも少なくない。そのため信託法は，受益者の利益の保護を図るという観点から，信託行為の定めにより受託者の善管注意義務を軽減することや（信託法29条但書参照），信託事務の処理を信託行為において指名された第三者等に委託した場合における受託者の義務を信託行為の定めにより軽減することを禁止している（同法212条）。

(2) 受益者の権利行使の制限（【図表3】参照）

受益者が多数となる信託では，一部の受益者の濫用的な権利行使によっ

---

9) 相続，会社の合併・分割などの一般承継による権利移転，株式交換・株式移転による株式の移転（会社法769条1項・774条1項），保険法上の残存物代位に基づく株式の移転（保険法24条），弁済による法定代位に基づく株式上の担保の移転（民法500条，501条）などの法律上当然の権利移転の場合には，振替口座簿の記載・記録は振替受益権の移転の効力要件ではない（江頭・株式会社法208頁参照）。

【図表３】受益証券発行信託における単独受益者権の制限

単独受益者権の制限		権利の内容	条文（信託法）
受益権の保有割合による制限（少数受益権）	100分の３以上の数の受益権を有する受益者に限り，権利を行使することができる旨の信託行為の定め	検査役の選任申立権	46条１項
		帳簿等の閲覧等請求権	38条１項
		権限違反行為の取消権	27条１項・２項 31条６項・７項
	10分の１以上の数の受益権を有する受益者に限り，権利を行使することができる旨の信託行為の定め	信託の変更を命じる裁判の申立権	150条１項
		信託の終了を命じる裁判の申立権	165条１項
受益権の保有期間による制限	６か月前から引き続き受益権を有する受益者に限り，権利を行使することができる旨の信託行為の定め	受託者の違反行為の差止請求権	44条１項

て受託者による信託事務の処理の円滑性が阻害され，他の受益者の利益が害される可能性が一般の信託に比べて高く，また投資商品として利用されている場合が多いと考えられる。

このような事情を鑑みれば，受益者の権利行使も，株式会社における株主の権利行使のように集団的な権利行使を前提とした制度とすることも合理性があり，信託の利用の促進にもつながると考えられる。

そこで信託法は，単独受益者権の重要性を踏まえたうえで，受益証券発行信託における単独受益者権の行使の特例を定めている（信託法213条）。

まず，検査役の選任申立権（信託法46条１項），帳簿等の閲覧等請求権（同法38条１項），受託者等の権限違反行為の取消権（同法27条１項・２項）の受益者の権利については，総受益権の議決権の100分の３以上の数の受益権を有する受益者に限り権利を行使することができることを信託行為で定めることができる（同法213条１項）。

また，信託の変更を命ずる裁判の申立権（信託法150条１項），および信託の終了を命ずる裁判の申立権（同法165条１項）の受益者の権利については，総受益権の議決権の10分の１以上の数の受益権を有する受益者に限り権利を行使することができることを信託行為で定めることができる（同法213条２項）。

なお，受益権の行使に関するこれらの制限は，他の受益者の氏名等の開示請求権が信託行為の定めにより制限されている場合（信託法39条1項，2項）には，信託行為で定めることができない（同法213条3項）。これは，ある受益者が他の受益者と共同することによりこの要件を満たして権利の行使を行うためには，他の受益者の氏名等の開示請求権が制限されていないことが必要となるからである。

受託者の違反行為の差止請求権（信託法44条1項）については，6か月前から引き続き受益権を所有する受益者に限り権利を行使できることを信託行為で定めることができる（同法213条4項）。

(3) 委託者の権利

受益証券発行信託においては受益者が不特定多数に上ることが予想されるところ，受益証券を譲渡した場合にあっても譲渡人が引き続き委託者として権利を行使できることとすると，一般の信託の場合に比べて法律関係が複雑になるおそれが類型的に高いと考えられる。

そこで信託法は，受益証券発行信託における委託者の権利の一部（【図表4】）について，委託者は行使できず，受益者のみが行使できると定めている（信託法215条）。ただし，明文の規定はないが，信託行為の定めによりこれらの権利の一部または全部を制限することはできるものと考える（信託法145条1項）。

【図表4】受益者のみが行使できる委託者の権利

種　別	権利の内容	条　文（信託法）
信託の監視・監督機能	受託者に対する報告（説明）請求権	36条
	裁判所に対する受託者の解任請求権	58条4項
	新受託者の職務の引受催告権	62条2項
	裁判所に対する受託者の選任請求権	62条4項
	財産管理命令（信託財産管理人の選任）請求権	63条1項
	裁判所に対する信託財産法人管理人による管理を命ずる処分請求権	74条2項
	信託監督人の職務の引受催告権	131条2項
	裁判所に対する信託監督人等の選任請求権	131条4項
	受益者代理人の職務の引受催告権	138条2項
	裁判所に対する公益の確保のための信託の終了請求権	166条1項
	裁判所に対する公益の確保のための保全処分請求権	169条1項
	裁判所書記官に対する保全処分に関する資料の閲覧等請求権	172条1項・2項・3項
	裁判所に対する清算のための受託者の選任請求権	173条1項
	受益権原簿の閲覧・謄写請求権	190条2項
信託の基礎的変更に関する権利	裁判所に対する信託の変更請求権	150条1項
	裁判所に対する信託の終了請求権	165条1項

第 13 章

限定責任信託

1 意義

　信託においては，信託事務に関する取引から生じた債務は受託者の固有財産と信託財産とが共に責任財産となるのが原則である。
　信託銀行などが受託するいわゆる商事信託では，信託契約において当該信託において行うことができる取引を限定することにより，信託財産の価額を超過するような債務を負担しないようにしている。しかし，たとえば有価証券投資を目的とする信託では，信託財産のリスクのヘッジや効率的な運用を目的として，スワップやオプションなどのデリバティブ取引を信託財産の運用に組み入れることがある。信託の運用にこのような商品を組み入れた場合，相場の変動により，結果的に信託財産責任負担債務が信託財産価額を超過して，受託者である信託銀行などが思わぬ損害を被ることがあり得る。
　そこで，このような信託の場合は，受託者である信託銀行は，信託財産が当該取引の相手方に対して負担する債務について，当該取引の相手方との間で責任財産を信託財産の範囲に限定する特約（責任財産限定特約）を結ぶことが多い。
　信託事務に関する取引から生じる債務について信託財産だけを責任財産とすることは，責任財産限定特約を結ぶことで一定の範囲で実現すること

ができる。しかし，このような第三者と特約を結ぶことなく，信託財産だけが責任財産となる新たな信託を創設することによって，受託者の専門的な能力，市場や技術動向の変化を迅速に判断することがもとめられる事業（パイロット事業，期間を限定した事業，プロジェクト事業等）や，不動産の信託を中心とする資産の流動化，知的財産権の信託などの促進を図ることが可能となる。

また，すでに有限責任の社員のみで構成される組織形態としては合同会社や有限責任事業組合などがあるが，これらの組織形態とは異なり，限定責任信託には能力・技術を有した者が受益者（社員）の指図等を受けずに収益を生み出していくことができる点に有用性が見い出せる。

このようなことから，信託法においては限定責任信託制度が設けられ，一般の信託に関する特則が定められている（信託法216条以下）。

2 概　要

限定責任信託は，信託契約などの信託行為において，そのすべての信託財産責任負担債務について，受託者が信託財産に属する財産のみをもってその履行の責任を負う旨の定めをし，登記をすることによってその効力が生じる（信託法216条）。

(1) 信託行為に定める事項

限定責任信託においては次の事項を信託行為に定めなければならない（信託法216条2項，信託法施行規則24条）。また，その名称に限定責任信託という文字を用いなければならない（信託法218条1項）。

(i) 限定責任信託の目的
(ii) 限定責任信託の名称
(iii) 委託者および受託者の氏名または名称および住所
(iv) 限定責任信託の主たる信託事務の処理を行うべき場所
(v) 信託財産に属する財産の管理または処分の方法
(vi) 信託事務年度

(2) 登記義務

限定責任信託を創設するために，信託行為に限定責任信託に係る定めがなされたときには，その定めをしたときから2週間以内に次の事項を登記しなければならない（信託法232条）。

(ⅰ) 限定責任信託の目的
(ⅱ) 限定責任信託の名称
(ⅲ) 受託者の氏名または名称および住所
(ⅳ) 限定責任信託の主たる信託事務の処理を行うべき場所
(ⅴ) 信託財産管理者または信託財産法人管理人が選任されたときは，その指名または名称および住所
(ⅵ) 信託行為で信託の終了事由を定めたときは，その定め
(ⅶ) 会計監査人設置信託であるときは，その旨および会計監査人の氏名または名称

(3) 顕名主義

限定責任信託の受託者が当該限定責任信託の受託者として第三者と取引するにあたっては，その旨を取引の相手方に示さなければ，当該取引が当該限定責任信託の受託者としてのものであることを当該取引の相手方に主張することはできない（信託法219条）。取引の相手方を保護するためのものである。

なお，限定責任信託の登記が限定責任信託の効力要件であることは前述のとおりであり，登記のない限定責任信託においては，受託者が第三者と取引する際に当該取引が限定責任信託に関するものであることを明示しても，当該取引の責任財産を信託財産に限定することはできない。ただし，当該明示が受託者と当該第三者間の責任財産限定特約であるとの合意であると認定できる場合であれば，受託者は責任財産を当該信託の信託財産に限定することを主張することは可能であると考える。なぜなら当該第三者の利益を害さないからである。

(4) 限定責任信託の効果

① 原　則

　限定責任信託の信託財産責任負担債務に係る債権の債権者は，信託財産のみを引当てとして債務の履行がなされることとなり，受託者の固有財産から債務の履行を受けることはできない（信託法217条1項）。

② 例外──不法行為責任に係る債務に関する効果

　受託者が信託事務を処理するについてした不法行為によって生じた債権を有する者は，一般の信託と同様に受託者の固有財産から債務の履行を受けることができる（信託法217条1項括弧内）。これは，自ら帰責性を有する不法行為をした受託者についてまで限定責任信託の利益を認めるのは適当ではないと考えられるからである。

　したがって，受託者がその固有財産でも責任を負うこととなるのは受託者に何らかの帰責事由の存することが責任発生要件とされ，または帰責事由の存しないことが免責要件とされている場合である[1]。たとえば民法709条に基づく一般の不法行為責任，民法715条1項の使用者責任，民法717条1項本文の占有者責任，自動車損害賠償保障法3条の運行供用者責任[2]，製造物責任法3条の製造物責任などが挙げられる。

　これに対し，工作物責任のうち，民法717条1項但書の所有者責任については，信託財産のみが責任財産となる。工作物責任を負う者は工作物の占有者（民法717条1項本文）と所有者（同項但書）であるが，占有者は損害の発生を防止するのに必要な注意を払ったときは免責され，所有者は占有者が免責された場合に2次的責任を負う。この所有者の責任については免責が認められず，無過失責任であることから，受託者は，信託財産である工作物を所有することから生じる工作物責任については限定責任信託の効果が及ぶ。

---

1) 寺本・信託法420頁。
2) 運行供用者は，①自己および運転者が自動車の運行に関し注意を怠らなかったこと，②被害者または運転者以外の第三者に故意または過失があったこと，③自動車に構造上の欠陥または機能の障害がなかったことの3つの事由をすべて証明しなければ免責されない。

もし，限定責任信託の信託財産である工作物の管理において受託者に悪意または重大な過失があり，それが原因となり，第三者に損害を与えた場合には，受託者は当該第三者に対してその損害を賠償する責任を負うことになる（信託法224条1項）。また，受益者への信託財産の給付についても制限が課されている（信託法225条ないし228条）。このような手当てがなされていることから，所有者責任に係る債権者（被害者）の権利が不当に害されることはないものと考えられる。

なお，前に説明したとおり，工作物の占有者責任には限定責任信託の効果が及ばないことに注意する必要がある。

(5) 限定責任信託への信託の変更，または限定責任信託の定めの廃止

信託の変更により，すでに設定されている信託についても限定責任信託とすることができる（信託法149条）。ただしその効力は，登記後に生じ，かつ取引の際に当該取引の相手方に限定責任信託であることを明示しなければ，取引の相手方にその効力を主張することができないため，既存の取引の相手方の権利を害することはない（信託法220条，219条）。

反対に，限定責任信託の定めを廃止し，その旨の登記を完了したときは，以後，限定責任信託に関する規定は当該信託に適用されない。取引の相手方が有する信託債権の責任財産が受託者の固有財産まで広がることから，当該取引の相手方の利益を害することはないからである（信託法221条）。

(6) 信託債権者の保護に関する諸規定

限定責任信託において責任財産を確保し，限定責任信託における信託債権者の保護のため，受益者に対する給付制限およびその責任，信託財産に欠損が生じたときの責任等が定められている（信託法222条ないし231条）。

以下，これらの保護に関する規定について説明する。

① 帳簿等の作成等，報告および保存の義務等に関する特例

限定責任信託においては，限定責任信託の信託債権者の保護のため，受託者は，会計帳簿の作成・保存（信託法222条2項，6項）ならびに限定責任信託の効力発生日における貸借対照表および毎年一定の時期における

貸借対照表，損益計算書およびこれらの付属明細書等の作成・保存（同条3項，4項，8項）をしなければならない。

信託債権者はこの会計帳簿や貸借対照表等の閲覧を請求することができ，それにより，信託財産に属する財産の状況や信託に関する損益の状況等に関する詳細な情報を入手することができる（信託法222条9項，38条6項）。

なお，信託法では，利害関係人は，限定責任信託の効力発生時における貸借対照表ならびに毎年一定の時期における貸借対照表，損益計算書およびこれらの付属明細書等についてのみ閲覧および謄写が認められている（信託法222条9項，38条4項）。しかし，責任財産が限定されている信託においては，当該信託の財産状況をよりきめ細かく，かつタイムリーに監視する必要が生じることも多いので，責任財産限定信託について取引を行う第三者は，当該取引の基本契約書などに信託財産の状況の調査権や受託者の報告義務などを規定する必要が生じるものと思われる。

② 受託者の第三者に対する責任

限定責任信託における受託者の職務の重要性等に鑑み，限定責任信託の信託債権者の保護のため，限定責任信託の受託者の責任は一般の信託の受託者よりも加重されている。

限定責任信託の受託者は，株式会社の取締役（会社法429条）や有限責任事業組合（有限責任事業組合契約に関する法律18条1項）などの他の有限責任形態の組織形態と同様に，当該信託に係る信託事務を行うについて，悪意または重大な過失があったときや貸借対照表等に記載すべき重要な事項について虚偽の記載等をしたときは，当該受託者はこれによって生じた損害を賠償する責任を負う（信託法224条）。

③ 受益者に対する信託財産に係る給付の制限等

限定責任信託では，受託者は受益者に対し，純資産額の範囲内において法務省令で定める方法により算定される給付可能額を超えて信託財産に係る給付をすることはできない（信託法225条）。そして，受託者がこの規定に違反して給付をした場合には，受託者および給付を受けた受益者は，受託者がその職務を行うについて注意を怠らなかったことを証明しない限り，連帯して給付額に相当する金銭のてん補または支払いの義務を負うことに

なる（信託法226条1項，3項，5項）。

　この受託者と受益者の義務は，当該給付をした日における給付可能額を限度として，当該限定責任信託の総受益者の同意により免除することができる（信託法226条4項）。当該限定責任信託の利益を享受する受益者の同意があれば，受託者と受益者の義務の免責を認めても，当該限定責任信託の信託債権に係る債権者の利益を害さないからである。

　この義務を履行した受託者からの求償の請求に対しては，善意の受益者は求償に応ずる義務を負わないが，信託債権者からの請求に対しては，受益者はその善意・悪意を問わず，支払義務を免除されない（信託法227条）。

　また，受益者に対する給付をした日には，給付可能額が存在するときであっても，その後の信託事務の処理によって信託財産が減少すれば，実質的には信託債権者に優先して受益者が利益を得ることになって，信託債権者を害する結果となるおそれがある。そこで受託者が，受益者に対し信託財産に係る給付をした場合において，当該給付をした日後最初に到来する信託事務年度の末日に欠損額が生じたときは，受託者および給付を受けた受益者は，受託者がその職務を行うについて注意を怠らなかったことを証明しない限り，連帯して欠損額または給付額に相当する金銭のてん補または支払いの義務を負うことになる（信託法228条1項，3項，5項）。

　もっともこの義務については，総受益者の同意があればすべて免除することができるのは先の義務と同様である（信託法228条4項）。

(7) 清　算

　限定責任信託の清算に関しては，一般の信託の清算に関する規定（信託法175条ないし184条）が適用されることに加え，信託法は，信託債権者が清算手続に参加できる機会を確保し，信託債権者の利益を保護するための特則を設けている。

　まず限定責任信託の清算においては，清算受託者は，その就任後遅滞なく，信託債権者に対し，一定の期間内に信託債権を申し出るべき旨の公告または催告をしなければならない（信託法229条）。清算受託者は，この期間内は原則として債務の弁済を行うことができない（信託法230条）。

他方，この期間内にその債権の申し出をしなかった信託債権者は，知れている債権者を除き，清算手続から除外され，給付がなされかった残余の信託財産に対してのみ弁済を請求することができる。すなわち最劣位の債権となる（信託法231条1項）。

3 事業信託

限定責任信託の利点は，当該信託において信託財産責任負担債務が当該信託財産の価額を超過したとしても，当該信託の受託者は，自己の財産をもって当該信託財産責任負担債務を履行する責任を負わないことである。この利点を利用した仕組みの1つに，いわゆる「事業信託」がある。最後に，限定責任信託の制度を利用した「事業信託」について簡単に説明をする。

(1) 事業信託の意義

事業信託とは，企業の全部ないし一部のような一定のまとまりを有する事業，または包括的な経営権を受託者が信託財産として引き受ける形式の信託である。すなわち，会社法467条以下で定められている事業譲渡の「事業」に類似したものを信託財産（事業に供する財産，契約上の地位などを信託財産とし，受託者がそれに係る債務を引き受けるもの（信託法3条1号，21条1項3号））とする信託である。

(2) 事業信託の活用例

事業信託の活用例には次の5つが挙げられている。
第一に，高い収益が見込める特定部門を信託し，そしてその事業を担保に資金調達を行うこと。従来なら事業譲渡の形態をとる必要のあったもの。第二に，ハイリスクの新規事業に着手するにあたって，当該新規事業を自己信託し，既存の事業との間で倒産隔離を図ること。第三に，クレジット・リース会社が，クレジット債権の流動化について，現在では信託銀行などに信託していたものを自己信託することにより，より低コストで資金

調達ができること。第四に，債権回収業者，いわゆるサービサーが回収金を自己信託し，債権回収業者自身の倒産リスクを回避するということ。最後に，たとえば特許権等などの信託を製造・販売事業の一体的な信託をすることによって，当該部門を担保として新たな研究開発費用を調達することなどが挙げられていた[3]。

　これらの事例のうち，第三と第四の事例を除き，信託財産を超過する信託財産責任負担債務が生じる可能性のある信託であることから，これらの信託においては責任財産限定信託とすることが必須であろう。

(3) 事業信託の基本的な仕組み（【図表１】参照）

　事業信託は，企業がある事業部門を他の事業部門から切り離して信託を設定し，当該企業が金融市場において投資家を募り，その受益権を販売することにより資金を調達するものである。この場合，当該企業が受託者となる自己信託の形態をとることが一般的であるものと考えられ，また受益権に流通性を与えるならば，受益証券発行信託を組み合わせることも可能である。また，その受益権を企業に一括して売却すれば，事業譲渡と同じ効果が得られる。

　このような目的の信託においても，一般の信託のように，受託者は自己の固有財産をもってしても信託財産責任債務の履行の責任を負うことになれば，受託者が他の企業の事業リスクまでも抱えてしまうことになる。しかし責任財産限定信託を利用すれば，事業信託を受託した企業は当該事業信託のリスクが受託者本体の事業へ波及することを避けることができることから，当該事業信託の事業を独立採算により事業運営を行うことが可能となる。

---

[3]　参議院法務委員会第4号25頁（平成18年11月30日）。

【図表1】 事業信託の基本的な仕組み

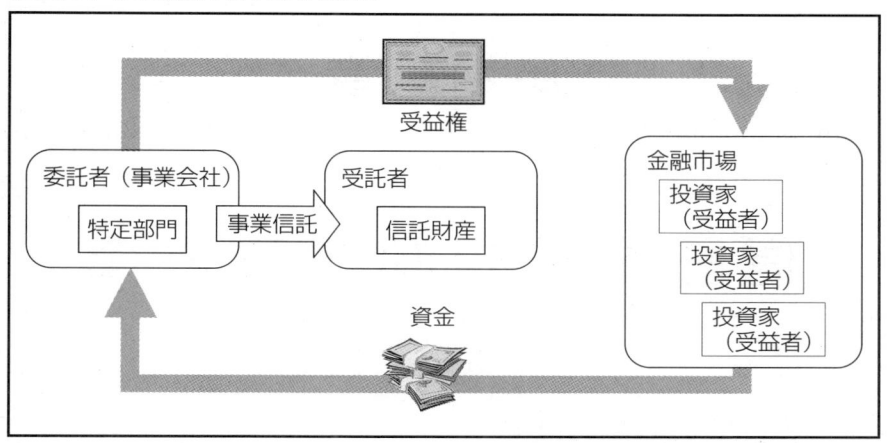

第 14 章

信託業を規制する法律

1 信託業の規制の歴史

(1) 信託業法の位置付けと2004年12月信託業法改正の背景

　信託業法（大正11年法律65号。以下「旧信託業法」という）は1922年に制定された法律であり，悪質な信託業者や信託会社を取り締まり，同法に基づき信用力のある健全な業者にのみ免許を与えることにより健全な信託業界の保護・育成等を図ることを目的としていた。そのため同法は，引受財産の制限，資金運用の制限等，規制色の強い法律であった。

　しかし信託は，財産を様々な形で管理・運用ができ，高齢化社会の到来やストック経済化[1]，経済の高付加価値化が進展するなかにおいて，経済の活性化に資するものと期待されている。信託はまた，各種の金融商品を仕組む器としても有用であり，投資家のさまざまなニーズに対応した金融技術の革新や新たな金融サービスの提供等を促す役割や，国民の運用資産を適切に配分する仕組みとしての役割を果たし，結果として市場型間接金融という新たな金融の流れの構築に資するものと期待されている[2]。

---

1) 一定期間の経済の動きを示す国民総生産などのフロー経済諸量に比べて，それまでに蓄積された資産である国富などのストックの経済諸量が相対的に大きな経済をストック経済という。

このような信託への要請を受け，「政府の規制改革推進3か年計画（再改定）」（2003年3月28日閣議決定）では，「信託業法における受託財産制限の緩和：特許権，著作権等の知的財産権を信託業法の信託の対象となることについて検討を行い，結論を得る（平成15年度中に検討・結論，措置予定）」，「信託業規制の見直し（信託会社の一般事業法人への解禁）：信託会社の参入基準や行為規制を整備し，信託会社を解禁することについて検討を行い，結論を得る（平成15年度中に検討・結論，措置予定）」とされた。また，「知的財産の創造，保護及び活用に関する推進計画」（2003年7月8日知的財産戦略本部決定）では，「特許を受ける権利を含めた知的財産権の管理信託事業へのＴＬＯ[3]の参入」の原則自由化，「知的財産の管理及び流動化の促進に向けて信託制度」の活用が掲げられた。

このような背景のもと，金融審議会金融分科会第二部会に設置された「信託に関するワーキンググループ（作業部会）」は，2002年6月から信託業のあり方について幅広く検討を行い，2003年7月28日に「信託業のあり方に関する中間報告書」（以下，「中間報告書」という）をとりまとめ，公表した。信託業のあり方については，2006年度にも予定されていた信託法改正などの動きによっては更なる検討が必要となるため，当面対応すべき課題を中心に必要な論点について集中的に議論を行い，中間報告書としてまとめられたものである[4]。

(2) 2004年12月信託業法改正のポイントと基本的な視点

2004年には，この中間報告書の提言を受け，知的財産権を含め受託可能財産の範囲を拡大すること，信託兼営金融機関のみが行っている信託業へ金融機関以外の者の参入を可能とすることをポイント[5]として，旧信託

---

2) 金融審議会金融部分科会第二部会「信託業のあり方に関する中間報告書」4頁（2003年）。
3) Technology Licensing Organization（技術移転機関）の略。大学等における技術の研究成果を民間企業へ移転するための仲介役となる組織で，「大学等における技術に関する研究成果の民間事業者への移転の促進に関する法律」に基づき，事業の実施計画について文部科学大臣等の承認・認定を受けることができる。
4) 中間報告書1頁。
5) 中間報告書5頁。信託業法案の「概要」参照。

業法の全文を改正する作業が行われた。

またこの改正は，(i)信託の活用に対するニーズ等への柔軟な対応，(ii)信託会社の健全かつ適切な業務運営等と受益者保護，(iii)信託業務の効率的な運営および市場規律によるガバナンス，(iv)統一的・横断的ルールの構築，(v)信託法との整合性を基本的な視点[6]としてなされ，2004年11月26日に成立した。

(3) 信託法改正に伴う信託業法改正のポイントと基本的な視点

2006年12月に信託法制の基本法である信託法の改正が行われたが，これに対応して旧信託業法も改正された。

この改正は原則として，委託者・受益者保護の必要性および規制のあり方については旧信託業法の枠組みを維持しながら，(i)新しい信託類型について適切な参入要件を設けつつ，信託会社と同様の受託者義務を負わせることによって受益者保護を図るべきこと，(ii)受託者義務については受益者保護の要請を勘案しつつ，実務上不都合が生じている部分について措置することを基本的な考え方として行われた[7]。

信託法改正に伴って追加される新しい信託類型等については，信託業法上，十分活用可能となるよう配慮しつつ，適切に位置付けるために必要な措置を早急に講じることを基本とした。また，新たな信託法では，信託財産の管理に際しての受託者の善管注意義務，分別管理義務，および忠実義務等は，信託行為によってその軽減が可能となるが，信託業法の規制趣旨は，受託者である信託会社と不特定多数の顧客（受益者等）の間に情報量や交渉力の差が生じ得ることに加え，委託者等の信頼に基づき信託された財産を受託者が自己名義で管理するという信託の特質も踏まえて，信託会社（受託者）に対して管理上の義務を確実に遂行するよう一定の義務を課すことによって顧客（受益者等）を保護するものであることから，顧客

---

[6] 中間報告書6頁。
[7] 金融審議会金融部会第二部会「信託法改正に伴う信託業法の見直しについて」1頁（2006年）。

(受益者等）の保護に必要な範囲で受託者である信託会社に義務を課している。

(4) 金融商品取引法制定に伴う信託業法改正

2006年6月7日の第164回の国会において，「証券取引法等の一部を改正する法律」（平成18年6月14日法律第65号。以下「証取法等改正法」という）および「証券取引法等の一部を改正する法律の施行に伴う関係法律の整備等に関する法律」（平成18年6月14日法律第66号）が成立し，6月14日に公布された。

これらの法律は，金融審議会金融分科会第一部会報告「投資サービス法（仮称）に向けて」（2005年12月22日）を踏まえ，金融・資本市場をとりまく環境の変化に対応し，幅広い金融商品についての投資者保護のための横断的な法制として，証券取引法を改組して「金融商品取引法」の整備を行うことにより，利用者保護ルールの徹底と利用者利便の向上，貯蓄から投資に向けての市場機能の確保および金融市場の国際化への対応を図ることを目的とするものである。

金融商品取引法は，利用者保護ルールの徹底を図る観点から，同じ経済的性質を有する金融商品には同じルールを適用するという基本的な考え方とっている。

また，信託受益権が「有価証券」とみなされることになったため（金商法2条2条1項14号，2項1号，2号），信託会社が行う信託の引受けは新に発行される有価証券を取得させる行為となり，有価証券の自己募集と位置付けられることになった。

しかし，信託会社の行う信託の引受けは信託業法の規制の対象となっていることから，金融商品取引法の規制の対象とはなっていない。ただし，信託会社のために信託契約の締結の代理または媒介を行うことは有価証券の発行者のためにその有価証券の取得の申込みの勧誘等を行う行為となり，有価証券の募集・私募の取扱い（金商法2条8項）と位置付けられている。このため，2004年の改正によって創設された信託契約代理業の相当部分は，金融商品取引法の規制対象である金融商品取引業として取り扱われること

となり，信託業法における信託契約代理業に関する規定が改正された。

さらに，信託受益権の販売またはその代理もしくは媒介は，有価証券の売買またはその代理もしくは媒介（金商法2条8項1号，2号）と位置付けられ，金融商品取引業として金融商品取引法の規制の対象となることから，信託業法の信託受益権販売業に関する規定はすべて削除された。

2 信託業法の概要

(1) 受託可能財産

信託法上は，信託として引き受けることのできる財産の種類に制限はないが（信託法3条），受益者保護のため，信託兼営金融機関に専門的能力のある財産に限って信託の引き受けを認めるということ，立法当時のニーズもこの範囲で十分であったことなどの理由から，旧信託業法ではその4条が，信託業として引き受けることのできる財産の種類を(i)金銭，(ii)有価証券，(iii)金銭債権，(iv)動産，(v)土地およびその定着物，(vi)地上権および土地の賃借権に制限していた。また，信託兼営金融機関が信託業務を行う場合もこの規定の適用があった（旧兼営法1条）。

しかし，知的財産に関する信託等，信託の活用に対するニーズ等へ柔軟に対応するため，また信託会社の健全かつ適切な業務運営等や受益者保護の観点からも，受託可能財産を「入口」で規制する必要性は乏しいとの理由から，2004年の旧信託業法の改正により，新たに受託可能な財産に対する適切な信託業の担い手を確保し，また受益者保護のための必要なルールを整備することを前提として，旧信託法3条に規定する「財産」であればすべて信託業として受託可能であるとされている。

また，旧信託業法の11条は，信託として引き受けた後についても取得できる財産を制限していたが，同じ理由から，信託業法ではこの制限も廃止されており，信託引き受け後における取得財産の規制もない。

(2) 信託業の担い手

旧信託業法のもと，唯一信託業を行っていた信託兼営金融機関については，監督当局による銀行法等に基づく免許申請時における審査（銀行法4条2項，銀行法施行規則1条の8第3項）や免許付与後の監督と，兼営法に基づく信託業の兼営の認可申請時における審査（兼営法1条3項，兼営法施行規則1条2項）や認可後の監督を通じて，その業務および財務の健全性等を確保する仕組みとなっている。

そのため，金融機関以外の者が信託業を営む場合においても，一般投資家を含めた多様な受益者の保護を図る観点から，受託者責任を履行しその信託業務を適正に遂行し得るだけの資質と能力と，その業務の健全かつ適切な運営および財務内容の健全性の確保が重要であるが，信託会社は，信託兼営金融機関が行っているような広範囲な信託業務を行うものではないことから，参入基準等の規制内容は，信託会社が行う信託業務の内容・機能に応じ，信託業を「信託業」と「管理型信託業」とに分類し，参入基準等の規制に差を設けている。

① 参入基準

信託業法は，信託会社の業務内容に応じ，次の2つに区分して参入基準を設けた。

信託の引受けを行う営業を「信託業」と定義し（信託業法2条1項），免許制とした（同法3条）。ただし，「信託業」のうちで次の営業を「管理型信託業」と定義し（信託業法2条3項），「管理型信託業」だけを行う営業は登録制とし，3年ごとの更新制とした（同法7条1項，2項）。

しかし，公共工事の請負者が保証事業会社の保証のもとに地方公共団体から支払いを受けた前払金について，地方公共団体と請負者との間との間の信託の成立が認められた事例（最高裁平成14年1月17日判決（民集56巻1号20頁，金融・商事判例1141号20頁））や，会社の資産の全部または一部を債務整理事務の処理に充てるために弁護士に移転させた場合に，信託の成立があり得るという補足意見（最高裁平成15年6月12日判決（民集57巻6号563頁，金融・商事判例1176号44頁））もある通り，単に契約に付随

して金銭の預託等を行う場合に，ときに当事者間でも予期せぬ形で信託が成立することがある。

このような場合にまで信託業法を適用するのは妥当ではないことから，信託業法は，他の取引に係る費用に充てるべき金銭の預託を受けるものその他の取引に付随して行われるものであって，その内容を勘案し，委託者および受益者の保護のため支障を生ずることがないと認められるものとして政令で定めるものは，「信託業」から除外している（信託業法2条1項）。具体的には，弁護士等が行う弁護士業務に必要な費用に充てる目的で委託者から預かる金銭や，請負人が請負契約に必要な費用に充てる目的で注文者から預かる金銭などが除外される（信託業法施行令1条の2）。

「管理型信託業」とは，(i)委託者または委託者から指図の権限の委任を受けた者[8]のみの指図により信託財産の管理または処分が行われる信託，(ii)信託財産につき保存行為または財産の性質を変えない範囲内の利用行為もしくは改良行為のみが行われる信託，のいずれかに該当する信託のみの引受けを行う営業をいう（信託業法2条3項）。ただし，企業グループ内での信託とTLOについては例外を認め，それぞれ届出制，登録制としている（信託業法51条2項，52条1項）。

この結果，「信託会社」とは信託業の免許または管理型信託業の登録を受けた者をいうこととなり（信託業法2条2項），この信託会社と兼営法による認可を受けた金融機関（兼営法1条1項）のみが信託業を営むことができる。

なお，管理型信託業の登録を受けた者は「管理型信託会社」とよぶ（信託業法2条4項）。

② 組織形態

信託業法は，一般投資家を含めた多様な受益者の保護や信託制度への信頼の確保の観点から，信託会社を，業務の安定性・継続性や組織の機関間

---

[8] 委託者または委託者から指図の権限の委任を受けた者が株式の所有関係または人的関係において受託者と密接な関係を有する者の場合，実質的に受託者の裁量性が高まることから，このような信託の引受けを行う営業は「管理型信託業」から除外される（信託業法2条3項1号，信託業法施行令2条）。

の監視(ガバナンス)機能に優れた組織形態である株式会社に限定している(信託業法5条2項1号,10条1項1号)。

ただし,企業グループ内での信託,およびTLOについては例外を認めることとした(信託業法51条1項,52条1項)。また,さらなる信託業の担い手の拡大のため,現状では,これらの例外を除き,信託会社は株式会社に限定されている。しかし,信託には高齢者,障害者の財産管理に適する特性があることから,弁護士,司法書士,ならびに非営利組織(NPO),弁護士法人,および司法書士法人等の団体が高齢者,障害者の財産管理を目的とする信託(福祉型信託)の引受けが可能になるよう,株式会社以外の組織形態の者が信託業の担い手となることができるよう,早期に信託業法が見直されることが期待されている[9]。

(3) 業務範囲(兼業規制)

信託会社の業務範囲については,受益者保護と監督当局の監督の実効性確保,多様な信託業の担い手の参入ニーズ,および信託業と一般事業との相乗効果とを勘案しつつ,他業と信託業務との関連性および親近性に照らして,他業の兼営については個別に判断すべきであることから,信託業法は,信託業のほか,信託契約代理業,信託受益権売買等業務(金商法65条の5第1項に規定する信託受益権の売買等を行う業務),および信託財産の管理方法と同じ種類の財産に関する財産の管理業務を営むことができるとし,他業を行うことは禁止している(信託業法21条1項,5項)。ただし例外として,「内閣総理大臣の承認を受けて,その信託業務を適正かつ確実に営むことにつき支障を及ぼすおそれがない業務であって,当該信託業務に関連するものを営むことができる」こととした(信託業法21条2項)。

元本補填契約付信託等のような預金類似の商品の取扱いについては,それを扱うには預金取扱金融機関並みの規制が必要となること,および現時点では元本補填契約付信託等を提供したいというニーズも特にみられない

---

9) 日本弁護士連合会「法律業務に伴う弁護士による信託の引受けを信託業法の適用除外とする法整備案について」日弁連総52号(2006年11月22日)。「衆議院 第165回国会 法務委員会 第4号」大口委員発言(2006年10月25日)。

ことから，元本補填契約付信託については信託兼営金融機関のみが提供できる（兼営法6条）。

(4) 行為・監督規制（【図表1】）

信託業法は，多様な信託会社が参入し得る環境を整える一方，受益者保護の観点から，以下の行為規制・監督規制を設けている。

なお，「財産的規制（営業保証金制度）」（信託業法11条），「説明義務および不当勧誘の禁止等」の行為規制（同法24条から26条），「監督規制」（同法42条から49条）は，信託兼営金融機関にも準用される（兼営法2条1項）。

① 財産的規制

信託財産には倒産隔離が認められるとはいえ，信託会社は，義務違反により，信託財産の復旧や損害賠償が求められる場合がある。また，信託会社が安定的・継続的に信託業務を行うことは受益者保護にとって重要であることから，信託業法は，信託会社について，営業保証金の供託制度および純資産規制を設けている（信託業法11条，5条2項3号，10条1項3号）。

② 説明義務および不当勧誘の禁止等

金融商品の購入者を保護するため，「金融商品の販売等に関する法律」（平成12年5月31日法律第101号。以下「金融商品販売法」という）や「消費者契約法」（平成12年5月12日法律第61号）が整備されており，信託会社も信託商品の販売・勧誘の際にこれらの法律の規定を遵守しなければならない。信託業法においても信託商品は実績配当が基本であり，受益者の自己責任が求められることや信託商品のスキームは極めて複雑となり得ることを踏まえ，信託商品に関する説明義務，不当勧誘の禁止等の規制を設けている。

まず，信託業法は，信託の引受けを行うときは，あらかじめ信託契約の内容を記載した書面を委託者へ交付し（信託業法26条），その内容を説明することを信託会社に義務付けている（同法25条）。ただしこれらの義務は，委託者の保護に支障を生ずることがない場合として内閣府令（信託業法施行規則33条，31条，兼営法施行規則14条，12条）で定める場合には免

2 信託業法の概要

【図表1】信託業法の規制概要

主項目		条文(信託法)	内容	信託兼営金融機関
行為規制・監督規制	財産的規制	5条2項 10条1項 11条	最低資本金制度 純資産規制 営業保証金制度	銀行法 銀行法 準用
	説明義務 不当勧誘の禁止等	25条 26条 24条1項 24条2項	信託契約締結前の説明義務 信託契約締結時の書面交付義務 信託の引受けに関する禁止行為 ・虚偽の説明,断定的判断の提供,特別な利益の提供,損失補填 適合性の原則	準用 準用 準用 準用
	監督規制	42条 43条から45条	報告・立入検査 行政措置等	準用 準用
	主要株主規制	17条・18条	主要株主規制	銀行法
受託者責任	忠実義務,善管注意義務,分別管理義務	28条 29条2項	義務の明文化 利益相反取引の禁止(行為準則)	準用 準用
	信託業務の委託(自己執行義務)	22条1項 23条 22条2項	委託の要件 委託先が委託業務遂行上受益者に加えた損害の信託会社の責任 委託先(第三者)の責任 ・信託会社と同様の責任(28条,29条(除く3項))	準用 準用 準用
	指図権者	65条 66条	忠実義務 利益相反取引の禁止(行為準則)	
情報開示	市場への情報開示	34条	業務および財産の状況に関する説明書類の公衆の縦覧	銀行法
	顧客への情報開示	27条 29条3項 26条1項7号	信託財産の計算期間ごと ・信託財産状況報告書 ・利益相反取引の開示 信託契約締結時 ・委託先の開示	準用 準用 準用

除される(信託業法25条但書,26条1項但書)。

　この書面交付および説明義務に加え,信託業法は,信託を引き受けることに関して,委託者に対して虚偽の説明を行うこと,不確実な事項について断定的な判断や確実であると誤解させるおそれのある事実を告げること,

特別の利益を提供すること，ならびに信託の受益権について生じた損失の補填および一定の利益の約束への補足を事前に約束することや実行することのような不当な勧誘行為を禁止している（信託業法24条1項）。

有価証券およびデリバティブ取引と同様に投資性の強い信託の引受けについては，それを「特定信託契約」と定義し（信託業法24条の2，信託業法施行規則30条の2），すでに信託業法で規制がかけられているものを除いて，信託業法において金融商品取引法を準用することにより，それと同様の行為規制が課せられるものとする（信託業法24条の2）。具体的には，販売・勧誘に係る行為規制のうち，以下のものを準用している。

(i) 公告等の規制（金商法37条）
(ii) 契約締結前の書面交付義務（金商法37条の3第1項・2項）
(iii) 書面解除（クーリング・オフ）（金商法37条の6）
(iv) 禁止行為（金商法38条）
(v) 不招請勧誘の禁止（金商法38条3号）
(vi) 勧誘受諾にかかる意思確認義務（金商法38条4号）
(vii) 再勧誘の禁止（金商法38条5号）
(viii) 府令委任事項（金商法38条6号）
(ix) 損失補てん等の禁止（金商法39条）
(x) 適合性の原則等（金商法40条2号）

また，信託業法においては，規制の横断化を図る観点から，金融商品販売法の行為規制を準用することと併せて，規制の柔軟化を図る観点から特定投資家制度も準用している。これにより，信託会社が特定投資家に対して特定信託契約の販売・勧誘を行う場合には，準用される金融商品販売法の行為規制のうち一定のものが適用除外となる。

以上のような行為規制の総則的規定として，信託業法は，委託者の知識，経験，財産の状況および信託契約を締結する目的に照らして適切な信託の引受けを行わなければならないこと（いわゆる適合性の原則）を規定している（信託業法24条2項）。

③ 監督規制

信託業法は，信託会社に課される各種規制の実効性を確保するため，他

の金融機関と同様，報告の提出・立入検査等（信託業法42条）や，信託会社が法令に違反した場合等における，業務の改善，免許または登録の取消し等の監督上の処分（同法43条ないし45条）に関する規定を設けている。報告の提出は，信託財産に関して取引をする者（信託業務の委託先，受益者等）に対してもそれを求めることができる点が信託業法の監督規制の特徴である（信託業法42条1項）。

④　主要株主規制

信託業法は，主要株主の経営方針等による信託会社への悪影響等を回避する観点から，他の金融機関と同様，主要株主に関する規制を設けている。ただし，信託会社の業務内容が多様であることから，銀行法の主要株主規制のような厳格な規制ではなく，主要株主（総株主の議決権の20％以上を保有している者）の届出義務（信託業法17条），およびその主要株主が欠格事由に該当する場合の内閣総理大臣の措置命令（同法18条）に限定されている。

(5)　**受託者責任**

信託法においても，信託財産の管理に際しての受託者の善管注意義務，分別管理義務，および忠実義務等が規定されているが，受託者である信託会社と不特定多数の顧客（受益者等）の間には情報量や交渉力の差が生じ得ることや，行政処分等，適切な業者規制を行えるように，信託業法も顧客（受益者等）を保護を図るため，顧客（受益者等）の保護に必要な範囲で受託者である信託会社に義務を課している。

①　忠実義務・善管注意義務・分別管理義務

信託法では，信託財産の管理に際しての受託者の善管注意義務，分別管理義務，および忠実義務等は，信託行為によってその軽減が可能となるが，信託業法の規制趣旨は，受託者である信託会社と不特定多数の顧客（受益者等）の間には情報量や交渉力の差が生じ得ることに加え，委託者等の信頼に基づき信託された財産を受託者が自己名義で管理するという信託の特質も踏まえて，信託会社（受託者）に対して管理上の義務を確実に遂行するよう一定の義務を課すことによって顧客（受益者等）を保護するもので

あることから，顧客（受益者等）の保護に必要な範囲で受託者である信託会社に義務を課している。

具体的には，信託業法は忠実義務，善管注意義務，分別管理義務を明文化し（信託業法28条），さらにこれらの規制の実効性を確保するため，忠実義務を具体化した行為準則や信託財産と固有財産間の取引に関する運営ルールを定めている（同法29条1項，2項）。

② 信託業務の委託（自己執行義務）

信託業法は，(i)信託業務の一部を第三者に委託すること，およびその委託先（委託先が確定していない場合は委託先の選定に係る基準および手続）が信託行為において明らかにされていること，(ii)委託先が委託された信託業務を的確に遂行することができる者であることという要件を満たす場合に限り，信託業務の一部を第三者に委ねることができるとしている（信託業法22条1項）。この場合，信託財産の保管や信託財産の性質を変えない範囲内において，その利用または改良を目的とする業務など，信託財産の運用・処分について実質的に受託者と同様の機能を果たしている業務の委託を除いて，免許申請等の際に提出する業務方法書に，委託する信託業務の内容ならびに委託先の選定に係る基準および手続の記載が必要となっている（信託業法4条3項5号，8条3項5号）。

信託業務の一部の委託を受けた者の行為についての信託業法上の責任は，信託業法の規制を受け，行政の検査・監督の下に置かれる信託会社が負うことが適当であることから，信託業法は，信託業務の委託先が委託を受けて行う業務につき受益者に加えた損害について，委託をした信託会社がその責任を負うものとしている（信託業法23条1項）。この責任は，信託会社が選任につき相当の注意をし，かつ委託先が委託を受けて行う業務について受益者に加えた損害の発生に努めたことを主張・立証しない限り，免責されない厳格な責任である。ただし，この受託者の責任は，受託者に選任権限のない場合には，委託先が利害関係人以外であり，かつ委託先への信託業務の委託が不適切であると受託者が知っているときを除き，免責される（信託業法23条2項）。また，委託を受けた第三者も，信託業法の規定により受託者責任を負う（信託業法22条2項）。

委託先が信託財産の保管を委託される場合や信託財産の性質を変えない範囲内において，その利用または改良を目的とする業務を委託される場合など，信託財産の運用・処分について実質的に受託者と同様の機能を果たしているとまでは考えられない場合には，信託業法が定める信託業務の委託に関する規定の一部（信託業法22条1項1号，2項）の適用が排除される（同条3項）。したがって，委託先が委託された信託業務を的確に遂行することができる者であるという要件さえ充足すれば信託事務を委託することができ，またその信託事務の受託者は，委託契約上の責任さえ負えばよい。

以上のように，信託業法は，信託法が定める自己執行義務の条項を補充・修正する規定を整備している。

③ 指図権者の義務

信託会社が，委託者または委託者から指図の権限の委託を受けた者の指図により信託財産の管理，または処分を行う信託の場合には，この指図を行う者は，実態的には信託財産を間接的に支配しており，受託者と同様の地位にいるとも考えられる。このため信託業法は，この指図を行うことを業とする者（指図権者）に対し，忠実義務を課すとともに，この義務を具体化した行為準則を定めている（信託業法65条，66条）。

④ 情報開示

(i) 市場への情報開示

信託業法は，多様な会社が信託業に参入することを認めることから，委託者，受益者，および投資家等の信託の利用者が自己の判断において効率的，かつ適切に信託会社を選択できるよう，そして信託会社に対し，市場を通じた効率的なガバナンスが機能するよう，業務および財産の状況に関する事項を記載した説明書類の作成し，公衆の縦覧に付することを信託会社に義務付けている（信託業法34条）。

(ii) 顧客への情報開示

委託者，受益者等への開示については，既に説明した信託の引受け時の開示（書面交付義務）に加えて，信託の引受け後も継続的に信託財産の状況等の開示が行なわれることが，受託者責任の監視（モニタリング）の観点から重要になる。そのため信託業法は，信託の計算期間ごとに信託財産

の状況等に関する報告書を作成し，受益者に交付することを信託会社に義務付けている（信託業法27条）。

　自己取引を行った場合には，この報告書の交付と同時にその取引の状況を記載した書面を受益者に交付することを信託会社へ義務付けている（信託業法29条3項）。また，信託業務の一部を第三者に委託する場合，その委託先を信託契約時に交付する書面に記載することを義務付けている（同法26条1項7号）。

　なお，これらの報告義務は，受益者の保護に支障を生ずることがない場合として内閣府令（信託業法施行規則32条（兼営法施行規則13条），信託業法施行規則38条（兼営法施行規則19条），信託業法施行規則41条4項（兼営法施行規則22条4項））で定める場合には免除される（信託業法26条1項但書，27条1項但書，29条3項但書）。

(6) 信託サービスの利用者の窓口の拡大

　信託サービスの提供チャンネルを拡大し，利用者のアクセスを向上させるという観点から，信託業法は，信託契約代理店制度の制度を設けている。

　信託契約代理店とは，信託会社等から委託を受けて，当該信託会社（以下，「所属信託会社」という）のために顧客との信託契約の締結の代理または媒介を行う者である（信託業法2条8項，9項）。

　信託契約代理店は登録制（信託業法67条1項）で，顧客に対する説明義務（同法74条），不当勧誘の禁止等の各種の行為規制（同法76条），および監督規制（同法80条ないし82条）に服する。また，信託契約代理店には顧客から預託を受けた財産に関して，自己の財産との分別管理義務（信託業法75条）が設けられている。

　顧客保護の観点において特に留意すべき点として，信託契約代理店が信託契約の締結の代理等について顧客に損害を与えた場合，所属信託会社が信託契約代理店への委託について相当の注意をし，かつ信託契約代理店が行う信託契約の締結の代理または媒介につき，顧客に加えた損害の発生の防止に努めたときを除き，その所属信託会社がその損害を賠償する責めに任ぜられることである（信託業法85条）。

3 金融機関の信託業務の兼営等に関する法律の概要

　信託業を業として営む者を規制する法律には、この信託業法以外に、信託業務を営む金融機関（いわゆる「信託兼営金融機関」）を規制・監督する「金融機関の信託業務の兼営等に関する法律」がある。

　本法律は、戦時資金統制の強化のため、貯蓄銀行や信託会社のうち、営業基盤の弱いものを普通銀行に統合することを目的として1943年に制定された「普通銀行等ノ貯蓄銀行業務又ハ信託業務ノ兼営等ニ関スル法律」がその始まりである。その後この法律の名称は、1981年の銀行法の全文改正と同時に貯蓄銀行法が廃止されたため、「普通銀行ノ信託業務ノ兼営等ニ関スル法律」へと変更され、さらに1992年に成立したいわゆる金融制度改革法により、それまでは普通銀行のみが信託業務を兼営できたが、それ以外の金融機関も信託業務を兼営できることになったため、法律の名称も「金融機関ノ信託業務ノ兼営等ニ関スル法律」へ変更された。

　また本法律は、金融機関が信託業を営むことにつき、認可制を採用し（兼営法1条）、信託業法の規定を準用する形で規制を及ぼしている。なお、この法律は、2006年に成立した「信託法の施行に伴う関係法律の整備等に関する法律」（公布と同時に施行）により、現在の法律名称である「金融機関の信託業務の兼営等に関する法律」になった。

第 15 章

金融商品取引法における信託業規制

1 はじめに

　従来の証券取引法のもとでは，投資信託または外国投資信託の受益証券（証取法2条1項7号），貸付信託の受益証券（同項7の3号），特定目的信託の受益証券（同項7の4号），外国法人の発行する貸付債権の信託の受益証券（同項10号），貸付債権の信託の受益権（同条2項1号，同法施行令1条の3）が，「有価証券」または「みなし有価証券」とされていた。

　金融商品取引法では，いわゆる「みなし有価証券」（金商法2条2項各号）[1]の範囲の見直しの一環として，より広い範囲で信託の受益権（同条2項1号，2号）が「有価証券」の範囲に加えられた[2]。このため，信託業法のみならず，金融商品取引法も信託業を規制する法律として重要な位置付けを占める。

---

1) 金融商品取引法は，証券取引法時代と同様に，証券・証書が発行されている権利（「有価証券」金商法2条1項）と発行されていない権利（「みなし有価証券」同条2項）に分けて有価証券を定義している。また後者については，1項の有価証券に表示されるべき権利について，当該権利を表示する有価証券が発行されていない場合でも当該権利を「有価証券」とみなす権利（2項前段）と証券・証書に表示されるべき権利以外の権利（2項後段）に分けて定義している。
2) 今回の金融商品取引法制の整備に伴う「有価証券」の範囲の拡大とは別に，信託法改正により，受益証券発行信託の受益証券が金融商品取引法の「有価証券」の範囲に加えられている（金商法2条1項14号）。

2 信託の受益権の有価証券指定の効果

　ある権利が金融商品取引法における「有価証券」（または「有価証券とみなされる」）とされることは、その権利に関する取引には金融商品取引法の規制が及ぶことを意味する。すなわち、信託の受益権に関する取引について、金融商品取引法の開示規制、および行為規制が適用される。

　また、その売買等の一連の行為が金融商品取引法の業規制の対象となり、原則として、金融商品取引業の登録を受けた者（金融取引業者）および有価証券関連業を行う旨の登録を受けた金融機関（登録金融機関）（金融取引業者と登録金融機関を総称して、「金融取引業者等」という）でなければ、当該行為を業として行うことができない（金商法29条、33条の2）。

3 開示規制

　まず最初に、信託の受益権に関する開示規制を概観する。
　有価証券を市場に流通させる際に開示が要求されるのは、有価証券の募集、もしくは私募、または売出しが行われるときである。そこで信託の受益権に関して、発行時およびその後の開示が要求される要件である募集の概念を整理してみる。
　なお売出しは、既に発行されている有価証券（信託の受益権）の売付けまたはその買付けの申込みの勧誘のうち、一定の条件を充足するものをいい（金商法2条4項）、金商法においては、(i)開示規制の明確化、(ii)集団投資スキーム持分等の売出しの定義など改正が行われているが、信託の受益権固有の問題は少ないので、ここでは募集を中心に説明を行う。

(1) 募集の概念

　金融商品取引法では、証券取引法と同様に、新たに発行される有価証券の取得の申込みの勧誘とこれに類するものとして内閣府令で定めるものを「取得勧誘」と定義している（金商法2条3項、定義府令9条）。そして、

「取得勧誘」であって募集に該当しないものを私募と定義している（金商法2条3項）。

① 新たに発行される有価証券の取得の申込みの勧誘に類する行為

証券取引法においては，特定目的信託や貸付債権信託の受益権などの特定の有価証券については，有価証券を発行しようとする時以外の行為を「新たに発行される有価証券の取得の申込みの勧誘に類する行為」として定めていた（旧定義府令3条）。金融商品取引法において新たに有価証券とみなされることとなった信託の受益権についても，どのような行為が「新たに発行される有価証券の取得に申込みの勧誘」とみなされるかが問題となる。

(i) 自益信託の受益権

金融商品取引法では，いわゆる自益信託の場合には，当初の委託者が信託を設定した時点では，自らの財産を信託の受益権に転換して保有しているにすぎず，投資勧誘の行為が行われていないことから，信託の受益権を投資者に譲渡するために委託者が行う信託の受益権の売付けの申込み，またはその買付けの申込みの勧誘を取得勧誘（金商法2条3項）と捉えている[3]。ただし，自益信託のうち，合同運用の金銭の信託の場合には，委託者自らが投資者として金銭を信託するものと考えられることから，受託者が信託の設定を勧誘することが取得勧誘になる（定義府令9条4号）。

なお，委託者が買い戻した信託の受益権を再度譲渡する行為は取得勧誘にあたらず，場合によっては売出し（金商法2条4項）に該当することになる[4]。

(ii) 他益信託の受益権

一方，他益信託の場合には特に規定は設けられていない。立法担当官に

---

[3] 自益信託の受益権の分売に際して，委託者自身が勧誘を行うことは当然に考えられるが，伝統的な有価証券の発行者に関する考え方では，委託者自身が当該信託の受益権の発行者であるか疑義が生じるため，これが募集であるか売出しであるかを明らかにするため，この規定が設けられている（上柳克郎ほか「平成4年証券取引法の改正について⒅——募集・売出しの定義—(1)」インベストメント48巻2号55頁（1995年））。

[4] 定義府令9条2号，4号。上柳・前掲55頁，上柳克郎ほか「平成4年証券取引法の改正について⒇——募集・売出しの定義—(3)，発行者の定義，私募の取扱い(1)」インベストメント48巻5号41頁（1995年））。

よる解説によれば，たとえばある者（委託者）が信託の設定を目的に投資者を勧誘し，その勧誘によって集められた金銭を信託財産としてその金銭の出資者を受益者とする信託を設定する場合には，当該勧誘は金融商品取引法における信託の受益権の取得勧誘に該当するとされている[5]。このことから，信託を設定する旨を告げて集められた金銭などを勧誘した者（委託者）が一括して信託してその受益権を投資者に付与するような信託を行う場合には，その勧誘行為は取得勧誘となる。

逆をいえば，自らの金銭などの財産を信託してその受益権を第三者に与えるような信託を行う場合には受益者の勧誘行為が伴わないことから，取得勧誘に該当しない。具体的には，加入者保護信託，顧客分別金信託などの分別金信託のように，法令上，事業者が顧客からの預託を受けた金銭を保全するための分別管理義務が定められている場合にあって，当該義務の履行として信託を行う旨を当該事業者が当該顧客に伝えるような行為は，信託の受益権の取得勧誘に該当しない[6]。

また同様の理由から，社内預金引当信託，信託型デットアサンプション，退職給付信託，信託型ライフプランなどは，一定の条件が成就した際に，「信託行為の定めにより」「受益者として指定された者は，受益の意思表示をすることなく受益権を取得」することから，このように条件の成就により受益者として指定された者に受益権を取得させる行為は，信託の受益権の取得勧誘に該当しないものと考えられる。規約型確定給付企業年金などの他益型の企業年金もこの類型に属するものと考える[7]。

② 信託の受益権の発行者および発行の時期（【図表1】参照）

有価証券については，原則として金融商品取引法の開示規制が適用されるので，有価証券の取得勧誘が募集に該当することになれば，当該有価証

---

[5] 谷口義幸＝峯岸健太郎「開示制度に係る政令・内閣府令等の概要〔下〕」商事1811号25頁（2007年）。
[6] 「パブコメ回答」18頁1。「特定有価証券の内容等の開示に関する留意事項について（平成11年4月大蔵省金融企画局）」2－1。なお，他益信託の場合，当該信託の受益権の発行者は委託者となるため，たとえ委託者が「取得勧誘」を行っていると認められるとしても，当該委託者の行為は信託の受益権の発行者による自己募集に該当し，金融商品取引業には該当しない（金商法2条8項7号参照）。
[7] 「パブコメ回答」19頁2。前注のなお書参照。

【図表１】 信託の受益権の発行者および発行の時期

	信託の定義	信託財産の種類		発行者	発行の時期	具体的な信託商品の例
イ	特定運用の信託	自益信託		委託者	「信託の受益権」の譲渡時	特定運用の金銭信託（証券信託） 特定運用の規約型確定給付企業年金信託
		他益信託		委託者	信託の効力が生ずる時	（特定運用の退職給付信託） （特定運用の信託型デットアサンプション）
ロ	指定運用の信託	自益信託，金銭の信託		受託者	「信託の受益権」の譲渡時	ファンドトラスト 厚生年金基金信託 基金型確定給付企業年金信託
			合同運用	受託者	信託の効力が生ずる時	貸付信託，ヒット 持株信託
ハ		自益信託，物の信託		委託者および受託者	「信託の受益権」の譲渡時	他の受託者からの資産移換を前提とする場合 ・　厚生年金基金信託 ・　基金型確定給付企業年金信託 有価証券管理信託 不動産管理信託 金銭債権信託，一括支払信託 動産・設備信託
			合同運用	委託者および受託者	信託の効力が生ずる時	
		他益信託		委託者および受託者	信託の効力が生ずる時	規約型確定給付企業年金信託 社内預金引当信託 信託型ライツプラン 指定運用の退職給付信託 指定運用の信託型デットアサンプション 財産形成給付金信託，財産形成基金信託

券の発行者は，取得勧誘に先立って原則として有価証券届出書を通じた公衆縦覧，または投資者に対する目論見書の交付による情報の提出が義務付けられる。また，流通市場のおける開示として，発行者による有価証券報告書等を通じた公衆縦覧が義務付けられる（金商法第２章）。

　信託の受益権の場合，株券や社債券などと異なり，投資者が投資の判断

に必要とされる有価証券（信託の受益権）の内容に関する情報をだれが提供できるか，またその信託の受益権がいつ流通市場に置かれるかなど個々の信託の仕組みによって異なる。

そこで金融商品取引法は，信託の受益権の発行者およびその発行時期に関し，特別な規定を設けている。

（i）信託の受益権の発行者

有価証券の開示は発行者が行う（金商法4条1項）。有価証券の発行者については，証券取引法と同様に，「開示に必要な情報を確実に入手して提供できる者」を発行者として捉えるとの考え方に沿って整理することが適当と考えられることから[8]，金融商品取引法は，信託の受益権の発行者を，(a)委託者または委託者から指図権の委託を受けた者のみの指図により信託財産の管理または処分が行われる場合は「委託者」，それ以外の場合のうち，(b)金銭を当初の信託財産とするものについては「受託者」，(c)金銭以外の財産を当初の信託財産とするものについては「委託者および受託者」と定義している（金商法2条5項，定義府令14条3項1号）[9]。

（ii）信託の受益権の発行時期

信託の受益権の発行時期について金融商品取引法は，自益信託（合同運用の信託を除く）の場合には信託の受益権を投資者に譲渡する時，合同運用の自益信託および他益信託の場合には信託の効力が生ずる時と定めている（定義府令14条4項1号）。

(2) **開示に関する規制**（【図表2】参照）

① 信託の受益権における開示規制の原則

有価証券については，原則として金融商品取引法の開示規制が適用されることは既に説明したとおりである。

---

[8] 金融審議会金融分科会第一部会の平成17年12月22日報告「投資サービス法（仮称）に向けて」27頁。

[9] 委託者および受託者が発行者となる場合であっても，これら信託の受益権の発行後の情報は基本的に受託者が保有することとなると考えられることから，受託者のみが有価証券報告書の提出義務を負うこととなっている（特定有価証券の内容等の開示に関する総理府令22条の2第2号）。

【図表 2】 金融商品取引法の開示規定が適用される「信託の受益権」

有価証券の分類	信託の受益権の種類（金商法 2 条）			開示規制	根拠条文
「有価証券」（金商法 2 条 1 項）	投資信託または外国投資信託の受益証券（10号）			適用	――
	貸付信託の受益証券（12号）			適用除外	金商法 3 条 2 号
	特定目的信託の受益証券（13号）				――
	受益権証券発行信託の受益証券（14号）				――
	外国法人の発行する貸付債権の信託の受益証券（18号）			適用	――
「みなし有価証券」（金商法 2 条 2 項）	その他の信託の受益権（1 号・2 号）	信託財産に属する資産の価額の総額の50％超を有価証券に対する投資に充てる運用を行う信託	下記以外「有価証券投資事業権利等」	適用	金商法 3 条 3 号ロ 金商令 2 条の10第 1 号・2 号
			企業年金信託	適用除外	金商法 3 条 3 号ロ 金商令 2 条の10第 1 号イ〜ト
			分別金信託		金商法 3 条 3 号ロ 金商令 2 条の10第 1 号チ・リ
			商品ファンド		金商法 3 条ロ 金商令 2 条の10第 1 号ヌ
		上記以外			金商法 3 条ロ

　しかしながら，信託の受益権などの金融商品取引法 2 条 2 項各号に掲げる権利は一般に，流動性に乏しく，公衆縦覧型の開示制度を課す必要性が低いと考えられることから，原則，有価証券届出書などを通じた公衆縦覧，または投資者に対する目論見書の交付による情報の提出などの規制（金商法第 2 章に定める開示規制）は適用されない（金商法 3 条 3 号）。これらの開示規制の対象とならないみなし有価証券や私募については，金融商品取引業者等の行為規制を通じて情報が提供される（金商法37条の 3 第 1 項）。
　②　有価証券投資事業権利等に関する開示規制の例外
　信託財産に属する資産の価額の総額の50％を超える額を有価証券に対する投資に充てる運用を行う信託の受益権についての情報は，当該信託の受益権の受益者はもとより，市場における他の投資者の投資判断にとっても重要な情報であり，その投資運用の状況等について定期的に開示させる必要が高いことから，開示の対象とされている（金商法 3 条 3 号ロ，金商令

2条の10第1項1号，2号）[10]。このように，主として有価証券に対する投資を事業とする集団投資スキームの持分等を「有価証券投資事業権利等」という（金商法3条3号）。

ただし，この要件に該当する信託の受益権うち，厚生年金基金信託，確定給付企業年金信託などの法律に根拠を有する年金信託の受益権，株式，社債等の振替に関する法律における加入者保護信託や金融商品取引法における顧客分別金信託の受益権（分別金信託の受益権），信託型の商品ファンドの受益権は，この有価証券投資事業権利等から除かれる（金商令2条の10第1項1号イないしヌ）。

有価証券投資事業権利等に該当する信託の受益権は，金融商品取引法2条1項の「有価証券」の場合と異なり，取得勧誘に応じて500名以上の者が当該信託の受益権を所有することとなる場合でなければ募集に該当しないので，実際には，募集の要件を充足し，開示規制の対象となることは少ないと思われる（金商法2条3項3号，金商令1条の7の2）。

4 金融商品取引法における信託業規制

(1) 信託の引受け（信託契約の締結）に関する規制

① 信託会社等の信託の引受け（信託契約の締結）

信託会社や信託業務の兼営の認可を受けた金融機関（以下，「信託兼営金融機関」という。これらを総称して，「信託会社等」という）の行う信託の引受けについては，信託業法が「信託の委託者及び受益者の保護を図り，もって国民経済の健全な発展に資することを目的」（信託業法1条）にそれを規制していることから，金融商品取引法は，信託会社等が行う信託の引受けに関する行為について重ねて規制の対象とすることはしていない。ただし，信託会社等の行う信託の引受けのうち，投資性の強いものに

---

[10] 信託設定時に有価証券の比率が50％を超えていなくとも，50％超を超える見込みがある場合には有価証券投資事業権利等に該当し，開示の対象とされる（「パブコメ回答」120頁3）。

ついては，規制の横断化を図る観点から，信託業法に「特定信託契約」（【図表３】に掲げる信託契約以外の信託契約をいう）という概念を設け，特定信託契約の引受けの勧誘について，金融商品取引法の広告規制・書面交付義務等の販売・勧誘に関する行為規制を準用することにより，規制の同質性を確保している（信託業法24条の２，兼営法２条の２）。

なお，信託会社等自らが受託する信託の投資または運用として，金融商品取引法上の有価証券の売買または有価証券関連デリバティブ取引（金商法28条２項６号）を行う場合には，金融商品取引法の金融商品取引業（兼営金融機関の場合は有価証券関連業。以下，総称して「金融商品取引業等」という）の登録を必要としない（金商法33条１項但書，65条の５第５項）。

② 信託契約の締結の代理または媒介

金融商品取引法のもとでは，信託の受益権の発行者が受託者のみか委託者を含むか，または当初の信託財産が金銭のみか金銭以外の物を含むかによって，当該信託契約の締結の代理または媒介を行う業を規制する法律が異なる（【図表４】参照）。

たとえば厚生年金基金信託などの自益型の指定運用の信託については，従来は当初の信託財産の種類を問わず，信託契約代理業として信託業法の規制を受けていたが，金融商品取引法および証取法等改正法により改正された信託業法のもとでは，当初の信託財産が金銭か金銭以外であるかによって[11]金融商品取引法の規制を受けるのか，または信託業法の規制を受けるのか異なることに留意する必要がある。したがって，信託契約の締結の代理または媒介を行う者は，自らが行う信託契約の締結の代理または

---

11) 厚生年金基金信託や基金型確定給付企業年金信託では，新規に年金制度を開始する場合には，委託者は金銭を信託することになるが，シェア変更などにより受託機関を変更する場合には，新たな金銭をもって信託を設定することもできるし，また移換元の受託機関から有価証券などの信託財産を移換先の受託機関へ移転することにより信託を設定することもできる。前者の場合において，信託契約の締結の代理または媒介を行うときは第二種金融商品取引業，後者のうち，当初信託財産が有価証券などの金銭以外の財産の場合において，信託契約の締結の代理または媒介を行うときは信託契約代理業として規制されることになる。このいずれの形態で受託が行われるか，勧誘段階ではわからないことが多い。

4 金融商品取引法における信託業規制

【図表3】特定信託契約から除かれる信託

信託の種類	条件等	根拠条文	具体的な信託商品の例
公益信託	――	業規30条の2第1項1号 公益信託ニ関スル法律1条	公益信託
元本補填特約付信託	――	業規30条の2第1項2号 兼営法6条	貸付信託，合同運用指定金銭信託（一般口）
運用型信託	・運用財産が預金（決済性預金，外貨預金，金融機関間の預金などを除く）等 ・信託報酬その他の手数料が信託財産の運用収益の範囲内	業規30条の2第1項3号	――
管理型信託（特定運用の信託）	・信託行為において受託者が委託者の指図に従って信託財産の管理，処分が行われる信託	業規30条の2第1項4号 業法2条3項1号	特定運用の金銭信託（証券信託），特定運用の企業年金信託，特定目的信託，持株信託
管理型信託（管理信託）	・信託財産につき保存行為または財産の性質を変えない範囲内の利用行為もしくは改良行為のみが行われる信託	業規30条の2第1項4号 業法2条3項2号	有価証券管理信託，不動産管理信託，金銭債権の信託，動産・設備信託，一括支払信託，社内預金引当信託，信託型ライツプラン
運用型信託	・金銭，有価証券，為替手形および約束手形以外の物または権利を信託財産とする信託	業規30条の2第1項5号	土地信託

(※)「具体的な信託商品の例」は，各商品の一般的な形態における商品を指すものである。「特定信託契約」に該当するかは，個別具体的な信託契約によって認定されるものであり，契約内容により判断されることに留意する必要がある。
(※)「業規」は信託業法施行規則を指す。

媒介がどの法律に基づく業務であるのか，適切に認識する必要がある。

以下においては，信託契約の締結の代理または締結を業として行う場合における金融商品取引法の規制について説明を行う。

(i) 受託者のみが信託の受益権の発行者である信託

信託の受益権が「有価証券」とみなされたことから，信託の受託者のみが当該信託の受益権の発行者となる場合には[12]，信託会社等の行う信託

第15章　金融商品取引法における信託業規制

【図表4】「信託の受益権」に関する金融商品取引法の業者規制

信託の種類		信託財産の種類	発行者（定義府令14条3項1号）	委託者による投資家の勧誘 ・他益信託：当初受益者 ・自益信託：2次受益者	受託者による投資家の勧誘	信託契約の締結の代理または媒介	代表的な信託商品
特定運用	自益		委託者（イ）	募集・私募（定義府令9条4号）	募集・私募の取扱い（金商法2条8項9号）	信託契約代理業	特定運用の金銭信託（証券信託）
	他益		委託者（イ）	（募集・私募） 募集・私募（金商法2条8項7号イ）	募集・私募の取扱い（金商法2条8項9号）	信託契約代理業（信託契約代理業）	特定運用規約型確定給付企業年金信託 （委託者指図型投資信託）
指定運用	自益	金銭の信託	受託者（ロ）	有価証券の引受け（金商法2条8項6号）（ただし，合同運用の場合に限る）	募集・私募（委託者に対する受益権の発行）	第二種金融商品取引業（有価証券関連業）・募集・私募の取扱い（金商法2条8項9号）	厚生年金基金信託，基金型確定給付企業年金信託 （委託者非指図型投資信託）
		物の信託・包括信託	委託者および受託者（ハ）	募集・私募（定義府令9条4号）	募集・私募（委託者に対する受益権の発行）	信託契約代理業	他社からの資産移換を前提とする場合 ・厚生年金基金信託，基金型確定給付企業年金信託 有価証券管理信託 不動産管理信託（不動産の流動化商品） 金銭債権の信託（金銭債権の流動化商品） 動産信託（動産等の流動化商品）
	他益		委託者および受託者（ハ）	募集・私募（定義府令9条4号）	募集・私募（受益者に対する受益権の発行）	信託契約代理業	規約型確定給付企業年金信託 退職給付信託 信託型ライツプラン

（※）「代表的な信託商品」は，各商品の一般的な形態における商品を指すものである。実際には，個別具体的な信託契約によって認定されるものであり，契約内容・実態により個別に判断されることに留意する必要がある。

288

の引受け（受託者と委託者との信託契約の締結）は，「取得勧誘」と位置付けられることになる。

受託者が行うこの取得勧誘は金融商品取引業等に該当しないが，従来の信託契約代理店が行う信託契約の締結の代理または媒介は，有価証券の発行者（受託者）のために有価証券（信託の受益権）の取得勧誘を行う行為（募集または私募の取扱い）となり，第二種金融商品取引業（金融機関の場合，有価証券関連業。以下，これらを総称して「第二種金融商品取引業等」という）としての登録が必要となる（金商法28条2項2号，28条8項8号，33条2項1号，33条の2第2号)[13]。二重規制排除の観点から信託業法は，受託者が信託の受益権の発行者となる信託に関する信託契約の締結の代理または媒介を業とすることを信託契約締結代理業から除外している（信託業法2条8項）。

この場合，信託の受託者は，信託業法に基づいて信託契約の相手方に説明義務等を負い，募集または私募の取扱いとなる信託契約の締結の代理または媒介を行う第二種金融商品取引業者等は，当該募集または私募の取扱いの契約の相手方である当該信託の受益権を取得する投資者に対し，契約締結前の書面交付義務（金商法37条の3），契約締結時の書面交付義務（同法37条の4），および特定投資家への告知義務（同法34条）を負う[14]。また，受益権の発行者である受託者については，事前に十分な協議が行われていることから，第二種金融商品取引業者等は，契約締結時の書面交付義務（同法37条の4），および特定投資家への告知義務（同法34条）のみを負う（金融商品取引業等にに関する内閣府令80条）。

なお，ファンドトラスト，厚生年金基金信託，基金型確定給付企業年金

---

12)「パブコメ回答」67頁142参照。
13) ファンドトラスト，厚生年金基金信託，および基金型確定給付企業年金信託などの自益型の単独運用指定金銭信託や単独指定金外信託は，「信託の受益権」が譲渡されるときをもって有価証券が発行されたときと定められている（【図表1】参照）。これらの信託においては，当該信託の受益権が譲渡されることは想定されていない。このような実務を鑑みると，これらの信託契約の締結の代理または媒介が募集または私募の取扱いと評価できるのか疑問はある（井上聡編『新しい信託30講』341頁脚注16（弘文堂・2007年）参照）。
14)「パブコメ回答」274頁16。

信託など，受託者が発行者とみなされる信託の受益権のうち，発行時が当初受益者が当該信託の受益権を譲渡する時とされるものについては，第二種金融商品取引業者等が顧客と信託契約を締結の代理または媒介を行う時点では，有価証券の発行を受ける者，すなわち当該信託の受益権を譲り受ける者が存在しないことから，当該第二種金融商品取引業者等は，当該信託の受益権の「発行者」である受託者に対して書面の交付等を行えば足りる[15]。

(ii) 委託者が信託の受益権の発行者である信託

金融商品取引法のもとでは，信託業法により信託契約代理業の登録を受けた信託契約代理店は，信託の受益権の発行者が「委託者」または「委託者および受託者」である信託に関する信託契約の締結の代理または媒介を業とすることしかできないこととなった（信託業法2条8項）[16]。

この場合，信託契約代理業については，金融商品取引法を準用する旨の信託業法24条の2が準用されておらず，また同条の名宛人は信託会社等であることから，特定信託契約の締結の代理，または媒介においては，当該信託契約の締結の代理，または媒介を受けた信託会社等（所属信託会社等）は，信託業法の行為規制に加え，金融商品取引法に定められた契約締結時等の書面の交付および特定投資家への告知義務を負うことに留意する必要がある（信託業法24条の2，76条，兼営法2条の2）[17]。

(2) 信託商品組成時における投資の勧誘に関する規制
——有価証券の引受け

たとえば資産の流動化に関する信託においては，受託者やオリジネーターである委託者が当該信託の受益権の投資者を勧誘することが行われる。この委託者または受託者の行う勧誘行為は，金融商品取引法上，どのような位置付けを有するのであろうか。この点に関する実務上の留意点を次に検討する。

---

15) 「パブコメ回答」319頁3参照。
16) 「パブコメ回答」67頁142～145。
17) 証券仲介業に関する「パブコメ回答」183頁4，5参照。なお，信託契約代理店が信託業法25条に定める事前説明義務を果たした場合には，信託会社はその義務を免れることが明文化されている（信託業法施行規則31条3号）。

① 受託者のみが信託の受益権の発行者である信託

信託の受益権の発行者が「受託者」のみである信託の場合に，当該信託の委託者が信託の受益権を投資者に譲渡することが「有価証券の引受け」（金商法2条8項6号，2条6項）となる場合がある。

まず，受託者のみが発行者である信託（自益型の指定運用の金銭の信託）のうち，当該信託が合同運用の信託の場合，当該信託の効力発生時に信託の受益権が発行されるものとされるので，委託者（兼受益者）が当該信託の受益権を取得させることを目的として当該信託の受益権の全部または一部を取得すること，または当該信託の受益権の全部または一部について他に取得する者がいない場合にその残部を取得することを内容とする信託契約を締結することは，有価証券の引受けとなる[18]。ただし，信託の受益権などみなし有価証券（金商法2条2項各号）に関する有価証券の引受けは金融商品取引業から除外されているので，第一種金融商品取引業としての登録を受ける必要はないが，有価証券関連業からは除外されていないので，受託者が信託兼営金融機関である場合には金融商品取引法の登録が必要になうことには留意する必要がある（同法28条1項1号，28条8項8号，33条2項1号，33条の2第2号）[19]。

一方，受託者のみが発行者である信託（自益型の指定運用の金銭の信託）のうち，当該信託が合同運用の信託以外の信託の場合，信託の受益権が発行されるものとされるのは委託者が当該信託の受益権を譲渡したときであるから，委託者（兼受益者）による当該信託の受益権の取得（信託の設定行為）および売却は，有価証券の引受けには該当しない[20]。この場合，当該委託者が投資者へ転売することを目的として信託の設定を行うときには，当該委託者の行為は募集または私募の取扱いとなり，当該委託者

---

[18] 「パブコメ回答」53頁88，54頁89〜92。
[19] 信託兼営金融機関は，登録金融機関として，信託の受益権の引受けを行えること（金商法33条の2第2号，33条2項1号）との整合性を確保する観点から，信託会社が行う信託の受益権の引受けは金融商品取引業の定義から除外されている（金商令1条の8の3第1項3号，定義府令16条1項7号）（酒井敦史ほか「金融商品取引法の業規制」商事法務1812号36頁（2007年））。
[20] 「パブコメ回答」54頁89〜92。

は第二種金融商品取引業等の登録が必要となる[21]。

現在,受託者が発行者となる信託の受益権を投資者に譲渡するような形態の信託商品は存在しないが,この点については今後の商品開発において留意しなければならない(【図表１】のロ)。

② 委託者のみが信託の受益権の発行者である信託

委託者等のみが運用指図権を有する信託の受益権の発行者は「委託者」とされる。このような信託においては,当該信託が自益信託の場合には信託の受益権を委託者が譲渡した時に,当該信託が他益信託の場合には当該信託の効力が生じた時に,それぞれ有価証券が発行されたものとされる。

このような信託の場合,委託者が投資者を勧誘する行為は当該信託の受益権の自己募集と位置付けられ[22],金融商品取引業とはならないが,受託者が投資者を勧誘する行為は募集または私募の取扱いとなり,第二種金融商品取引業等として登録が必要となる。

③ 委託者および受託者が信託の受益権の発行者である信託

たとえば銀行が,自己の貸付債権を流動化することを目的として貸付債権を信託銀行に信託し,当該信託銀行(受託者)がその受益権を投資者に販売する場合,当該信託が自益信託であると他益信託とに関わらず,当該信託の受益権の発行者は委託者および受託者とされることから,委託者や受託者が投資者を勧誘する行為はいずれも当該信託の受益権の自己募集と位置付けられ,金融商品取引業等とはならない。

ただし,実質的に受託者が委託者からの取得勧誘行為を委託されたような場合には,当該受託者の行為は委託者のために私募の取扱いを行っているものとみなされる場合があるので,注意が必要となる[23]。

④ 委託者が発行者である場合における受託者による信託の受益権の引受け

たとえば資産の流動化の信託などにおいて,当該信託の受託者がオリジ

---

21) 「パブコメ回答」67頁142,274頁16。
22) 自益信託については定義府令９条４号,他益信託については谷口＝峯岸・前掲論文25頁参照。
23) 酒井・前掲論文35頁。

ネーターである委託者兼当初受益者から信託の受益権をいったん引き受けたうえで投資者に売却する場合[24]，当該信託の受益権の発行者は委託者および受託者であり，当該信託の受益権が譲渡された時に信託の受益権が発行されるとされるので，この受託者の行為は有価証券の引受けに該当するものと思われる。

ただし，この信託会社または外国信託会社が自らを受託者とする信託の受益権について行う有価証券の引受けは金融商品取引業から除外されているので，信託会社または外国信託会社は，金融商品取引法の業の規制を受けずに行うことができる（金商令1条の8の3第1項4号，定義府令16条1項7号）。なお，兼営金融機関が行うこの有価証券の引受けについても同様に有価証券関連業から除外され，登録金融機関の登録を行うことなく行うことができると考えられる[25]。

(3) 受託者による信託の受益権の売買またはその代理もしくは媒介

信託会社および外国信託会社（管理型信託会社，管理型外国信託会社を除く）ならびに信託兼営金融機関が行う信託の受益権の売買またはその代理もしくは媒介は，金融商品取引業等の登録を受けずに行うことができる（金商法65条の5第1項，兼営法1条2号，2条3項）[26]。

この場合，これらの者は金融商品取引業者とみなされ，金融商品取引法の業規制が適用されることに留意する必要がある（金商法65条の5第2項，兼営法2条4項）。

---

24) 信託法は，1年間に限り，受託者が全部の受益権の保有することを認めている（信託法8条，163条2号）。
25) 金融商品取引業から除外される行為（金商令1条の8の3，定義府令15条，16条）を銀行等が行う場合においても，登録金融機関の登録（金商法33条の2）は不要とされている（「パブコメ回答」39頁22〜24）。
26) この場合，信託会社，外国信託会社，および信託兼営金融機関は，信託業の免許の申請時または兼営の認可申請時に提出する業務方法書または業務の種類および方法書に，信託の受益権の売買またはその代理もしくは媒介の実施体制を記載しなければならない（信託法4条3項6号，63条，兼営法施行規則4条1項4号）。

第 16 章

信託関連商品を規制する法律

1 投資信託

(1) はじめに

　投資信託とは，広く一般投資家から集めた小口の資金を1つにプールし，これを知識と経験を積んだ専門家が利殖を目的として有価証券や不動産等へ運用し，これによって得た利益を一般投資家へその投資額に応じて分配する金融商品である。この投資信託制度を規制する法律として，「投資信託及び投資法人に関する法律」がある。

(2) 投資信託の歴史

① 戦前の投資信託

　投資信託は1931年にその原型は生まれていたが，信託会社が行っていた合同運用金銭信託と類似し，信託業法の規定に違反するおそれがあるとの理由で，1941年にその募集は一時中止されたといわれている。その後，同年11月には，野村證券を委託者とし，野村信託を受託者とする信託形態の投資信託が登場した。これは，委託者と受託者間との間の信託契約に基づいて生じる受益権を細分化し，その細分化された受益権を表章する受益証券を不特定多数の投資家に販売する形式をとっており，この形は現在も踏

襲されている。

② 「証券投資信託法」の制定

第2次世界大戦後の株価の暴落をきっかけとして，証券投資信託法制定の機運が高まり，1951年に，戦前の証券投資信託制度を基本的に継承する形で「証券投資信託法」という法律が制定された。1961年には公社債投資信託も開始し，投資信託制度はすばらしい発展を遂げた。1965年の証券不況時に抜本的な改善策の検討が行われ，証券市場調査委員会の答申を受けた当時の大蔵省は証券投資信託制度の再検討を行い，委託会社の受益者に対する忠実義務等を新に規定した証券投資信託法の一部を改正する法律が1967年に公布，施行された。

③ 「証券投資信託及び証券投資法人に関する法律」の制定

その後，幾度かの改正が行われ，1998年の改正で，従来の信託型（一般には「契約型」という）の投資信託に加え，有価証券等の投資を目的として設立された会社（投資法人）の株式（投資証券）を投資家が購入する形態である会社型の投資信託制度が導入され，法律の名称も証券投資信託及び証券投資法人に関する法律に改正された。

④ 「投資信託及び投資法人に関する法律」の制定

2000年の改正では，従来からあるタイプの委託者（投資信託委託会社）が運用の指図を行う投資信託（以下，「委託者指図型投資信託」という）に加え，受託者が運用を行うタイプの投資信託（以下，「委託者非指図型投資信託」という）が導入された。また，この改正により投資信託の運用対象が不動産を含めた幅広い資産へ拡大されたことから，法律の名称も「証券」が削除され，投資信託及び投資法人に関する法律と改正された。

この改正により，従来の主として（信託財産の50％超）有価証券に対する投資として運用することを目的とする投資信託（投信法2条4項，投信法施行令6条）に加えて，有価証券や不動産等に対する投資として運用することを目的とする投資信託が認められた（同法2条1項ないし3項）。このため，前者を証券投資信託といい，後者を投資信託という。

⑤ 「金融商品取引法」の制定

1990年代後半，金融分野での国際化や証券化に対応し，いわゆる日本版

第16章 信託関連商品を規制する法律

ビッグバンとして金融制度の規制緩和が進んだ。これにともない，「金融サービス法」構想が官民各界から提起された。その後，金融審議会金融分科会第一部会は，2003年12月25日に報告「市場機能を中核とする金融システムに向けて」を示し，2005年には金融サービス法構想の各論についての議論を開始した。そして，金融審議会金融分科会第一部会2005年7月7日付中間整理で投資サービス法の立案を提唱し，パブリックコメントを経て，2005年12月22日付報告書「投資サービス法（仮称）に向けて」が取りまとめられ，証券取引法を改組して，金融サービス法を制定することが適当であると提言された。

この提言を受け，金融庁は，2006年春の通常国会へ「証券取引法の一部を改正する法律（金融商品取引法）案」を提出し，同年6月7日に成立，同月14日に公布された。金融商品取引法は，集団投資スキームを幅広く規制の対象として取り組んでいる。そこでは，投資信託委託業および投資法人資産運用業についても，同法の規制対象業務である「金融商品取引業」と位置付ける（金商法2条8項12号イ，14号，28条4項1号，2号）ことに伴い，投信法において規定されている投資信託委託業者に係る規定の削除等の改正を行う一方，同法自体は廃止せず，投資信託および投資法人の「しくみ」に係る規定を残すことになった。

(3) **投資信託の法的性格**

① 投資信託の形態

わが国の投資信託制度は，1941年に野村證券を委託者とし，野村信託を受託者として設定されたものが第1号である。当時は証券投資信託法がなかったため，信託法，信託業法に準拠して設定された。これは英国のユニット・トラストを範とするもので，受益証券は受託者が発行し，記名式に限られていた。戦後の1948年に，米国の1940年投資会社法を参考とした証券投資会社法案が検討されたが，時期尚早として廃案となった。その後，1951年に戦前の投資信託の仕組みを参考として証券投資信託法が制定された。証券投資信託法が採用した仕組みは，信託の概念による「契約型投資信託」の制度であった。したがって，1998年に証券投資信託法が「証券投

資信託及び証券投資法人に関する法律」に改正されるまで，わが国における投資信託は公募契約型投資信託が唯一の形態であった。

　1998年に改正された証券投資信託及び証券投資法人に関する法律でいわゆる会社型投資信託が導入され，併せて私募の投資信託制度が確立された。2000年に改正された投信法では，主たる投資対象を有価証券とする証券投資信託のほかに，不動産等を含む特定資産を主たる投資対象とする投資信託（たとえば不動産投資信託）の設定が可能となった。このため，この改正において，法律の名称から「証券」が外された。またこの改正において，従来のように委託者が運用を行う委託者指図型投資信託に加えて新に受託者が運用を行う委託者非指図型投資信託が投資信託として認められた。

　2006年の改正では，信託受益権や集団投資スキーム持分についても新たに「有価証券」の定義に含めることとしているが，これらの流動性の低い権利については，1998年における「不動産等」の取扱いと同様に，これらを主たる投資運用の対象とする信託を一般的に禁止する必要はないことから（投信法7条），2006年の改正による証券投資信託の定義については，主として流動性の高い有価証券（みなし有価証券を除くもの）に対する投資として運用することを目的とするものであって，政令で定めるものをいうとされた（同法2条4項，同令5条）。

　また，2008年6月に成立した金融商品取引法等の一部を改正する法律では，上場投信（ＥＴＦ）等の多様化の観点から，それまでは金銭信託の例外である投資信託の範囲を拡大するとともに，商品先物に投資する投資信託の運用業務に関し承認を受けた投資運用業者については，商品投資顧問業に係る規制を適用除外とすることによって，商品組入れ型の投資信託の設定が可能となる改正がなされた（投信法8条，商品投資に係る事業の規制に関する法律第33条，40条）。

　これらの改正により，投資信託制度は【図表1】のとおりとなった。

②　投資信託の仕組み

（ⅰ）委託者指図型投資信託

　委託者指図型投資信託は，投資信託委託会社が複数の投資家から集めた金銭を信託会社等に信託し，信託会社等が投資信託委託会社の指図に基づ

【図表１】 投資信託の分類

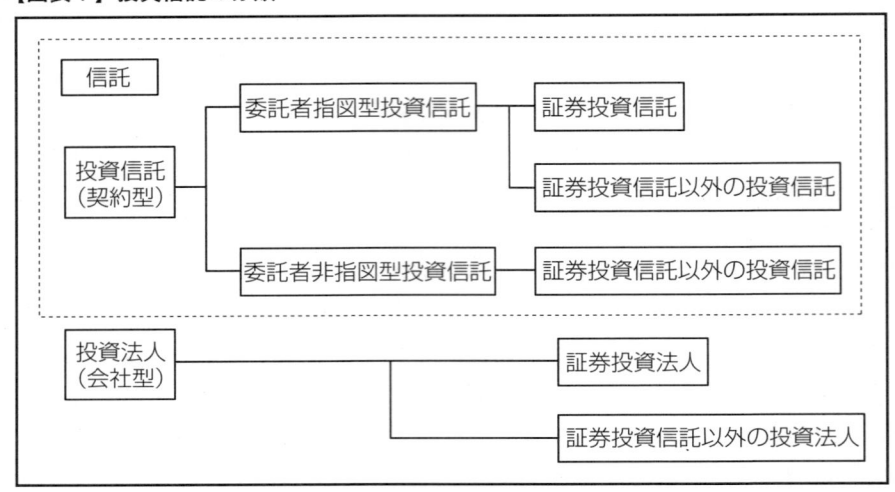

```
信託
├─ 投資信託       ┌─ 委託者指図型投資信託 ─┬─ 証券投資信託
│  (契約型)       │                        └─ 証券投資信託以外の投資信託
│                 └─ 委託者非指図型投資信託 ── 証券投資信託以外の投資信託
└─ 投資法人       ┌─ 証券投資法人
   (会社型)       └─ 証券投資信託以外の投資法人
```

いて，主として有価証券，不動産等に対して運用することを目的とする信託で，その受益権を分割し，複数の投資家に取得させることを目的とするものである（投信法2条1項）。すなわち，投資信託委託会社を委託者，信託会社等を受託者，複数の投資家を受益者とする他益信託の特定運用金銭信託である（投信法8条1項）。

委託者指図型投資信託の仕組みの概要は次のとおりである（【図表２】）。

まず投資運用業を行う金融商品取引業者である投資信託委託会社が，信託銀行などの信託会社等と信託契約を締結する。投資信託委託会社は，この信託契約の内容をあらかじめ金融庁長官に届けなければならない（投信法4条1項，225条1項）。そして投資信託委託会社は，販売を担当する金融商品取引業者・登録金融機関（指定証券会社・指定金融機関）を通じて，あるいは自ら投資家から資金を募集し，その資金を信託会社等に信託する。投資信託委託会社はこの信託の利益を受ける権利である受益権を均等に分割し，その分割された受益権を表章した受益証券を投資家に交付しなければならない（投信法6条1項参照）。投資信託委託会社は，信託財産の運用について信託会社等に指図する。信託会社等は，信託契約に従って信託

【図表2】委託者指図型投資信託

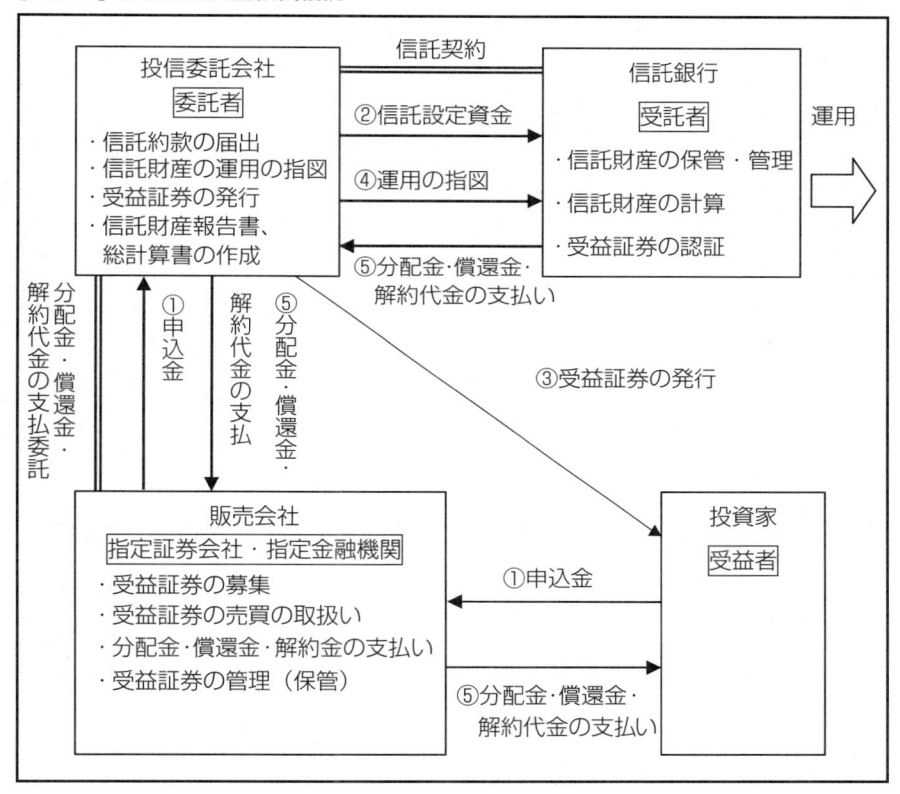

```
投信委託会社              信託契約              信託銀行
委託者          ②信託設定資金          受託者              運用
・信託約款の届出                        ・信託財産の保管・管理
・信託財産の運用の指図  ④運用の指図    ・信託財産の計算
・受益証券の発行                        ・受益証券の認証
・信託財産報告書、
　総計算書の作成      ⑤分配金・償還金・
                      解約代金の支払い

分配金・償還金・    ①申込金  ⑤分配金・
解約代金の支払委託            解約代金の支払          ③受益証券の発行

販売会社
指定証券会社・指定金融機関              投資家
・受益証券の募集          ①申込金      受益者
・受益証券の売買の取扱い
・分配金・償還金・解約金の支払い
・受益証券の管理（保管）  ⑤分配金・償還金・
                         解約代金の支払い
```

財産を管理するとともに，投資信託委託会社の運用の指図に基づき，信託財産を運用する。投資家は，指定金融機関・指定証券会社（販売会社）を通じて，信託財産の運用実績に応じて分配金を受け取る。

(ii) 委託者非指図型投資信託

2000年の改正によって新に導入された委託者非指図型投資信託は，1個の信託約款に基づいて，受託者となる信託会社等が委託者兼受益者となる複数の投資家との間で締結する信託契約により受け入れた金銭を，合同して，その委託者の指図に基づかず，信託会社等が主として有価証券，不動産等に対して運用することを目的とする信託である（投信法2条2項）。

ただし委託者非指図型投資信託は，主として有価証券に対する投資を目的とするものは禁止されている（投信法48条）。すなわち，複数の投資家を委託者兼受益者，信託会社等を受託者とする自益信託であり，指定合同運用金銭信託である（投信法52条1項参照）。

委託者非指図型投資信託の仕組みの概要は次のとおりである（【図表3】）。

まず受託者となる信託会社等が，販売を担当する金融商品販売業者・登録金融機関（指定証券会社・指定金融機関）を通じて，あるいは自ら投資家と，1個の信託約款に基づいて信託契約を締結し，投資資金を受託する。この信託契約の内容は，あらかじめ金融庁長官に届けなければならない（投信法49条1項，225条1項）。信託会社等は，信託契約に従って信託財産を管理するとともに，自らの裁量権により信託財産を運用する。投資家は，指定金融機関・指定証券会社（販売会社）を通じて，または直接信託会社等から，信託財産の運用実績に応じて分配金を受け取る。

(4) 金融商品取引法と投資信託及び投資法人に関する法律の法的意義

金融商品取引法は，投資信託などの集団投資スキームを幅広く規制の対象として取り込んでいる。投資信託の運用や販売など，投資信託の設定や運用・管理については金融商品取引法が適用される。しかし，投資信託の仕組みや追加的なガバナンスに関する規定など，投資信託の運用や販売以外の部分の規定は，投信法に定められている。

投資信託における投信法の法的意義は，一般投資家（受益者）から集めた資金を受託者へ信託し運用する者（委託者；投資信託委託会社）を，投資運用業を行う者として金融商品取引法の登録を受けた金融商品取引業者（金商法2条9項，29条，28条4項）に限定したこと（投信法2条2項，11項，3条），一般投資家による有価証券や不動産等の投資を容易にするため，その受益権を証券化（委託者指図型の場合，委託者が受益権を分割し，小口化してから証券化）し，流通性を付加したことである（同法6条1項，2項，50条1項，3項）。

また，投資家保護の観点から，信託法の原則にいくつかの修正，補足を行っている。重要な修正，補足事項には次のものがある。

【図表3】委託者非指図型投資信託

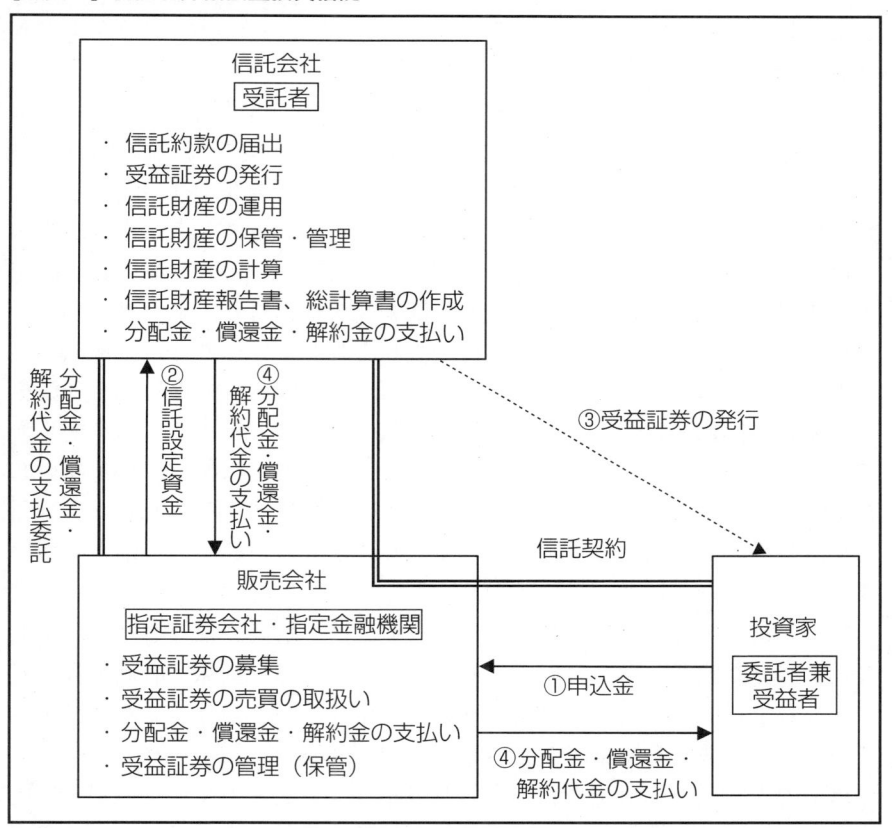

```
信託会社
受託者
・信託約款の届出
・受益証券の発行
・信託財産の運用
・信託財産の保管・管理
・信託財産の計算
・信託財産報告書、総計算書の作成
・分配金・償還金・解約金の支払い

②信託設定資金
④分配金・償還金・解約代金の支払い
③受益証券の発行
信託契約

販売会社
指定証券会社・指定金融機関
・受益証券の募集
・受益証券の売買の取扱い
・分配金・償還金・解約金の支払い
・受益証券の管理（保管）

分配金・償還金・解約代金の支払委託

投資家
委託者兼受益者
①申込金
④分配金・償還金・解約代金の支払い
```

　まず，信託法では，信託を行うための契約の形態・内容等，具体的な要式は定められていない。しかし，投信法では，受益者（投資家）保護の観点から，投資信託の約款は，委託者指図型投資信託の場合には投資信託委託会社が，委託者非指図型投資信託の場合には信託会社等があらかじめ金融庁長官へ届け出なければならず（投信法4条1項，49条1項，225条1項），その変更も金融庁長官へ届け出なければならないとしている（同法16条，54条，225条1項）。また，金融商品取引法は，投資信託の委託者である委託者指図型投資信託の投資信託委託会社に，受益者に対する忠実義

務，善管注意義務，自己執行義務および分別管理義務を課し（金商法42条1項2号，2項，42条の3，42条の4），投資信託委託会社が遵守すべき行為準則を明確化している（同法42条の2）。

このように，投信法および金融商品取引法は，(i)信託法の原則に従えば，信託設定後は財産の管理または処分権がなくなり，受託者（信託会社等）に対する監督権を持つにすぎない委託者（投資信託委託会社）に対し，一般の信託における受託者の職務等の一部を分担させることもしくは制限すること（投信法9条ないし15条，53条ないし55条），(ii)単なる信託の設定者，すなわち委託者にすぎない投資信託委託会社に対し，忠実義務など，信託の受託者に課される義務と同様の義務を課していること（金商法42条1項2号，2項，42条の3，42条の4），(iii)その信託契約に基づく受益権を受益証券に化体させること，(iv)信託約款（契約）で定める事項を明らかにする規定，信託約款の変更・解約に関する手続規定（投信法16条ないし20条，49条2項，54条）など，いわゆる集団信託に関する信託法および信託業法の不備を補充する規定を設けていること等，信託法の特則としての機能を有している。

また，業務分野の調整の観点から，投信法は，信託会社等などが，多数の投資家（委託者）から合同で，主として（50％超の意味）有価証券に対する投資を目的として金銭（信託財産）の信託を引き受けることを禁止している（投信法2条4項，7条，48条，同令5条）。

以上のように，投信法や金融商品取引法は，信託業の業務を規制する機能や投資家保護の観点から，委託者指図型投資信託の委託者である投資信託委託会社を規制する機能等，さまざまな機能を有している。

2 貸付信託法

(1) 貸付信託法の歴史

貸付信託とは，ひろく一般投資家から集めた小口の資金を1つにプールし，これを受託者が企業向けの融資，個人の住宅ローン，あるいは有価証

券への投資等で運用し，これによって得た利益を一般投資家にその投資額に応じて分配する金融商品である。

この貸付信託を規制する法律が，1952年に制定された貸付信託法である。

(2) **貸付信託法の仕組みとその法的意義**

貸付信託は，「一個の信託約款に基いて，受託者が多数の委託者（一般投資家）との間に締結する信託契約により受け入れた金銭を，主として貸付又は手形割引の方法により，合同して運用する金銭信託であって，当該信託契約に係る受益権を受益証券によつて表示するもの」である（貸付信託法2条1項）。この（無記名式）受益証券は，この券面の交付により，譲渡することが可能である（同法2条2項，8条1項）。

貸付信託の約款は，投資信託と同様，投資家保護のため，あらかじめ金融庁長官の承認を受けなければならず（貸付信託法3条1項，16条），約款に記載すべき事項も，貸付信託法3条1項に列挙されている。またその変更も，金融庁長官の承認を受け，その内容を公告しなければならない（貸付信託法5条1項，6条1項，17条）。約款変更に異議のある受益者は，一定期間内に異議を申し出て受託者にその受益証券を買い取ることを請求できる（貸付信託法6条4項，5項）。

このように貸付信託法も，投信法と同様に，信託法の特則として機能する法律で，その法的意義は，その信託契約に基づく受益権が受益証券に有価証券として化体されていること（貸付信託法1条，8条，10条），いわゆる集団信託に関する信託法および信託業法の不備を補充する規定を設けていることにある。信託法および信託業法の不備を補充する規定の例としては，信託約款（契約）で定める事項を明らかにする条文（貸付信託法3条2項），信託約款を変更する手続に関する条文（同法5条，6条），あるいは信託財産の管理・運用方法を特定する条文（同法12条，13条）等がある。

第16章　信託関連商品を規制する法律

3　年金信託関連法

(1)　はじめに

適格退職年金制度，厚生年金基金制度，確定給付企業年金制度，確定拠出年金制度などの企業年金制度において，企業が年金給付に充てる資金を信託し，年金制度の管理・運営についての事務も併せて信託銀行などに任せる信託商品を年金信託という。

(2)　企業年金の歴史

企業年金制度は，1905年に設けられて鐘淵紡績の年金制度がわが国における企業年金の第1号といわれており，第2次世界大戦前から，一部の大企業において社内福祉制度の一環として実施されていた。戦後は，経済活動の復興した1952年頃から大企業の間で企業年金採用の気運が高まり，1960年頃には，すでに400社から500社程度で実施されていたといわれている。しかしこれらの年金制度の大半は，無積立てのいわゆる賦課方式を採用していた。

年金制度の資金を社外積立で行う積立方式の年金制度は，1957年に実施された品川白煉瓦，興国人絹パルプの制度が最初であった。しかし，社外積立てに対する税法上の取扱いは，会社負担の掛金を損金計上により積み立てた場合，掛金払込の時点で従業員に対する給与の支払いがあったものとして，所得税の課税を行うというものであった。このことから，企業年金の普及傾向が高まりをみせるなかでも，積立方式を採用する企業は極めて少なかった。

その後，社外積立てに対する税制上の取扱いを明確にするため，1962年に，米国の税制を模範として適格年金税制（法人税法と所得税法の改正法）が施行され，適格退職年金制度が発足した。続いて1965年には厚生年金保険法が改正され，英国の制度を倣い，厚生年金基金制度が発足した。

これらの制度は，企業の負担する掛金の全額損金処理，受給時までの所得税の課税延期といった税法上の優遇措置があり，それらの掛金を信託銀

行へ信託することなどにより社外に資金を積み立てる制度である。

近年では，運用環境や企業財政等の悪化から，適格退職年金の廃止や厚生年金基金を解散するケースが増加している。また，企業の倒産等が増加するなかで，倒産時に積立不足を起こしているため，約束した年金給付が受け取れない場合が生じるなど，企業年金の受給者保護を強化する必要性が意識されるようになってきている。一方，厚生年金基金は，企業年金の財政運営が厳しさを増しているなかで，公的性格を有することからくる制約により，企業の負担が重みを増しているとの観点から，代行[1]を行わない，労使による柔軟な制度設計が可能な企業年金制度の創設を要望する声が上がってきた。

このため2001年には，厚生年金保険改正法，ならびに確定給付企業年金法，および確定拠出年金法が制定されるに至った。

これらの法律はそれぞれの年金制度全般を規制する法律であるが，信託の受託者を含めた年金制度の運営者の責任や行為基準を明確化しているという点では，信託法の特則を規定している法律でもある。

(3) 年金信託の特徴

企業年金制度に信託の機能を活用したものが年金信託である。年金信託は，従業員の入社から退職までの間，拠出された掛金を年金資産として管理・運用し，退職後に一時金として支払うか，または年金として，長期間にわたり定期的な支払いを行うものである。

企業年金制度は，1つの企業が適格退職年金制度，厚生年金基金制度，確定給付企業年金制度，確定拠出企業年金制度を同時に実施することが可能である。信託会社等は，それぞれの制度に関する年金信託を同時に受託することが可能である。この場合，企業年金制度としてはそれぞれ独立しているので，信託会社等は，年金制度を実施する企業と各制度ごとに独立

---

[1] 厚生年金基金制度は，厚生年金基金保険制度の老齢年金のうち，物価スライド，および標準報酬の再評価による改善部分を除く部分についても，基金が国に代わって給付を行う。この老齢年金の一部として給付する部分を代行部分という。一方，基金はこの給付に見合う掛け金を国に納付することが免除される。

した年金信託契約を締結して信託を引き受ける。

また，この年金信託契約における信託は，信託会社等が年金資産の運用と管理を行う指定運用の信託と，信託会社等が年金資産の管理を行い，投資運用業を行う金融商品取引業者が運用を行う特定運用の信託に区分できる。

(4) 年金信託を規制する法律の概要

2001年に確定給付企業年金法が制定される前までは，厚生年金保険法と法人税法が企業年金を規制する主要な法律であり，年金の受給権者を保護するという観点では不十分なものであった。

このため，今後予想される高齢化社会の到来を控え，公的年金を土台としつつ，老後の備えに対する自主的な努力を支援していくことが必要であると認識し，企業年金についても受給権者保護等を図る観点から，労使の自主性を尊重しつつ，統一的な枠組みを整備することを目的として，2001年に企業年金関連法の整備が行われた。この整備の一環として制定されたのが確定給付企業年金法である。

確定給付企業年金法の制定目的である受給権者保護の仕組みとして，同法は①積立基準（約束した年金の支払いができるよう，年金資産の積立基準を設定），②受託者責任（企業年金の管理・運用に携わる者の責任，行為準則の明確化），③情報開示等，統一的な基準を定めている。このうち信託法との関連で最も重要なことは，受託者責任がこの法律に規定されたことである。厚生年金保険法の下でも，同様の枠組みにより受給権者が保護されている。

日本において「受託者」とは，本来信託法上の概念である（信託法2条5項）。しかし「受託者責任」という言葉は，近年ではより広義に，英米法の受認者義務（fiduciary duty）に近い意味，すなわち信託の場合に限らず，他人から信頼を受け，その者の利益のために行動または助言する者の義務と責任の総称として用いられている。その代表的なものが忠実義務と善管注意義務である。

確定給付企業年金法では，企業年金制度を運営している企業および基金の理事，ならびに企業年金の資産を管理または運用している者について，

法令等を遵守し，規約型確定給付企業年金の場合は加入者，基金型確定給付企業年金の場合は基金に対する忠実義務を規定している（確定給付企業年金法69条ないし72条）。厚生年金保険法においても同様に，基金の理事，および企業年金の資産を管理または運用している者について，法令等を遵守し，基金に対する忠実義務を規定している（厚生年金保険法120条の2第1項，136条の5）。

年金信託の受託者は，信託の受託者として信託法に定められた忠実義務を始めとした受託者の義務を負うが（信託法29条以下），生命保険契約などの他の仕組みで企業年金の資産を管理または運用する場合は，保険業法に忠実義務に関する規定がないこと，また企業年金の資産の運用を金融商品取引業者に任せる場合は，金融商品取引法42条1項1号において投資一任契約の相手方に対する忠実義務が規定されているが，規約型確定給付企業年金の場合顧客とは一義的に企業と考えられることから，加入者等との関係が明確でないことなどを踏まえて，確定給付企業年金法は加入者等に対する忠実義務を定めている（確定給付企業年金法71条）。

米国の企業年金法であるエリサ法は，①企業年金制度に関し，裁量性のある権限または支配力を有する者，②企業年金資産の管理または処分に関し，権限または支配力を有する者，③企業年金資産に関し，有償で投資の助言を与える者，④企業年金制度の運営に関し，裁量性のある権限を有する者は，肩書きや形式とは関係なく，すべて「受託者」とみなされ，日本法でいう「忠実義務」が課せられている（29 U.S.C §1002（21））。

このエリサ法との対比でいうならば，確定給付企業年金法のこの規定も，わが国信託法の特則を定めたものというより，企業年金の制度を運営する者が信託法の受託者であることを明確化したものとも考えられる。

(5) 各種年金信託の仕組み

① 適格退職年金信託の仕組み

適格退職年金信託とは，従業員の退職年金の給付に関して，企業と信託会社等との間で締結した年金信託契約に基づいて支給される年金のうち，当該契約の内容が法人税法の要件のすべてを充足し，国税庁長官の承認を

【図表4】適格退職年金信託

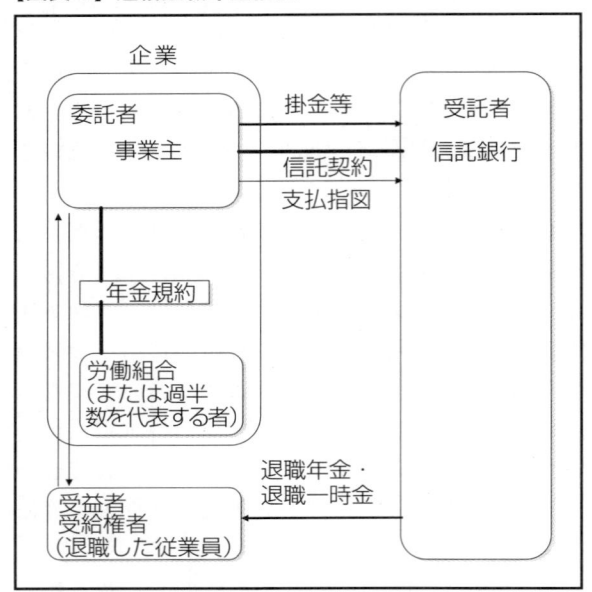

```
┌─────────────────────────────────┐
│           企業                    │
│  ┌──────┐   掛金等    ┌──────┐   │
│  │委託者│ ─────────→ │受託者│   │
│  │事業主│   信託契約   │信託銀行│  │
│  │      │ ←────────  │      │   │
│  └──────┘   支払指図   │      │   │
│     ↑                  │      │   │
│  年金規約              │      │   │
│     │                  │      │   │
│  ┌──────┐             │      │   │
│  │労働組合│            │      │   │
│  │(または過半         │      │   │
│  │数を代表する者)│    │      │   │
│  └──────┘             │      │   │
│                        │      │   │
│  ┌──────┐  退職年金・  │      │   │
│  │受益者│  退職一時金  │      │   │
│  │受給権者│←────────  │      │   │
│  │(退職した従業員)│   └──────┘   │
│  └──────┘                        │
└─────────────────────────────────┘
```

受けた信託契約に基づき実施されるものである（法人税法附則20条3項，法人税法施行令附則16条1項）。

適格退職年金信託は，企業（委託者）が従業員を受益者とし，掛金等を信託会社等（受託者）へ信託して，信託会社等がその資金を管理および運用し，その従業員の退職後に，一時金または年金として，長期間にわたり定期的な支払いを行なう信託である（【図表4】）（法人税法施行令附則16条1項2号）。なお運用については，投資運用業を行う金融取引業者が投資一任契約を通じて行う形態もある（法人税法施行令附則16条4項）。

確定給付企業年金法の制定に伴い，法人税法が改正され，年金制度に係る法人税法上の優遇措置が新しい制度に対応した文言に改められ，現行の適格退職年金制度の新規設立は，2002年4月1日以降認可されず，2012年4月1日以降には，企業年金としての税制上の優遇措置が受けられなくなる（法人税法附則20条3項，4項）。

② 厚生年金基金信託の仕組み

厚生年金基金は，公的な厚生年金の一部を国に代わって支給するとともに，企業の実情に応じて独自の上乗せ給付を行い，従業員（加入者）に対して老後の所得を手厚く保障することにより，老後の生活を豊かにすることを目的とする制度である。

【図表5】厚生年金基金信託

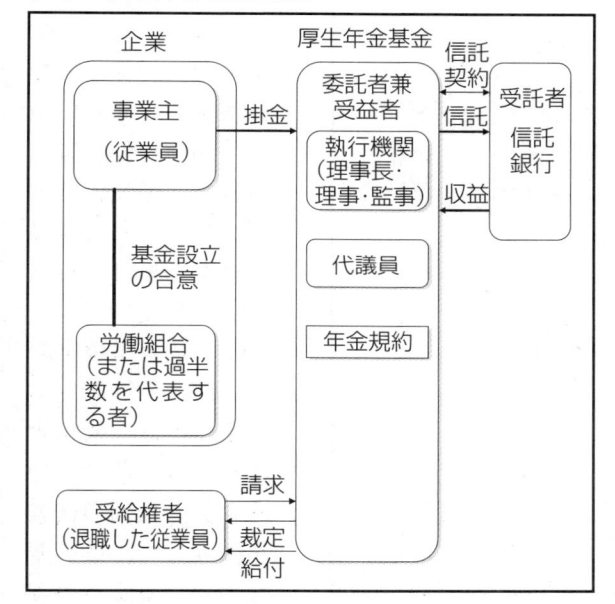

厚生年金基金は，基金という企業とは別の法人を設立し，この基金が労使からの掛金の徴収，年金資産の管理，年金給付等の制度の運営を行う。法人の設立にあたっては，厚生労働省の認可が必要となる（厚生年金保険法111条1項）。

厚生年金基金の年金資産の管理および運用は，一定の条件の下では基金自らが行うこともできるが，通常は信託銀行や生命保険会社その他の金融機関と積立金の管理および運用の契約を締結して行うこととなる（厚生年金保険法130条の2，136条の3）。そのうち，信託会社等が基金と契約を締結し，積立金の管理および運用する信託が厚生年金基金信託である（厚生年金法130条の2第1項，136条の2第1項1号，3号，5号へ，2項）。

厚生年金基金信託は，基金が企業と従業員から納められた年金資金（年金給付や退職一時金に充てられる資金）を，基金を委託者兼受益者として信託会社等へ信託し，信託会社等がその資金を管理および運用する信託である（【図表5】）（厚生年金基金令30条1項，31条）。なお運用については，信託会社等が行う場合（厚生年金保険法136条の3第1項1号），基金自らが行う場合（同項4号ニ，5号へ），投資一任契約を通じ，投資運用業を行う金融商品取引業者が行う場合（同項3号，2項，130条の2第2項）がある。

③　確定給付企業年金信託の仕組み

第16章　信託関連商品を規制する法律

【図表６】基金型確定給付企業年金信託

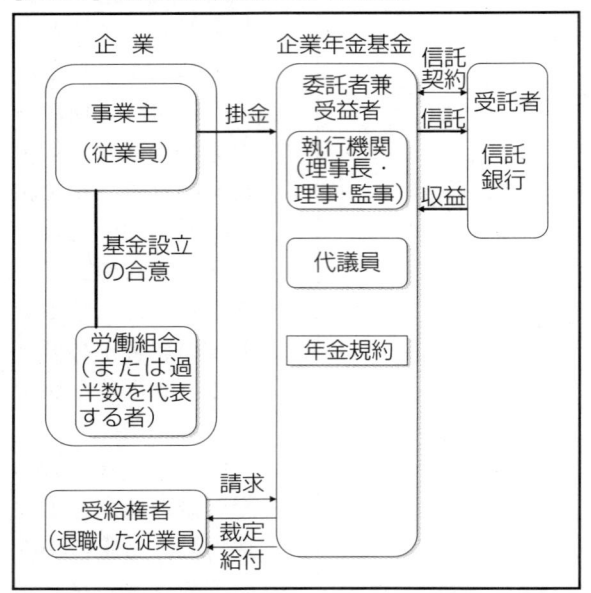

確定給付企業年金の仕組みには，厚生年金の代行部分のない基金を設立して積立てを行う「基金型」と，労使合意の年金規約に基づき外部機関で積立を行う「規約型」がある。

(i) 基金型確定給付企業年金

基金型確定給付企業年金は，基金という企業とは別の法人を設立して，この基金が年金資金を管理および運用し，将来的に加入者に年金や一時金を給付する企業年金である。基金の設立にあたっては，厚生労働省の認可が必要となる（確定給付企業年金法3条1項2号）。

基金型確定給付企業年金は年金資産の管理を基金が行い，一定の条件の下では基金自らがその運用を行うこともできるが，通常は，信託銀行や生命保険会社と積立金の管理および運用の契約を締結してそれを行う（確定給付企業年金法66条）。信託会社等が基金と契約を締結して積立金の管理および運用する信託が基金型確定給付企業年金信託である。

基金型確定給付企業年金信託は，基金が企業と従業員から納められた年金資金（年金給付や退職一時金に充てられる資金）を，基金を委託者兼受益者として信託会社等（受託者）へ信託し，信託会社等がその資金を管理および運用する信託である（【図表６】）（確定給付企業年金法66条1項，2項，65条1項1号，同令40条）。なお運用については，信託会社等が行う場合（確定給付企業年金法66条1項，65条1項1号），投資一任契

310

【図表 7】規約型確定給付企業年金信託

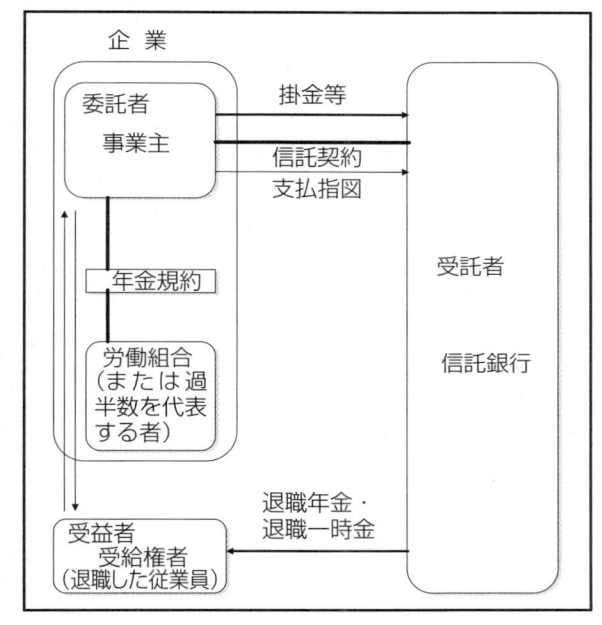

```
┌─────────────────────────────────────────┐
│  企業                                    │
│ ┌──────┐    掛金等                       │
│ │委託者 │──────────────→                 │
│ │事業主 │   信託契約                     │
│ │      │←─────────────→                 │
│ └──────┘   支払指図         ┌──────┐    │
│   ↑↓                        │受託者│    │
│ ┌──────┐                    │      │    │
│ │年金規約│                   │信託銀行│  │
│ └──────┘                    │      │    │
│   ↑↓                        │      │    │
│ ┌──────┐                    │      │    │
│ │労働組合│                   │      │    │
│ │(または過│                  │      │    │
│ │半数を代 │                  │      │    │
│ │表する者)│                  │      │    │
│ └──────┘                    └──────┘    │
│   ↑                                      │
│ ┌──────┐   退職年金・                   │
│ │受益者 │   退職一時金                   │
│ │受給権者│←──────────────                │
│ │(退職した│                              │
│ │従業員) │                               │
│ └──────┘                                │
└─────────────────────────────────────────┘
```

約を通じ，投資運用業を行う金融商品取引業者が行う場合（同法66条1項，2項），基金自らが行う場合（同法66条4項，同法施行令44条1号ニ，2号ヘ）がある。

(ii) 規約型確定給付企業年金

規約型確定給付企業年金は，労使が合意した年金規約に基づき，企業と信託銀行，あるいは生命保険会社等が契約を結び，掛金を拠出して，企業の外で年金資金を管理および運用し，将来的に加入者に年金や一時金を給付する企業年金制度である（確定給付企業年金法3条1項）。年金資金の実際の管理および運用は，企業ではなく信託銀行等に委託しなければならない（確定給付企業年金法65条）。

規約型確定給付企業年金信託は，企業（委託者）が従業員を受益者として掛金等を信託会社等（受託者）へ信託して，信託会社等がその資金を管理および運用し，その従業員の退職後に退職年金を給付する信託である（**【図表 7】**）（確定給付企業年金法65条1項1号，確定給付企業年金法施行令38条1項）。なお運用については，信託銀行が行う場合（確定給付企業年金法65条1項1号）と投資一任契約を通じ，投資運用業を行う金融商品取引業者が行う場合（同条2項）がある。

④ 確定拠出年金信託の仕組み

2001年6月22日に成立し，同年10月1日から施行された確定拠出年金法

に基づく年金制度である。
　従来の企業年金制度は，老後において毎年受け取る年金の給付額を企業が保証するタイプの確定給付型の年金であったが，この法律に基づく確定拠出年金は，(i)外部拠出された掛金が加入者の個人ごとに明確に区分され，(ii)その拠出された掛金とその運用収益との合計額を基に給付額が決定するタイプの年金である。
　確定拠出年金制度には，企業が実施主体となり，企業のみが掛金を拠出する企業型年金と国民年金基金連合会が実施主体となり，加入者のみが掛金を拠出する個人型年金がある。
　企業型確定拠出信託は，年金受給者のために，その給付原資である年金資産を社外に確保し，かつ年金資産が企業に再び戻ることがないようにするため，企業を委託者，信託会社等を受託者，年金受給権者を受益者とする他益信託の形態がとられる（【図表8】）（確定拠出年金法施行規則8条）。

4　資産の流動化に関する法律

(1)　資産の流動化の歴史

　流動性の乏しい資産ではあるが，通常は安定したキャッシュフローを定期的に生み出す資産（住宅ローン債権，自動車ローン債権，カードローン債権，貸付債権，企業の売掛債権等）等を多数プールして，相対的に流動性の高い金融資産に変換し，それを投資家に販売することによって，企業等が資金調達を行うことを一般に，資産の流動化，または資産の証券化とよんでいる。そのための仕組みとして，企業が，自己の保有する金融資産等を信託銀行にその管理を目的として信託し，その受益権を投資家に販売するという手法がある。
　信託を利用した資産の流動化は古くから行われていたが，資産の流動化が適正に行われることを確保するとともに，資産の流動化の一環として発行される各種の証券の購入者等の保護を図ることにより，一般の投資家による投資を容易にすることを目的として，1988年に，特定目的会社による特定資産の流動化に関する法律（以下，「ＳＰＣ法」という）（この法律は

4 資産の流動化に関する法律

【図表8】確定拠出年金制度

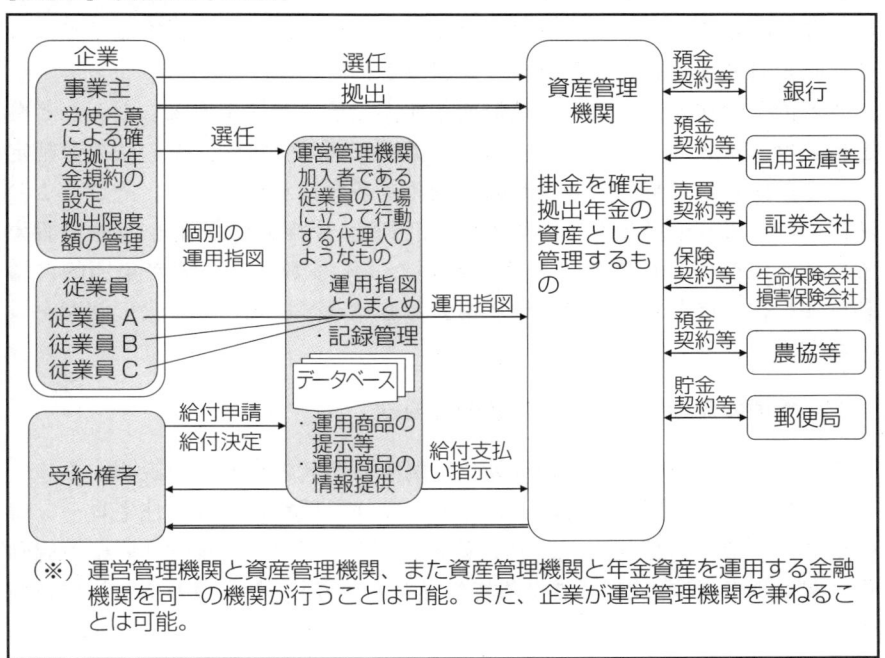

```
企業
 事業主 ──選任──→ 資産管理機関 ──預金契約等──→ 銀行
 ・労使合意   拠出                            
  による確                ←──預金契約等──→ 信用金庫等
  定拠出年  選任   運営管理機関              
  金規約の ────→ 加入者である  掛金を確定  ←──売買契約等──→ 証券会社
  設定         従業員の立場  拠出年金の              
 ・拠出限度       に立って行動  資産として  ←──保険契約等──→ 生命保険会社
  額の管理       する代理人の  管理するも              損害保険会社
          個別の  ようなもの   の        
          運用指図                      ←──預金契約等──→ 農協等
 従業員           運用指図                      
  従業員A          とりまとめ ──運用指図──→          ←──貯金契約等──→ 郵便局
  従業員B          ・記録管理                    
  従業員C          データベース                   
             ・運用商品の                    
   給付申請    提示等                       
 ←───────  ・運用商品の   給付支払              
 受給権者 給付決定    情報提供   い指示              
```

（※）運営管理機関と資産管理機関、また資産管理機関と年金資産を運用する金融機関を同一の機関が行うことは可能。また、企業が運営管理機関を兼ねることは可能。

2000年に改正され，現在は「資産の流動化に関する法律」（以下，「資産流動化法」という）という）が制定された。この法律も資産流動化に関する信託を規制する法律の1つである。

SPC法は，金銭債権，不動産，またはこれらを信託した信託の受益権（「特定資産」）を流動化することを目的とした特別の法人，「特定目的会社」という制度を創設し[2]，その特定目的会社が債券（「特定社債券」，

---

2) 一般投資家から資金を調達する法主体は株式会社しかなく，一般の株式会社を流動化において利用することが考えられる。しかしながら，資産の流動化においては一般的に会社の規模が大きくなり，その場合，会社法の大会社（会社法2条1項6号）（資本金5億円，または負債の総額が200億円以上の株式会社を利用するような流動化）に該当することとなり，会計監査人による株主総会前の会計監査を受ける必要があるほか（会社法327条5項，328条1項），複数監査役，社外監査役，常勤監査役の設置や監査役会の設置（会社法328条1項，335条3項）などが義務付けられ，流動化に関するコストが多額になるという問題を抱えていた。このため，より簡素なガバナンス機構を有するものとしてこのような法人が創設された。

「特定約束手形」）や出資証券（「優先出資証券」）を発行して調達した資金により，特定資産をその所有者（オリジネーター）から取得することにより，特定資産を流動化するという仕組みを創設した。

資産流動化法では，この会社形態と並んで信託形態を導入した。もともと信託は，株式会社よりも多くの点で柔軟であり，実際，この法律が制定される前から信託形態での資産の流動化は多数行われていた。そこでこの法律では，より流動化を行いやすい信託制度（「特定目的信託」）を創設するため，①受益権の有価証券化を認め[3]，②多数の受益者が集団的に権利行使を行う場として，受益権者集会ともいうべき権利者集会の制度を設けた[4]。

(2) 資産の流動化に関する信託の仕組み

ここでは，一般的な資産の流動化に関する信託の仕組みを説明する。

資産の流動化に関する信託といっても多様な種類の信託（住宅ローン債権信託，一般貸付債権信託，特定債権信託等）がある。「貸付債権の流動化に関する信託（以下，「貸付債権信託」という）」を1つの例として説明する。

貸付債権信託は，銀行，ノンバンクその他事業法人（原債権者，委託者）が，自らが保有している貸付債権を信託銀行（受託者）へ信託し，委託者は，その受益者としての権利（受益権）を投資家へ販売（譲渡）することにより資金を調達する信託である（【図表9】）。なお，信託された貸付債権の債務者は受託者たる信託銀行となるが，その貸付債権の取立ては，従来どおり委託者である原債権者が行うのが一般的である。資産流動化法に基づく「特定目的信託」を利用した流動化も，基本的にはこの仕組みと同じである。

(3) 資産流動化法の法的意義

資産流動化法に基づいて設定される「特定目的信託」を利用した信託に

---

[3] 資産流動化法233条以下。
[4] 資産流動化法240条以下。

【図表9】貸付債権信託

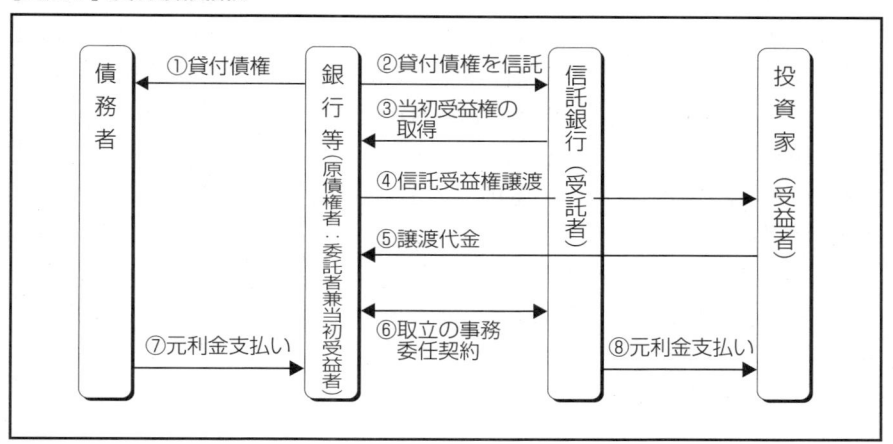

```
債務者 ←①貸付債権― 銀行等       ②貸付債権を信託→  信託銀行   投資家
                  (原債権者・   ③当初受益権の      (受託者)  (受益者)
                  委託者兼      取得
                  当初受益者)   ④信託受益権譲渡→
                               ⑤譲渡代金←
                               ⑥取立の事務
                                 委任契約
      ←⑦元利金支払い―                         ⑧元利金支払い→
```

は，受益証券が有価証券化され，ひろく一般投資家から資金を調達できるというメリットがあるが，流動化計画の提出や受益権の配当に源泉徴収税がかかる等のデメリットがあることから，あまり利用されていないのが現実である。しかし，多数の受益者の権利行使や意思決定に関する規定が整備されているなど，集団信託に関する多くの規定が整備されている。以下では，資産流動化法の信託制度に関する法的意義について簡単に説明する。

資産流動化法の法的意義は，投資家保護の観点から，信託法の原則にいくつかの修正，補足を行っていることである。重要と思われる事項には次のものがある。

まず，資産流動化法に基づいて設定された特定目的信託の契約は，あらかじめ金融庁長官へ届け出なければならない（資産流動化法225条，290条）[5]，またその変更は，一定の事項に限り，かつ権利者集会の特別決議によって行われなければならないとしている（同法269条）[6]。特定目的

---

5) 信託契約に記載すべき事項も，資産流動化法229条，230条に列挙されている。
6) 契約変更に異議のある受益者は，一定期間内に異議を申し出て，受託者にその受益証券を買い取ることを請求できる（資産流動化法271条）。受託者が固有財産で買い取らなければならない（資産流動化法271条2項）。投資信託の場合，信託財産で行うことと対象的である。

信託の受益権についてもそれを私法上の有価証券とし（資産流動化法233条ないし239条），権利者集会制度を創設して多数決による意思決定を可能としている（同法240条ないし253条）。また，受託者の権利義務について，受託者の責任免除に関する規定（資産流動化法273条），費用償還請求権・信託報酬請求権の特則（同法281条，282条），自己執行義務の特則（同法284条），受益者の利益享受の特則（同法311条2項）等，信託法の特則や細則が数多く設けられている。

　このように，資産流動化法は，集団信託に関して，投信法や貸付信託法で整備された規定をさらに洗練し，多くの信託法および信託業法の特則を設けていることがとくに注目される。

事項索引

──A～Z──

ＡＢＬ………………………………………… 62
ＥＴＦ…………………………………… 41, 297
ＴＬＯ………………………………… 263, 269

──あ 行──

後継ぎ遺贈型信託……………………………… 170
遺言……………………………………………… 164
遺言信託……… 39, 43, 55, 205, 207, 210
遺言代用信託……………………… 169, 203
遺言代用の信託………………………………… 169
委託者指図型投資信託………… 42, 297, 298
委託者適格……………………………………… 199
委託者の意義…………………………………… 198
委託者の権利…………………………………… 199
委託者の地位の移転…………………………… 204
委託者の倒産リスクからの隔離……………… 69
委託者非指図型投資信託……………………… 299
委任……………………………………………… 47
違法行為差止請求権…………………………… 118
営業信託………………………………………… 44
エリサ法………………………………………… 307

──か 行──

会社型投資信託………………………………… 297
確定給付企業年金……………………… 99, 165
確定給付企業年金信託………………… 213, 285
確定給付企業年金制度………………… 165, 304
確定拠出年金制度……………………………… 304
貸付債権………………………………………… 69
貸付債権信託………………………… 280, 314
貸付信託
　……18, 42, 58, 99, 120, 206, 213, 240, 302
貸付信託法……………………………… 18, 302
貸付信託約款…………………………………… 215
加入者保護信託……………… 213, 215, 281, 285
株式，社債等の振替に関する法律…………… 78
間接取引………………………………………… 86
元本補填契約…………………………………… 119
元本補填契約付信託…………………………… 269
元本補填・利益補足の特約…………………… 119
管理型信託……………………………………… 45
管理型信託会社………………………………… 268
管理型信託業………………………… 45, 267, 268
管理信託………………………………………… 45
企業グループ内での信託……………………… 269
企業年金………………………………………… 69
企業年金信託…………………………………… 125
基金型確定給付企業年金信託………………… 289
基金型の企業年金制度………………………… 99
基準日…………………………………………… 243
帰属権利者……………………………… 158, 233
寄託……………………………………………… 47
記名式…………………………………………… 241
記名式受益証券………………………………… 247
記名式受益権証券……………………………… 245
規約型確定給付企業年金……………………… 99
規約型確定給付企業年金信託
　………………………… 158, 181, 183, 208
規約型の確定給付企業年金信託……………… 165
規約型の企業年金制度………………………… 99
吸収信託分割…………………………………… 220
競合・競争行為………………………… 84, 86
　──の効果 ………………………………… 110
共同委託………………………………… 99, 143
　──の信託 ………………………………… 99

317

銀行・信託分離	18
金銭信託	41
金銭信託以外の金銭の信託	41
金銭の信託	40
金銭の場合の例外的扱い	97
金銭賠償義務	114
金銭への換算可能性	65
金融機関の信託業務の兼営等に関する法律	277
金融商品取引業	265
金融制度改革	22
計算報告義務	101
計算報告義務違反	113
契約信託	43, 55
原状回復	113, 118
原状回復義務	112, 114
現存・特定性	67
限定責任信託	252
——の清算	258
公益信託	44, 144, 213
公益の確保のための信託の終了を命ずる判決	231
工作物責任	255
公示	97
——の効力	79
厚生年金基金信託	19, 285, 289
厚生年金基金制度	304
合同運用	98
合同運用金銭信託	103
合同運用指定金銭信託	99
合同運用信託	98
合同運用の指定金銭信託（一般口）	120
合同運用の信託	208
公平義務	93
合有	148
顧客分別金信託	195, 281, 285
個別信託	42

——さ　行——

債権者保護手続	218, 223
債権説	27, 112
債権的効力	29
裁判所への申立てによる解任	136
指図権者	275
再信託	48
詐害信託	61
詐害信託取消権	62
詐害信託取消請求	62
残余財産受益者	156, 158, 233
残余の信託財産の帰属	232
自益型の指定運用の信託	286
私益信託	44
自益信託	156, 166, 280
事業信託	259
自行預金	85
自己執行義務	87
自己執行義務違反	113
自己執行義務の柔軟化	87
自己信託	43, 55, 164
自己取引	84, 86, 109
資産の流動化	69
——に関する信託	81, 93, 125, 183
——の信託	230, 292
——を目的とする信託	173, 226
資産の流動化スキーム	62
質権の設定方法	187
質権の法的位置付け	187
実質的法主体性説	29, 75, 107, 112
実績配当	119
指定運用	43
——の信託	91, 306
指定金融機関	298, 300
指定合同運用金銭信託	300
指定証券会社	298, 300
私募の取扱い	265

事項索引

指名債権譲渡	81
社内預金引当信託	281
車両信託	19, 35
従業員持株信託	99
集団信託	42, 43, 103, 316
集団投資スキーム	125, 285
集団投資スキーム持分	297
受益権	157
――に対する質権の効力	188
――の質入れ	187
――の取得	165
――の譲渡性	181
――の消滅	172
――の制限	160
――の発生	164
――の分割	183
――の放棄	175
受益権原簿	242
受益権原簿管理人	242
受益権取得請求	174
受益権取得請求権	163, 211
受益権譲渡の対抗要件	185
受益債権	73, 119, 157, 160, 218
――との相殺	73
――の譲渡	184
――の消滅時効	177
受益者	156
――からの償還	132
受益者指定権	167
受益者代理人	195
受益者複数の場合の受益権の行使	162
受益者変更権	167
受益者連続の信託	170
受益証券	240
――の質入れ	247
――の譲渡	245
――の発行	241
受益証券発行限定責任信託	239
受益証券発行信託	39, 175, 203, 241

受託者適格	80
受託者能力	80
受託者の解任	135
受託者の権限違反行為	79
受託者の権限外の行為に基づく責任	122
受託者の権限外の行為の効力	122
受託者の固有財産に属する債権と信託財産に属する債務との相殺	71
受託者の辞任	134
受託者の承認に基づく相殺	72
受託者の責任	87
受託者の第三者に対する責任	257
受託者の倒産リスクからの隔離	70
受託者の任務の終了	134
受託者の任務の承継	137
受託者の不存在	226
受託者の変更	134
受働（動）信託	44
主要株主規制	273
準集団信託	42, 103
消極財産	66
承継信託	222
証券化	21
証券信託	213
証券投資信託	19, 35, 91, 97, 103
商事信託	44, 230
上場投信	297
常任代理人業務	47
商品ファンド	285
消滅時効の援用	180
職務分担型共同受託	152
――の特例	152
処分可能性	66
処分信託	45
新規信託分割	220
新受託者の選任	141
新設信託	222
信託違反行為の効果	105
信託型デットアサンプション	281

319

信託型ライツプラン	281	信託財産法人管理人	137
信託監督人	193	信託事務遂行義務	82
信託間取引	109	信託事務の委託	87
信託管理人	190	信託事務の受任者の責任	89
信託業	267	信託受益権売買等業務	269
信託業のあり方に関する中間報告書	22	信託受益権販売業	266
信託業務の委託	274	信託の三大確定性	59
信託契約	164	信託の終了権	132
信託契約代理業	266, 269, 286, 290	信託の受益権の発行時期	283
信託契約代理店	290	信託の受益権の発行者	283
信託契約代理店制度	276	信託の清算	232
信託兼営金融機関	119	信託の破産	228
信託行為	23, 55	信託の併合	216, 227
——の性質	56	信託の変更を命ずる裁判	210
信託債権	160	信託の本旨	90
信託債権者	256	信託の目的	27, 59
信託財産	23	信託の目的の達成	226
——と固有財産間	108	信託分業化	20
——に属する債権と受託者の固有財産に属する債務との相殺	70	信託報酬	133
		——に係る債務	233
——に属する債権と他の信託財産に属する債務との相殺	71	——の支払義務	176
		信託報酬請求権	133
——の管理又は処分の方法に関する事項	27	信託目的	23, 26
		——に違反する行為の効果	106
——の公示	76	清算受託者	232, 235
——の損失の填補	112	責任財産限定特約	125, 155, 252
——の独立性	64, 68, 75, 79, 94	セキュリタイゼーション	21
——の破産	236, 237	セキュリティ・トラスト	39, 61, 66
——の復旧（原状回復）	113	積極財産	65
——の物上代位性	64	積極財産性	65
信託財産間取引	86	設定信託	45
信託財産間の取引	108	設定的移転	66
信託財産管理者	143	善管注意義務	90, 273
信託財産管理命令	143	前受託者等の行為の差止め請求権	141
信託財産限定責任負担債務	224	前受託者の信託財産保管義務	140
信託財産責任負担債務	218, 223	占有者責任	255
——に係る債権	223	相殺の禁止	70
信託財産引渡拒絶権	132	訴訟信託	60
信託財産法人	137	損害賠償義務	111

320

事項索引

損失の填補…………………… 113, 118

――た 行――

第一次的信託………………………… 35
退職給付信託……………………… 281
第二次的信託………………………… 35
代理………………………………… 47
他益信託………… 156, 166, 280, 298
諾成契約説………………………… 56
脱法信託…………………………… 60
単独運用の自益信託……………… 213
単独受益者権…………… 162, 212, 249
担保権の信託……………………… 66
担保権の設定……………………… 66
担保付社債信託……………… 39, 146
担保附社債信託法………………… 15
地位の兼任………………………… 81
忠実義務……………… 75, 84, 273
忠実義務違反の行為の効果……… 108
忠実義務違反の損失のみなし規定…… 116
定型的信託契約…………………… 213
適格退職年金……………………… 99
適格退職年金信託………………… 19
適格退職年金制度………………… 304
適合性の原則……………………… 272
転換機能…………………………… 38
倒産隔離機能……………… 39, 40, 68
動産信託…………………………… 35
投資信託…… 43, 125, 206, 213, 219, 240
投資信託委託会社………………… 298, 298
投資信託及び投資法人に関する法律…… 294
投資信託約款……………………… 214
登録受益権質権者………………… 247
特定運用…………………………… 43
　　――の信託………………… 91, 306
特定運用金銭信託………………… 298
特定金銭信託………………… 91, 120
特定信託契約……………… 206, 272, 286

特定目的信託
　………… 39, 58, 213, 215, 240, 280, 314
特別の事情による信託の終了を命ずる
　判決……………………………… 231
匿名組合契約……………………… 49
土地信託………………… 21, 39, 146, 207
問屋………………………………… 51

――な 行――

任務懈怠の責任…………………… 113
年金信託………………… 35, 39, 40, 91,
　93, 97, 103, 114, 119, 144, 147, 174, 207
年金投資基金信託……………… 35, 174
能働（動）信託…………………… 44
ノンリコースローン……………… 62

――は 行――

非営業信託………………………… 44
費用等償還請求権………… 128, 182, 233
　　――に係る債務……………… 233
費用等の償還……………………… 227
費用等の償還義務………………… 176
費用等の償還等の不履行………… 227
ファンドトラスト……… 21, 91, 213, 289
福祉型信託………………………… 269
複数受託………………………… 146
物権的効力………………………… 28
物上代位性………………………… 67
物的有限責任………………… 119, 159
不動産管理信託…………………… 49
不動産のための信託……………… 237
不法行為責任……………………… 124
　　――に係る債務に関する効果…… 255
振替株式…………………………… 78
振替口座簿………………………… 248
振替国債…………………………… 78
振替社債…………………………… 78

321

振替受益権……………………………………… 247
分割受託………………………………………… 146
分別管理義務………………………… 79, 94, 273
分別管理義務違反……………………………… 113
分別管理義務の特約の有効性………………… 95
包括財産………………………………………… 66
法定信託………………………………………… 45
簿価分離………………………………………… 21
募金型の公益信託……………………………… 99
募集……………………………………………… 279

――ま 行――

マスタートラスト……………………………… 145
民事信託………………………………………… 44
無記名式………………………………………… 241
無記名式受益証券……………………………… 245
名義信託………………………………………… 45
物の信託………………………………………… 40

――や 行――

有価証券投資事業権利等……………………… 285
有価証券の運用の信託………………………… 230
有価証券の管理を目的とする信託…………… 210
有価証券の募集………………………………… 265
ユース（use）制度 ………………………… 1, 5
優先受益権……………………………………… 40
優先的権利の創設機能………………………… 40
要物契約説……………………………………… 56

――ら 行――

ライフプラン信託……………………………… 66
利益相反禁止…………………………………… 73
利益補足契約…………………………………… 119
劣後受益権……………………………………… 40

――わ 行――

割増金付金銭信託……………………………… 120

＜著者略歴＞

佐藤　勤（さとう　つとむ）

1981年　名古屋大学法学部法律学科卒業

三菱ＵＦＪ信託銀行株式会社受託財産企画部等を経て，2008年4月から南山大学法学部教授。三菱ＵＦＪ信託銀行株式会社在職中，東京大学大学院法学政治学研究科民刑事法専攻修士課程，および筑波大学大学院経営・政策科学研究科企業科学専攻博士課程を修了。

〔主な著書〕

『信託の法務と実務〔3訂版〕』（金融財政事情研究会・1998年，共著），『一問一答　改正信託法の実務』（経済法令研究会・2007年，共著），『信託の法務・税務・会計』（学陽書房・2007年，共著），『企業法務判例ケーススタディ300』（金融財政事情研究会・2007年，共著），「アメリカにおける受託会社の利益相反規制法（一）（二・完）」『筑波法政』36号，37号・2004年）ほか多数。

信 託 法 概 論

2009年5月20日　初版第1刷発行

著　者　　佐　藤　　　勤
発　行　者　　下　平　晋　一　郎
発　行　所　　㈱経済法令研究会
〒162-8421　東京都新宿区市谷本村町3-21
電話　代表 03(3267)4811　制作 03(3267)4823

＜検印省略＞

営業所／東京03(3267)4812　大阪06(6261)2911　名古屋052(332)3511　福岡092(411)0805

制作／西田尚史　印刷／㈱東神堂

©Tsutomu Sato 2009　Printed in Japan　　ISBN 978-4-7668-2167-3

"経済法令グループメールマガジン"配信ご登録のお勧め
当社グループが取り扱う書籍、通信講座、セミナー、検定試験情報等、皆様にお役立ていただける情報をお届け致します。下記ホームページのトップ画面からご登録いただけます。
☆　経済法令研究会　http://www.khk.co.jp/　☆

定価はカバーに表示してあります。無断複製・転用等を禁じます。落丁・乱丁本はお取替えします。